作家榜经典文库®

读经典名著，认准作家榜

大方
sight

朱元璋全传

从乞丐到皇帝

吴晗 著

中信出版集团 | 北京

图书在版编目（CIP）数据

朱元璋全传：从乞丐到皇帝 / 吴晗著. -- 北京：中信出版社，2020.3（2024.3 重印）
（作家榜经典文库）
ISBN 978-7-5217-1386-2

Ⅰ.①朱… Ⅱ.①吴… Ⅲ.①朱元璋（1328-1398）—传记 Ⅳ.① K827=48

中国版本图书馆 CIP 数据核字（2020）第 007665 号

朱元璋全传：从乞丐到皇帝
著者：　吴晗
出版发行：中信出版集团股份有限公司
（北京市朝阳区东三环北路 27 号嘉铭中心　邮编　100020）
承印者：　北京盛通印刷股份有限公司

开本：889mm×1194mm　1/32　　印张：9.625　　字数：192 千字
版次：2020 年 3 月第 1 版　　印次：2024 年 3 月第 13 次印刷
书号：ISBN 978–7–5217–1386–2
定价：39.90 元

小时候替人看牛放羊，最会出主意闹着玩，别的同年纪的甚至大几岁的孩子都习惯听他指挥。最常玩的一个游戏是做皇帝。

大殿上供养的大红烛给老鼠咬坏了，长老数说了元璋一顿。伽蓝神是管殿宇的，菩萨不管老鼠，害徒弟受罪，新仇旧恨，越想越气，向师兄讨了管笔，在伽蓝神背上写上“发配三千里”，罚菩萨去充军。

友谅兴冲冲地赶到江东桥，一看是大石桥，就觉得不对头，再使劲连喊“老康”，嗓子都哑了也无人答应。

鄱阳湖大战

朱元璋登基

锦衣卫的前身是吴元年设立的拱卫司；洪武三年改亲军都尉府，府统中、左、右、前、后五卫和仪鸾司，掌侍卫、法驾、卤簿；十五年改为锦衣卫。

朱元璋化装出来察访，一见大怒，认得是讥讽皇后的——“淮西妇人好大脚！”一时查不出是谁干的，下手令把这条街的人全杀了。

正如驶着独木船，水把独木船冲得团团转，几十年到不了岸，看着水是敌人，礁石是敌人，连天空飞的乌鸦也是敌人，谁都要害他，都在讥笑他、讽刺他。

目录

第四章　大皇帝的统治术

第五章　恐怖政治

第六章　家庭生活

第一章　小流氓

一　小沙弥

元至正四年（公元 1344 年，元顺帝妥懽帖睦尔在位的第十二年），淮河流域的人民遭受了苦难——旱灾，蝗灾，加上瘟疫。

好几个月没有见过雨了，栽下的苗晒得干瘪枯黄，大地裂开了一条条的龟缝。到处在求雨祈神，老年人恭恭敬敬向龙王爷磕头，孩子们戴着柳枝圈圈蹿出蹿进。正在焦急没收成时，又来了弥天漫地的蝗虫，把穗上稀稀的几颗粟粒吃得一干二净。地方上有年纪的人都在唉声叹气，哭丧着脸，说几十年来没有见过这样的年成，这日子着实过不得了。

不料祸不单行，疫疠大起，钟离太平乡的人，接二连三地病倒。已经吃了多少时候的草根树皮了，[1]病一起就挺不住，开头只觉得浑身无力气，接着是上吐下泻，不到一昼夜便断

1.《明太祖实录》卷三九："洪武二年三月丙申，上以旱灾相仍，因念微时艰苦，乃祭告淳祖、淳后曰：'因念微时皇考皇妣，凶年艰食，取草之可茹者，杂米以炊，艰难困苦，何敢忘也。'"

了气。起初大家还不理会，到了一个村子里一天死去了几十个人，家家死人，天天死人的时候，明白这是上天在降罚，散布瘟疫来收人，才着了慌。不管“在数的难逃”的老话，还是逃命要紧。各村庄的人携儿带女，只要有亲戚朋友家可投奔的，连家里的病人都顾不得了。不过几天工夫，太平乡数得出的十几个村子，便闹得人烟寥落，鸡犬声稀，显出一片凄凉黯淡的景象。

孤庄村[1]朱家，朱五四官名叫世珍的，一大家人，不过半个月，死了三口。五四六十四岁了，四月初故去，三天后，大儿子重四学名叫兴隆的也死了，到二十二那一天五四的老伴陈二娘又死了。五四的二儿子重六(兴盛)和小儿子元璋(原名兴宗，小名重八)，眼看着大人一个个倒下，请不得郎中，抓不得药，只急得相对痛哭。[2]尤其为难的是：家里没有一贯钞、一钱银子，买不了棺木，更谈不上坟地。田主呢？几年的主客，想来总该施舍佃户一块埋骨之地，谁知不但不理会，反而“呼叱昂昂”[3]。邻舍们都觉得难受，伤心。正没计较处，

1.《明太祖实录》卷一、《一统肇基录》本《皇陵碑》，并作“孤庄村”。沈节甫《纪录汇编》本《天潢玉牒》作“太平乡县庄村”。《七修类稿》引《皇陵碑》作“孤庄村”。

2.《明太祖实录》卷一八，潘柽章《国史考异》引承休端惠王《统宗绳蛰录》。

3.《纪录汇编》本《御制皇陵碑》。晗按《皇陵碑》有二本，一危素撰，《太祖实录》卷三七：“洪武二年二月乙亥，诏立皇陵碑，先命翰林侍讲学士危素撰文，至是文成，命左丞相宣国公李善长诣陵立碑。”一太祖御制：“洪武十一年四月，以皇陵碑记皆儒臣粉饰之文，特述艰难，明昌运，俾世代见之。”一散文，一韵文。二文并见郎瑛《七修类稿》卷七，后文亦收入《纪录汇编》。

同村人刘继祖[1]不忍心，慨然舍了一块地。[2]两兄弟磕头谢了，真是一头有了着落。但是，衣裳呢？棺椁呢？还是没办法。只好将就把几件破衣裳包裹了，抬到坟地草葬。两兄弟一面抬，一面哭，好容易抬到了，还未动手挖坑，突然间风雨交加，雷轰电闪，整个天像塌下来似的。两兄弟躲在树下发抖，约够一顿饭时，天霁雨晴，到坟地一看，大吃一惊，尸首不见了。原来山脚下土松，一阵大水把坡上的土冲塌了，恰好埋了尸首，薄薄的一个土馒头，俗话叫作"天葬"。[3]三十五年后，朱元璋写《皇陵碑》时，还觉得伤心："殡无棺椁，被体恶裳，浮掩三尺，奠何肴浆！"[4]

父母的大事虽了，过日子呢？没留下一寸土、一颗米，元璋饿了些日子，到处找零活做。谁知大户人家都已逃荒逃瘟去了，贫民小户自己都在挨饿，怎么雇得起人？到处碰壁，懒洋洋地不愿回家，一径到村外给他父母上坟，蹲在新长着青草的坟边，沉思如何来打发日子，对付肚子。

他长得躯干魁伟，黑黑的脸，下巴比上腭长出一寸多，高高的颧骨，却又大鼻子，大耳朵，就整个脸盘看，恰像一

1.《天潢玉牒》及高岱《鸿猷录》作"刘继祖"，徐祯卿《翦胜野闻》作"刘大秀"。沈德符《野获编补遗·义惠侯》条：刘继祖字大秀。明太祖《高皇帝御制文集》追赠刘继祖为义惠侯诰，略曰："朕微时罹亲丧，难于宅兆，尔发仁惠之心，以己沃壤，慨然见惠，大惠云何可忘。"

2.《皇陵碑》，《御制皇陵碑》，《天潢玉牒》，徐祯卿《翦胜野闻》，高岱《鸿猷录·龙飞淮甸》。

3. 徐祯卿《翦胜野闻》，王文禄《龙兴慈记》，王鸿绪《明史稿·太祖本纪》。

4.《御制皇陵碑》。

个横摆着的立体形的山字，脑盖上一块奇骨隆起，像一个小山丘。粗眉毛，大眼睛，样子虽看着叫人不喜欢，却怪匀称、怪威严而沉着。

小时候替人看牛放羊，最会出主意闹着玩，别的同年纪的甚至大几岁的孩子都习惯听他指挥。最常玩的一个游戏是做皇帝，你看，虽然光着脚，一身蓝布短衣裤全是窟窿补丁，他却会把棕树叶子撕成丝丝，扎在嘴上做胡须，找一块车辐板顶在头上当平天冠，弄一条黄布包袱披在身上，土堆上一坐，自己做起皇帝来了。捡一些破木板，让孩子们毕恭毕敬地双手拿着，当作朝笏，一行行，一排排，整整齐齐地三跪九叩头，同声喊“万岁”。

又最会做坏事。有一天，他忽然饿了，时候早又不敢回家，怕田主骂。同看牛的周德兴、汤和、徐达许多孩子也都嘴馋起来了。大家越说饿，真的肚子“咕噜”得越凶。这个说有一碗白米饭吃才好呢，那个又提真想吃一顿肉，一个又说肉是财主们吃的，不知道是什么味道，个个的嘴都说得流涎。猛然间元璋一喊：“有了。”大家齐声说：“什么？”元璋笑着说：“现放着肉不吃，真是呆鸟！”大家还不明白。元璋也不再说话，牵过一头花白小牛娃，放牛绳捆住前后腿。周德兴看了，赶紧抄着斫柴斧子，当头就是一斧。汤和、徐达也来帮忙剥皮割肉。别的孩子们捡烂柴树叶子，就地生起火来。一面烤，一面吃，个个眉飞色舞，兴高采烈，不一会儿，一头小牛娃只剩一张皮、一堆骨头和一根尾巴了。

这时太阳已经落山，山脚下村子里，炊烟袅袅在半天空，是该回家的时候了。蓦地一个孩子省悟了，小牛吃了如何回主人的话？大家都面面相觑，想不出主意，担不起罪过。正在着急互相埋怨、乱成一团的时候，小一点的孩子竟“哇”地哭了出来。元璋一想，主意是自己出的，责任也该担起来，一拍胸脯算我的事。也真亏他想，把皮骨都埋了，把小牛尾巴插在山上石头空缝里，说是小牛钻进山洞里去了，只留下尾巴，拉了半天不出来。孩子们齐声说好。当天晚上，元璋挨了一顿毒打，被赶回家。虽然吃了苦，丢了饭碗，但深深得到孩子们的信任，大家都甘心当他作头脑。[1]

他算是十七岁，是元天历元年（公元 1328 年）九月十八日未时生的，属龙，扣准了还不满十六足岁。父亲是老实本分人，辛苦了一辈子，头发胡子全白了，搬了一辈子家，从泗州盱眙县迁到灵璧县，又迁到虹县，到五十岁时又迁到钟离东乡，住了十年，活不下去，再迁到西乡，四年前才搬到这孤庄村来。[2] 十个田主大户竟有十个是黑心的，说尽好话算是佃了几亩地，天不亮就起床，天黑了还在地里做活，出气力、流汗水，忙碌一年到头，算算收成，十成里竟有六成孝顺了田主。左施肥、右戽水，把田地服侍得肥了些，正好多收一点时，田主立刻就加租，划算一下，还是佃户吃亏。划不来，只好搬家另觅大户；忍下去吧，三两年后还是得被撵走。因之，虽然拖儿带女，在一地方竟住不满十年，而且，

1. 王文禄《龙兴慈记》。

2. 危素撰《皇陵碑》，《天潢玉牒》，《明太祖实录》卷一。

老是替新大户开荒地，服侍熟了，就得走路。卖力气，受欺侮了一生，到死后，连葬处都没有，要不，怎么会求刘继祖舍地？

儿女都大了。大哥二哥算是娶了媳妇，说也笑话，连花轿也用不起，喜酒也没有一盅，还不一样是佃客人家的女儿。三哥重七（兴祖）给人家招了上门女婿，白得一房家小，可是得给人家挖一辈子地——也好，家里省一张嘴。大哥有两个小的，二哥也养了一个男孩，算是一家老小三代。大姊嫁给王七一,二姊远了，还是在盱眙时候订的，男人叫李贞。[1]只有自己没成家，要是时和世泰、雨顺风调的太平年头，一家子勤勤恳恳，佃上几十亩田地，男耕女织，喂鸡养猪，上山砍柴，沿路捡粪，靠着有的是人力，缩衣节食，苦虽苦，像牛马样总活得下去。偏又时运不济，二嫂三嫂先后病死，大侄儿和二房的孩子都夭折了，大姊嫁的王家满门死绝，嫁给李家的二姊也死了，姊夫带着外甥保儿逃荒，不知去向。偏偏今年又闹瘟，一家三口都被瘟神带走了，偌大一个人家，只剩大嫂王大娘和二侄文正、二哥重六和元璋自己了。

剩下四口人，粮食一颗也没有，地里的呢？一旱一蝗，收到的不够交租，哪来吃的！平时一家子都靠力气血汗换饭吃，如今只好吃草根树皮，何况也不容易找。估计大嫂还有娘家，总可以央告到一升两升。二哥呢？这些天脸色也老是不对劲。

1.《统宗绳蛰录》，潘柽章《国史考异》引朱元璋《朱氏世德碑》，朗瑛《七修类稿》卷七，《明太祖实录》卷五三。

自己食量又大，粗重活计虽干得，却苦于这荒年，空有气力没处卖。小时候虽跟蒙馆老师上过几月学，一来贪玩，二来农忙得下田，哪曾好好念过一天书。虽然靠着有点记性，认得几百个字，又苦不甚通解，做不得文墨勾当，当不得衙门里的书手，也写不得书信文契。父亲搬到本村来，本是贪图这一乡荒地多、人力少，只要死命使气力，三个壮丁加上女眷，孩子们替人放牛赶羊，也不会吃闲饭，天可怜见有两三年好庄稼，对付着混过日子。没想到天下乌鸦一般黑，刻薄狠心像是田主应有的德行，三节送礼，按时交租，赔着笑脸，还是掂斤播两，嫌麦子太潮，嫌秤不够，恨不得用两个秤锤，扳住秤尾起不来。那一些管事的更是百般刁难，饶是肥鸡大肉，大碗酒，还拍桌捶凳，脸上像绷过似的，剥不出一丝笑容。这年头能少交一点租就是天大的人情了，还敢开口向他们借口粮？

官家的赈济呢？不敢指望。即使皇恩浩荡，居然会有一点，还不是落在县官的荷包里、大户的仓库里去，哪儿会有穷人的份。而且，即使漏出一星星、几颗颗，要铺保啦，到保甲长家里去摁手印啦，又是调查啦、登记啦，还有什么什么的，发下来不够吃一顿，腿跑断了，头磕破了，气受够了，也许还挨不着、轮不到。索性断了这个梦，倒少些麻烦。

再说本家呢？伯父这一房还在泗州盱眙县，是祖父手上打的根基。伯父名下有四房，听说近年已衰落得不像样，几个哥哥侄儿先后去世，只剩一个四嫂在守寡，看光景也投奔不得。[1]

1.《朱氏世德碑》《统宗绳蛰录》。

再往上，祖籍是句容，朱家巷还有许多族人。祖父在元朝初年是淘金户，本地不出金子，官府不由分说按年照额定的数目要，只好拿谷子换钱钞，到远处买金子缴纳。后来实在赔纳不起，没奈何，丢了房屋田地，逃到泗州盱眙县垦荒。那边几代没来往，情况不明，再老的祖籍是沛县，如今已经隔了几百年，越发不用说了。[1]

舅家呢？外祖父陈公那一嘴大白胡子，惯常戴上细竹丝箬帽，仰着头，那叩齿念咒的神气，还依稀记得。想起来也真怪，只知道叫他外公，连什么名字也不知道。死的那年已经九十九岁，差一年便算人瑞，可以报官领赏，据说还有花红表里，县太爷还要请酒作揖呢。母亲曾翻来覆去地说外祖父的故事，这话已有五六十年了！那时外祖父在宋朝大将张世杰部下当亲兵，鞑子兵进来，宋朝的地方全被占了，连文丞相都打了败仗，被俘虏过去。张世杰忠心耿耿，和陆丞相保着小皇帝逃到崖山，那年是己卯年(公元1279年)。二月间，张世杰集合了一千多条大船，和鞑子兵决战。不料崖山海口失守，斫柴取水的后路给切断了，大家只好吃干粮，干得忍不住，连海水也顾不得，大口大口灌下，弄得全军都呕泻病困。鞑子兵乘机进攻，宋军船大，又都连在一起，无法转动，三军绝望死战，一霎时中军已被冲坏了。陆丞相眼见得不济事，不肯被俘，让鞑子作践，仗剑叫妻子女儿都跳下海去，自己背着六岁的小皇帝跟着殉了国。张世杰带了十几条船，冲出

1.《朱氏世德碑》。

重围，打算重立赵家子孙，恢复国土，忠义之气实在感动人。谁知天不保佑，船刚到平章山洋面上，一阵飓风，把船都吹翻，张世杰也淹死了，宋朝也就真个亡了国！外祖父掉在海里，侥幸被人救起，吃了许多苦头才得回家。为着不肯再替敌人当兵，迁居到盱眙津里镇。他原来会巫术，就靠当巫师，画符念咒，看风水，定阴阳过日子。到老年时常含着一泡眼泪说这故事，惹得听的人也听一遍哭一遍。外祖父只生了两个女儿，大的嫁给季家，小的就是母亲；过继了季家大表兄做孙子，外祖父死后，这些年也没有和季家来往，料想这年头，景况也不见得会过得去。[1]

元璋想来想去，竟是六亲都断，天地虽宽，无处投奔，前后左右，四面八方，无路可走，越想越闷越烦，无精打采地走回家来，蒙头便睡。吃了一些日子草根、树皮、糠屑、观音土，半饥半饱，游魂失魄似的一筹莫展。大嫂带着侄儿回娘家去了。二哥一样地饿，也没主意。当时在一起的几个朋友周德兴、汤和年纪都比自己大，有气力、有见识，又都出外谋生去了，无人可商量。从四月一直待到九月，半个年头了，还计较不出一条活路。

天还是吝惜雨水，蝗虫越来越多，日子久了，连草根树皮都吃完了，再也撑不下去，和二哥商量如何是好。二哥急得直跳，哭了半天，想想只有远走他乡，各奔前程找活路去。哥哥舍不得兄弟，兄弟舍不得哥哥，哭得连邻舍也伤心了。

1.《明史》卷三〇〇《外戚传·陈公传》。

隔壁汪老娘看着重六不放心小兄弟，提醒当年五四公不是在皇觉寺许了愿，舍朱重八给高彬法师当徒弟吗？如今何不一径当和尚去，一来还了愿，二来总有碗淡饭，不比饿死强？二哥想想也是办法，这事就此定了局。[1]

原来元璋少时多病，才生下，三四天不会吃奶，[2]肚子胀得圆圆鼓鼓，险些不救。五四公做了一个梦，梦里觉得孩子不济事了，怕是命硬，也许只有佛菩萨救得下，索性舍给庙里吧。一径抱着孩子进一个寺，寺里和尚一个也不在，接不着头，又抱回来。忽然听见孩子的哭声，梦醒了，孩子真在哭，妈妈在喂奶，居然会吃奶了，过几天，肚胀也好了。长大后还是三天风、四天雨，啾啾唧唧，病总不离身，父母着了慌，想起当年的梦，才真的到寺里许了愿，给元璋舍了身。[3]

汪大娘和他的儿子汪文替元璋预备了香烛，一点礼物，央告了高彬法师。九月里的一天，皇觉寺多了一个小沙弥，长老添了小徒弟。朱元璋剃光成葫芦头，披上一件师父穿烂的破衲衣，居然是佛门弟子了。扫地、上香、打钟、击鼓、煮饭、洗衣、念经，是日常功课。见人叫师父、师兄、施主，连称呼也改了。早晚听着钟声、鼓声、木鱼声，想想自己，想想半年前的家，想想不知逃到哪儿去的二哥，心中无限感慨。[4]

1.《御制皇陵碑》，危素撰《皇陵碑》。

2. 高岱《鸿猷录·龙飞淮甸》。

3.《皇朝本纪》。

4. 危素撰《皇陵碑》，《御制皇陵碑》，《天潢玉牒》，高岱《鸿猷录·龙飞淮甸》。

二　游方僧

皇觉寺坐落在孤庄村西南角，规模不大。照例一进门是四大金刚，横眉怒目，韦驮菩萨拄着降魔宝杵，二进是大雄宝殿，三进是禅堂，左边是伽蓝殿，右边是祖师殿。油漆都已剥落了，佛像金身披着灰尘，殿瓦上满是青草，院子里铺的石板也已坎坷不平，显出一副衰落样子。八九个和尚，穿得挺寒碜，讲佛理说不上三句，光会念阿弥陀佛。平时靠有限的一点常住田租米，加上替本乡人念倒头经，打清醮，做佛事，得一点儭（chèn）钱，虽然吃不上大鱼大肉，总比当粗工垦田地出气力安逸。

原来那时候出家当和尚也是一门职业，有的是迷信，以为当了和尚真可以成佛成祖，这类人很少。有的是做了坏事，良心不安，躲进佛门医心病。有的呢？杀人放火，怕官府刑法，一出家做佛门弟子，就像保了险似的，王法治不到。更多的呢？穷苦人家养不活，和尚吃十方，善男信女的布施吃不完，放印子钱，多几张嘴不在乎。而且，寺院里多的是有钱人舍的田地，挖地垦田都要人力，多一个徒弟，强过雇长工，得力还省钱。朱元璋年青力壮，正是使气力的时候，高彬长老便收留了他。朱元璋没有受过戒不能算和尚，照寺院规矩叫小沙弥。至于真正要讲佛学、弄经典、说道理，那是从来也没有的事。

元璋生性泼辣阴狠，从小贪玩撒野，爱出主意，支使人，又是小儿子，父母哥嫂都宠着些，就越发自尊自大，忘其所以了。兼之有点小聪明，看事情比别人准，也来得快，打定主意要弄成什么，一定要做到，也常常做到，伙伴们都服从调度。可是一到皇觉寺，景况便全不相同了，不说师伯师叔师父师兄，还有师娘师姊——原来高彬长老是有家小的，[1]个个都是长辈，得低声下气，成天赔笑脸伺候。就是打水煮饭的长工，也威风得很，讲先来后到的规矩，支使元璋做事。这么一来，元璋除了做和尚的徒弟之外，还兼了两个差使，一个是长老家的小厮，一个是长工的打杂。事情多，闲气也就多，日子久了，堆满一肚子火气，时刻要发作，却又使劲按住，为的是吃饭要紧，闹决裂了没去处。

对活人发作不了，只好对泥菩萨发作了。一天扫佛殿扫累了，扫到伽蓝殿，已是气喘吁吁的，不留神绊住伽蓝神的脚，

1.《皇朝本纪》："师且有室家，所用弗济。"谈迁《枣林杂俎·僧娶妻室》条："凤阳大龙兴寺，即皇觉寺，一曰于皇寺。太祖《敕僧律》：'有妻室僧人，除前辈老僧，盖因元末兵乱，流移他方，彼时皆有妻室，今已年老无论外，其后进僧人有妻室者，虽在长上辈比肩，及在下诸人，皆得凌辱，亦无罪责。'今僧俱婚娶，又无差累。"叶子奇《草木子·杂俎篇》："中原河北僧皆有妻，公然居佛殿两庑，赴斋称师娘，病则于佛前首鞠，许披袈裟三日，殆与常人无异，特无发耳。"

跌了一跤，没地方出气，顺手就用笤帚使劲打了伽蓝神一顿。又一天，大殿上供养的大红烛给老鼠咬坏了，长老数说了元璋一顿。伽蓝神是管殿宇的，菩萨不管老鼠，害徒弟受罪，新仇旧恨，越想越气，向师兄讨了管笔，在伽蓝神背上写上“发配三千里”，罚菩萨去充军。这两件事都被长老看在眼里，也不说话。[1]

皇觉寺是靠租米过日子的，这一年灾情太大了，收不到租，师父师叔成天和佃户吵架，恫吓着要送官。眼看着地都晒白了，十成粮食还收不到半成，几百年的古寺第一回闹饥荒。师娘出主意，先打发挂单的和尚走路，接着师伯师叔也出门云游。不上十天，除了师父一家子，全各奔前程去了。朱元璋当沙弥才满五十天，末了一个被打发。没奈何，虽然念不得经典，做不得佛事，也只好学个做和尚的样子，出门行脚。一顶箬（ruò）帽，一个木鱼，一个瓦钵，背上拳头大的包袱，拜别了师父一家子，硬着头皮，离开了家乡。

说游方是和尚的话，俗人的呢，就是叫花——见大户伸手要米要钱要饭吃，也叫化缘。大户人家多半养狗看门，狗有种德行，专咬衣衫破烂的穷人。为着不让狗咬，离大门几步使劲敲木鱼，高唱佛号。做大户的和狗一样，也专打穷人的算盘，可是和狗不同，为的是坏事做得太多，这辈子不好，要修来世，求佛菩萨保佑，死后免入地狱、上刀山、下油锅。要让佛菩萨说好话，就得对和尚客气，把从佃户榨来的血汗，

1. 王文禄《龙兴慈记》。

匀出一星星做布施，算是对佛菩萨的贿赂。这样，一听见木鱼响，就明白是做好事的机会来了，一勺米，几文钱，绝不吝惜。主人对和尚客气，狗也落得大方了。要是主人不出来，硬赖着不走，把木鱼敲得震天响，响到邻舍四面都听见。这时候，不是大娘大母出来打发，就是主人出来，为的是他一向有善人名气，吵得邻舍都知道了，会落不信佛的坏名誉。而且，明知道和尚上门绝不肯空手走，多少总得敷衍一下。还有化缘的只要学会说谎话，明明是钟离皇觉寺的，偏说是峨眉山金顶寺，天台山国清寺，普陀什么寺，反正和尚没有籍贯，无从查对；再说一套大殿翻修、菩萨开光或者装金，递上化缘簿，多少是一笔财喜。积少成多，走上几百千家，这笔钱也就够一些时候花销了。

朱元璋虽然只住了两个月庙，成天听的是这一套，见的也是这一套，不会也会了。打定主意，听人说往西汝州一带，年岁比较好，反正只要有饭吃，不管什么地方都可去。也没有规定的日子，爱走多久就走多久，就往南先到合肥，转向西，到固始、光州、息州、罗山、信阳，北转到汝州、陈州，东返由鹿邑、亳州到颍州。游来游去，只拣繁华富裕的地方，穿城越村，对着大户人家敲木鱼。[1] 软化硬讨，受尽了人生的辛苦，走遍了淮西一带名都大邑，熟识了每一条河流，每一个山脉的地理，尤其是人情、物产、风俗，积累了丰富的经验，锻炼了坚强的体力。这时期的景况，用他后来写的《皇陵碑》的话：

1. 危素撰《皇陵碑》，《明太祖实录》。

众各为计，云水飘扬。我何作为，百无所长。依亲自辱，仰天茫茫。既非可倚，侣影相将。突朝烟而急进，暮投古寺以趋跄。仰穷崖崔嵬而倚碧，听猿啼夜月而凄凉。魂悠悠而觅父母无有，志落魄而佒佯。西风鹤唳，俄淅沥以飞霜。身如蓬逐风而不止，心滚滚乎沸汤。

文字虽然极拙劣，感情却是很真挚的。一直到至正八年（公元 1348 年），听说家乡一带在闹土匪强盗，很不太平，人心惶惶，不由得勾起想家的念头，依然是一顶箬帽、一个木鱼、一个瓦钵，回到皇觉寺。

在朱元璋游方的几年中，后来西系红军的开山祖师彭莹玉正在淮西这一带秘密活动，传布弥勒佛下生的教义。彭莹玉也是游方和尚，朱元璋即使没有见过彭和尚，至少也和彭和尚的党徒接触过。几年后，这地方又成为东系红军的根据地。在这大元帝国的火药库周游了几年，二十一岁的穷和尚，接受了新的宗教、新的看法，嗅饱了火药气味，当然，也加入了秘密组织。回到皇觉寺以后，开始结交朋友，物色有志气有胆量敢作敢为的好汉，时时进濠州城探访消息，同时也立志多识字、多读书。不久，便被人发觉他是一个不安分的家伙。[1]

彭莹玉秘密传布的宗教，是多元的，并且有外国来的

1.《天潢玉牒》《皇朝本纪》。

成分，烧香诵偈，奉的神是弥勒佛和明王，主要的经典有《弥勒降生经》《大小明王出世经》。彭莹玉生于浏阳，出家于袁州，布教于淮西，可以说是南派。另一个系统是北派，头日是赵州栾城（今河北石家庄栾城）的韩家。韩家几代以来都是白莲会会首，烧香结众，很得一般农民的信仰，潜势力极大，碍了官府的眼，被谪徙到广平永年县（今河北邯郸永年）。到韩山童接手当会首后，宣传天下要大乱了，弥勒佛降生，明王出世。这两派在起兵以后，因为目标相同，都要推翻这个政府；信仰相同，都指出有一个新的光明的前途，就混而为一了。教徒用红巾裹头，时人称之为红巾、红军；因为烧香拜佛，又称为香军；所奉的偶像是弥勒佛，也叫弥勒教；宣传明王出世，又叫作明教。[1]

明教的来源可以往上推到唐朝，原来叫摩尼教（Manichaeism），是波斯人摩尼（Mani，216—277A.D.）所创。这个教是大杂烩，糅合了祆（xiān）教、基督教、佛教，成为新东西。主要的道理是世界有两个不同的力量，叫作明暗二宗，明是光明，暗是黑暗，光明一到，黑暗就给消灭了；明就是善，就是理，暗是恶是欲。明教的神叫明使，也叫明尊、明王。还有净风、善母二光明使，和净气、妙风、妙明、妙火、妙水五明使。光明必然战胜黑暗，最后人类必然走上光明极乐的世界。[2]唐武后延载元年（公元694年）传到中国，

---

1. 陆深《平胡录》，《元史·顺帝本纪》，高岱《鸿猷录》卷七《宋事始末》，何乔远《名山藏·天因记》，钱谦益《国初群雄事略·宋小明王》。
2. 北京图书馆藏《摩尼教残经》。

后来又传到回鹘，回鹘朝廷和百姓极为信奉。[1]教规不设偶像，不崇拜鬼神，吃斋，禁止杀生，教徒穿白衣服，戴白帽子，天黑了才吃饭。[2]回鹘当时帮唐朝打仗，援唐有功，因此，回鹘人崇信的宗教，唐朝不敢不保护。[3]到九世纪中期，回鹘内乱，为唐军所大败，唐武宗会昌年间禁止佛教，明教也连带倒霉，教堂被封闭，不许传播。[4]从此明教便成为秘密宗教，因为没有外国力量来支持，弄的一套又和中国人的习惯不大对劲，站不住脚，只好慢慢地变，吸收了佛教和道教的许多东西，加上民间的原始信仰，成为一种杂七杂八的新宗教。

因为明教相信黑暗就要过去，光明就要到来，所以有勇气、有力量，敢于变革。五代时首先在陈州起事，武装暴动，被政府军打垮了。[5]侥幸逃生的人一部逃到福建。到北宋时，福建南部是明教最重要的教区，明教的经典，编进道教的道藏，安置在亳州明道宫。[6]又从福州传到浙江，光是温州一地就有明教斋堂四十多个。斋堂里的长老叫行者，执事有侍者、听者、姑婆、斋姊种种称呼。[7]到南宋初年，已经传遍了淮南、两浙、江东、江西一带地方了。[8]教徒严格执行在密日（日曜日）

---

1. 李文田《和林金石录·灵释九姓回鹘可汗碑》。
2. 志磐《佛祖统纪》卷四一，《册府元龟》卷九九。
3.《唐会要》卷一九。
4.《新唐书》卷二一七下。
5.《旧五代史·梁书·末帝纪》，《佛祖统纪》卷四一。
6. 徐铉《稽神录》，何乔远《闽书》卷七《方域志》，洪迈《夷坚志》。
7.《宋会要辑稿·刑法》。
8. 陆游《渭南文集》卷五。

吃斋。神的画像是摩尼和夷数（耶稣），全是高鼻子、凹眼睛、黄头发，乡下人看不惯，以为是魔鬼，以此，这教在教外人说起来是“吃菜事魔”，吃菜指的是吃斋；事魔呢？拜魔神。又叫作魔教。

为了深入农村，适应农村的环境，明教提倡素食、薄葬，节省消费，使贫苦农民可以稍为过得好点。同教的人互相帮助，大家凑钱来帮助新参加的和穷苦的教友。每逢初一、十五出四十九文铜钱，给教头烧香，汇齐后交给教主做教里的经费。一家有事，同教人齐心合力，有钱出钱，有力出力。有人被捉去坐牢，大家出钱帮着打官司，[1]充分发挥互助合作的精神。

中国的农民向来只有被政府剥削、被官吏虐待、被地主绅士奴役的份儿，从来没有人关心过、救济过，甚至于怜悯过。没有组织，不能团结，当然也没有力量来保护自己，反抗压迫。如今，有了这么一群和自己一样的人，穿一样衣服、说一样话的力量在招手，好处多，而且日后还有大好处，不再受人欺侮，又怎么肯不参加？农民入教的愈来愈多，明教的教区跟着越发扩大，反抗政府的行动自然也就越来越多了。从北宋末年起，睦州、台州、衢州、东阳（以上都属现在的浙江省）、信州（江西）、泾县（安徽）都曾发生明教徒的武装运动。[2]

明教又和弥勒教、白莲教两种宗教混合。弥勒教和白莲教都出于佛教的净土宗，一个叫弥勒净土，一个叫弥陀净土。

1. 庄季裕《鸡肋编》卷中，李心传《建炎以来系年要录》卷七六。
2. 李心传《建炎以来系年要录》卷三二、三六、六三、一三八、一五一、一七六。

弥勒佛是佛教里的著名人物,传说在释迦牟尼灭度（死）后，世界就变坏了，种种坏事，全都出现，不但气候坏，庄稼收成坏，连人心也坏了，人的生活苦到不能再苦。幸得释迦牟尼佛在灭度前留下一句话，说再过若干年，会有弥勒佛出世，这个佛爷一出世，你看这世界立刻变了：地面又宽又大又干净，刺人的荆棘不见了，青的山、绿油油的水，满地铺着金沙；到处是清汪汪的水池，碧森森的树林，灿烂的花，绵芊的草，还有各种无名的宝贝，像在比赛谁更美些。人心也慈善了，抢着做好事，好事做多了，寿命也长了，太太平平过日子。人口一天天加多,城市越来越稠密了。种的稻麦，下一次种有七次的收成，用不着拔草翻土，自会长大。[1]这样美丽的远景，有谁不想望呢？何况是吃够了苦，流尽了汗，受尽了气的穷苦农民！

自从有了这个故事以后，成千万的农民伸长了脖子等待着、期望着这一天的到来，十年、百年、几百年都过去了，依然在等待，在期望。一听见什么地方有弥勒佛出世的话，十传百,百传千，抢着去跟随。

从隋唐到宋元，这一悠长的世代中，历史上写满了弥勒佛教徒“造反”的记录。说起关于弥勒佛的若干部经典的翻译，是西晋时候才开头的，到南北朝时期就已产生很大影响。举例说，那时代兴的风气，在岩壁上挖洞刻佛像，一个洞有几十个大佛，一个山有好多石洞，往往要几十年甚至几百年

1.《大阿罗汉难提密多罗所说法住记》。

才能刻成。刻像最多的就是弥勒佛和阿弥陀佛。传说的煽动，经典的传布，佛像的礼拜，加上无数次弥勒降生的号召，使得这一神秘亲切的名字为每一个穷人所熟悉、所欢迎，深深扎根在农民的心坎中，甚至魂梦中了。信弥勒教的人也穿白衣服，戴白帽子，也烧香，[1]也相信世界上有明和暗、好和坏两种力量，大体上和后起的明教很相像，结果这两个教就混合在一起，再也分不清。

白莲教供养的是阿弥陀佛，劝人念佛修行，多做好事，死后到西方净土白莲池上，过快活日子。这团体创始于五世纪初年，到十二世纪前期，又加进了天台宗的格言，忌葱乳、不杀、不饮酒，衍变成白莲教，因为仪式和戒条都和明教、弥勒教相近，所以三教也就合流了。[2]

明教和弥勒教都以为目前的状况不好，都不满意现在，都相信不久以后会有而且必然地有更好的或最好的世界来到。这理想世界的实现有一个显明的标志，就是“明王”或“弥勒佛”的出世。听从他的号召，用人民大众的力量来实现这理想，由宗教的预言成为现实的政治革新。以此，从隋唐以来，凡是现实政治最使人民失望的时候，“明王”“弥勒”出世的宣传就自然而然地出现，跟着是竹竿锄头队伍农民军的起义。虽然都被有组织的正规军所压制、扫荡、屠杀，以至消灭，但是，农民永不会屈服，跌倒了，

1.《隋书·炀帝本纪》《五行志》。
2.《佛祖统纪》卷四七，重松俊章《初期之白莲教》。

舐干净血迹，再爬起来，再反抗，永远反抗下去，一直到实现这个理想才罢休。人人的心目中，都憧憬着美丽而又肯定的远景，相信总有一天，“明王”或“弥勒”会来解放他们，满足他们。

“明王”和“弥勒”这两个名词，在中国历史上，可以读作衡量政治的尺度。

远在朱元璋出生前三年，元泰定二年（公元 1325 年）六月，息州人赵丑厮、郭菩萨就宣传弥勒佛要来治理天下了。[1] 十二年后，陈州人棒胡（闰儿）又说弥勒佛已经降生了，烧香会齐教友，在汝宁府信阳州起事，打下归德府鹿邑，烧了陈州（陈州正是四百多年前明教徒起义的根据地）。[2] 这年朱元璋已经十岁，懂人事了。第二年周子旺在袁州起事——周子旺是袁州慈化寺和尚彭莹玉（又叫彭翼，诨号妖彭）的徒弟——劝人念弥勒佛号，每晚点着火把，烧香礼拜，口宣佛偈，跟从的人极多。约定寅年寅月寅日寅时起兵，参加的人背心上写一个佛字，刀兵不能伤。元顺帝至元四年（公元 1338 年）戊寅是寅年，年月日时都凑齐，周子旺自称周王，改了年号，率领五千人动手。这一支未经组织训练的乌合之众，虽然有信心，打仗却不中用，刚一点火，就被扑灭了。彭莹玉侥幸逃脱，躲在淮西民家，秘密传教，准备再干。[3]

1.《元史·泰定帝本纪》。
2.《元史·顺帝本纪》。
3. 叶子奇《草木子·克谨篇》，《明太祖实录》卷八，陆深《平胡录》，《元史·顺帝本纪》，权衡《庚申外史》。

朱元璋这几年内所到的地方，息州、陈州、信阳和整个淮西流域，前三个是弥勒教徒起事失败的场所，后一个是彭莹玉的教区。[1]

跌倒了，舐舐血，爬起来，再干。

1. 参看《清华学报》十三卷一期吴晗《明教与大明帝国》。

三　逼上梁山

大地在撼动，狂风、暴雨、电光、雷声交织在一起，火药库爆炸了。

元顺帝至正十一年（公元 1351 年）五月，满身伤痕血迹的农民，不约而同地，头包红布，作为标志，扛着竹竿锄头、长枪板斧，呐喊一声，杀向吸血的元帝国政府，这就是历史上的著名事件——红军起义。

经过多年的酝酿、组织、教育，牺牲了多少优秀的领导人才，从血泊里锻炼出来的坚强的革新细胞，散布在各个受苦难的区域。大家一条心，推翻这个坏政府；一个目标，赶走害人的鞑子。正像放焰火一样，开头在东南角射出一支红色的火箭，炫眼的光芒照耀半边天空。信号一发出，西面南面，四面八方都投射出一样颜色的光，十条、百条、千条，交织在天空，像无数条火龙，夭矫蜿蜒，热生出光，造成了力量，照得大地一色，黑暗被消灭了，跟着来的是光明世界。

红军的队伍，数不清，说不完。拣重要著名的说吧：东系在颍州（今安徽阜阳）发动，头目是杜遵道，奉韩山童的号令，占领了朱皋，拥有元朝米仓，开仓散米，一下子就团结了几十万人。攻下汝宁（今河南驻马店汝南）、光州（今河南信阳潢川）、息州（今河南信阳息县）、信阳（今河南信阳）。

西系起于蕲（今湖北黄冈蕲春）、黄（今湖北黄冈），由彭莹玉和尚领导，推徐真逸（寿辉）做头目，攻下德安（今湖北孝感安陆）、沔阳（今湖北仙桃）、安陆（今湖北荆门钟祥）、武昌（今湖北武汉武昌）、江陵（今湖北荆州）、江西（今江西九江、南昌一带）诸郡。

起于湘水汉水流域的，推布王三、孟海马为头目。布王三的队伍叫北琐红军，占领了唐（今河南南阳唐河）、邓（今河南南阳邓州）、南阳（今河南南阳）、嵩（今河南洛阳嵩县）、汝（今河南平顶山汝州）、河南府（今河南洛阳）；孟海马率领南琐红军，占领了均（今湖北丹江口均县）、房（今湖北十堰房县）、襄阳（今湖北襄阳）、荆门（今湖北荆门）、归峡（今湖北宜昌秭归）。

起于丰沛的，是芝麻李的队伍，控制了徐州（今江苏徐州铜山）近县和宿州（今安徽宿州）、五河（今安徽蚌埠五河）、虹县（今安徽宿州泗县）、丰（今江苏徐州丰县）、沛（今江苏徐州沛县）、灵璧（今安徽宿州灵璧），南边到安丰（今安徽淮南寿县）、濠（今安徽滁州凤阳）、泗（今安徽临淮）。

前后不过几个月工夫，东西两系红军，东边从淮水流域，西边到汉水流域，像腰斩似的把大元帝国拦腰切作两段，从此南北隔绝，北边顾不到南边，南边的粮食也不能接济北边，死是死定了，只等着咽气。[1]

大元帝国的崩溃，有远因，也有近因。[2]

远因是赵宋三百二十年的统治，相当宽大，拿定养鸡吃蛋的主意，对百姓说不上怎样好法，倒也不到剥尽刮干的地步。后期的几个君主虽然孱（càn）头孱脑，好事做不了，无论如何，总安不上“荒淫无道”的罪名。突然被穿羊裘喝酪浆拖小辫子的外族征服了，生活习惯甚至想法都完全不同的新的统治，激起人民反感。尤其蒙古人和色目人[3]的残暴屠杀，动不动就屠城，把一个城里的人民，除去工匠以外的壮丁老弱悉数杀光，剩的少女少男，作为俘虏，叫作驱口，就是奴隶，子子孙孙不能翻身。加上奸淫掳掠，无恶不作，种种想象不到的血腥的事实，种下了民族间的深仇大恨。

在这外族统治下的社会组织，是畸形的、不健全的。论文化，蒙古族非常落后幼稚。论人口，蒙古族统共不过几十万人。光凭了优越的武力来统治压迫被征服的几千万人民，由蒙古皇室、贵族、僧侣、官僚、地主、商人所组成的统治集团，和用以维持这政权的大量军队，吃的、喝的、穿的、用的一切费用，都由汉人、南人[4]负担。汉人、南人的生命财产却没有保障，随时会被打、被抢劫、被没收，甚至被逮捕、

1. 权衡《庚申外史》。

2.《清华学报》十一卷二期吴晗《元帝国之崩溃与明之建国》。

3. 色目人指蒙古人最初征服的钦察回回、康里、波斯等民族。在元代，其社会地位仅次于蒙古人。

4. 元代的汉人指金的国民和高丽、契丹、女真等民族，南人指宋治下的人民。

被诛杀，无处申冤，也不许申冤。政治地位呢？朝廷和地方机关的长官，必须是蒙古人或者色目人，汉人、南人只能担任不重要的职务，用人的标准是种族而不是能力和学识。至于被抑勒做驱口的，就更惨了，简直不被当作人，在主人的眼中，驱口只是一种活的工具，或者是可以卖钱的牲口。这个统治集团同时也是大地主，土地的来源是抢劫、占领，说不上买卖，干脆一句话，没收。全国最大部分的最好的土地，经由这种方法，转移到少数的脑满肠肥的外族人手里，汉人、南人除了一小部分甘心做顺民、做走狗的以外，被迫失去了土地，成为贫农和佃户，最大规模的商业也被控制在回回人手里，他们替蒙古贵族经营财产，放高利贷、印子钱，也叫作羊羔儿息，[1]来榨取汉人、南人的血汗。

就连蒙古人、色目人算在一起，在中国也还是少数民族，有一天被征服的人民组织起来，有了力量，他们就得被清算。加上所做的坏事也实在太多了，明知汉人、南人决不心服，有机会就会反抗、报仇。这一切，蒙古贵族心里明白、害怕，脸上虽然摆出一副狠相，骨子里却正在怕得发抖。怕什么呢？怕人民有组织，怕人民有团结，一句话，害怕人民有力量。

为了镇压人民，掐住人民的脖子，元朝政府采取了几种恶毒的办法：一种是驻兵，以嫡系的蒙古军驻防在河洛山东，据全国军事要害，以汉军、探马赤军[2]驻防在淮水长江之南，

---

1. 徐霆《黑鞑事略》，柯绍忞《新元史·食货志·斡脱官钱》。
2.《元史·兵志》："蒙古军皆国人，探马赤军则诸部族也。既平中原，发民为卒，是为汉军。"

带着一部新附军。蒙古军驻防是带家眷的，按一定时候换防。总计江南三行省建立了六十三处驻兵区，[1]在必要时就用武力来消灭任何反抗或者不服从的行动。一种是缴械，从元世祖至元十三年（公元1276年）征服了南宋的首都临安时起，就开始收缴民间的武器和马匹，定下极严厉的刑罚，强迫人民交出可以做杀伤用的武器，并且明令禁止汉人、南人、高丽人执弓矢兵仗。以后列朝都三番四覆，重申这办法。[2]这样，一面是全副武装、威风凛凛、正规编制、千军万马的征服军。另一面呢？是个别的、穷困的、被包围的、被作践的、被剥削的，而且是手无寸铁的人民。照理，蒙古贵族可以安心了，晚上可以睡得安稳了，但是，决不，他们还是在害怕，害怕人民在暗地里集会，产生组织，害怕人民的反抗思想日渐传播，成为心腹的威胁。

于是，另外一套又来了，叫作里甲。要点第一是编民户二十家为一甲，每甲派一个蒙古人做甲主，甲主有充分的权力，随时侦察甲民活动，除了写报告以外，有执行之权，他要衣服得给，要饮食得给，要童男呢？送上。要少女呢？赶紧送上，一有不是，立刻有灭门之祸。[3]第二是戒严，夜间禁止通行："一更三点钟声绝禁人行，五更三点钟声动听人行。"[4]在这期间，老百姓被关在房子里，政府的军官军人和甲主是

1.《元文类》卷四一《经世大典序录·政典总序》。
2.《元史》卷一六八《陈天祥传》《世祖本纪》《顺帝本纪》。
3. 徐大焯《烬馀录》。
4.《元典章》卷五七《刑部·诸禁·禁夜》。

可以随便通行，半夜里也可以进民居访问以至调查的。第三禁止夜间点灯，在戒严期间绝对禁止，禁钟以前和解严以后，也只许小贩和儒生点灯。[1]第四禁止集会祠祷，祈赛神社，集场买卖，不管是宗教的、迷信的以至商业性的集会，凡是群众性的，有多人集合在一起的，一概禁止。[2]第五禁止汉人田猎和练习武艺，禁止汉人学习蒙古、色目文字，[3]不会武艺就不能打仗了，不懂政府所用的文字，就无法和使用这种文字的人相接触。

这三整套办法互相配合，构成了天罗地网、铜墙铁壁。没有一点漏洞，透不出一点气，没有声音，连耳语也不敢，没有文字的抗议，连数说历史都是犯法的。出远门要有通行证，每一个地方都被孤立了，成为无数的孤岛。没有消息，好的没有，坏的也没有。蒙古人的统治，把这个国度变成一个死海。

但是，虽然是死海，还不时有波浪，压力越大，反抗也越厉害。严格地说，从南宋亡国的那天起，一直到红军大起义，这七十年中，汉人、南人的反抗，一直没有停止过。从可歌可泣的崖山之役，张世杰、陆秀夫壮烈殉国后，起兵复国几次失败，百折不回的文丞相（天祥）终于在元世祖至元十九年（公元 1282 年）十二月被杀于燕京，成仁取义。这两件事发扬了民族正气，感动了也号召了全民族和后代子孙，

1.《元史·刑法志·禁令》。
2.《元史·刑法志·禁令》,《元典章》卷五七《刑部·诸禁·禁聚众》。
3.《元史》卷一六八《世祖本纪》《顺帝本纪》。

使他们明白，只有“驱逐鞑虏，恢复中华”才有好日子过，才对得起先烈，对得起民族。文丞相死的第二年，建宁路总管黄华起义，用宋祥兴年号；至元二十三年，西川赵和尚自称宋福王子，在广州起事。元顺帝至元三年（公元 1337 年）合州大足县民韩法师反，自称南朝赵王，都用恢复赵宋来号召。此外如至元二十年广州的罗平国，二十年漳、邕、宾、梧、昭、衡诸州（福建、广西、广东、湖南）的农民暴动，二十三年婺州（浙江金华）永康县民陈巽四之乱，二十五年广东浙江之乱，二十七年的江西之乱，成宗元贞二年（公元 1296 年）的赣州之乱，以至元顺帝至元三年（公元 1337 年）广州的大金国之乱，至正八年（公元 1348 年）辽东锁火奴自称大金子孙之乱。前面跌倒了，后面的接着上去，倒下一个两个，起来了百个千个。这一连串的反抗运动，起因虽不完全相同，目标却只有一个——推翻这个坏政府！至正十一年（公元 1351 年）的红军大起义，正是这一连串反抗运动的延续和发展。

近因是蒙古皇室和政府的腐烂，像一所房子，长了白蚁，把椽子、栋梁都蛀蚀空了，一阵风便把整所的房子刮倒，当然，白蚁也压死很多。

白蚁一开头就把帝国给蛀蚀空了。大元帝国是由几个汗国组织成的，以蒙古大汗的宫廷做中心。自从忽必烈大汗（元世祖）做了中国皇帝之后，破坏了大汗继承的规矩，以后的大汗都由实力派拥立，宫廷里的暗杀，战场上的火并，闹个无休无歇。成吉思汗位下的许多大王，分裂成几派，打了多少年仗。西北几个汗国各自独立，脱离了母国，大元帝国分裂了，蒙古大汗兼中国皇帝的统治权开始动摇了。

这一窝的白蚁王是忽必烈大汗自己，他建立了这个窝，也蛀蚀了这个窝。他是一个贪得无厌的君主，为了积累更多的财富，发动了长期的广泛的海洋侵略。军费的负担无限扩大，增加了国内财政困难，只好任命一批做买卖的刮钱好手做大臣，专门搜刮财富，剥削人民，造成了贪污刻薄而又无能的政治风气，造成对外打仗失败对内民穷财尽的局面。

军费之外，还有诸王的定期巨量赏赐，僧侣的宗教费用和宫廷的浪费。一年的收入还不够几个月的用度，没办法，只好加紧印钞票。元朝的钞票原来有很好的制度，发行有定额，可以随时兑现，和物价有一定的比例，通行全帝国，信誉极好。到了政府财政无办法，支用完钞票的准备金，变成不兑现纸币，加上无限制发行，发得愈多，币值愈跌，相对的物价愈高。到了十四世纪中期，整车整船运钞到前方，已经不济事了，一张钞还抵不上同样的废纸，不值一钱。国家财政和国民经济总崩溃了。

政治的情况也和经济一样，从元武宗以来，唱戏的、杀猪卖酒的、和尚道士，只要有门路，得到大汗欢心，就可做大官，有做到中书左丞、平章参政的。国公、司徒，多到无法计算。贵族诸王随便杀人，随便荐人做官。地主豪民犯法该杀的，只要买通僧侣，就可以得到大汗特赦。后来索性卖官鬻爵，贿赂公行了。尤其是蒙古、色目的官吏，根本不知道有廉耻这回事，问人讨钱，各有名目。例如下属来拜见有“拜见钱”，无事白要叫“撒花钱”，逢节送“节钱”，过生日要“生日钱”，管事要“常例钱”，送迎有“人情钱”，发传票拘票要“赍（jī）发钱”，打官司要“公事钱”。弄的钱多说是“得手”，出的州美说是“好地分”，补的职近说是“好窠窟”。甚至台宪官都可以用钱买，像拍卖似的钱多得缺。肃政廉访司官巡察州县，各带库子（管钱的吏役），检钞称银，争多论少，简直在做买卖。[1]大官吃小官，小官呢？当然吃百姓。民间有诗嘲官道：“解贼一金并一鼓，迎官两鼓一声锣。金鼓看来都一样，官人与贼不争多。”[2]温州、台州一带的老百姓，给官府榨苦了，在村子边竖起旗子，上面写着：“天高皇帝远，民少相公多。一日三遍打，不反待如何？”[3]

军队呢？自从平宋之后，太平了多年，忘记了怎样打仗。驻防在内地繁华都市，日子久了，生活整个儿腐化，也不愿意打仗了。军官们大都是世袭的公子哥儿，懂吃、懂喝、懂玩，会发脾气，会克扣军粮，会奴役虐待士兵，更会劫掠百姓，就是不懂和不会打仗。蒙古初起时，那种纵横欧亚、叱咤风云的沙漠中健儿的子孙，到这时已经完全不是军人了，他们比老百姓更胆小怕事。[4]

这个几十个家族奴役中国人民的政权，一靠官僚，二靠武力支持。官僚弄钱，武力吓人。如今，全不行了，千疮百孔，

1. 叶子奇《草木子·杂俎篇》。
2. 叶子奇《草木子·谈薮篇》。
3. 黄溥《闲中今古录》。
4. 叶子奇《草木子·克谨篇》。

到处发霉发烂了。从顶到脚，都蛀蚀得空空，自然经不起红军雷霆万钧的一击。

红军起事爆发的导火线是蒙古政府对汉人、南人加重压迫和歧视。

元顺帝从广西进京做皇帝，河南行省平章伯颜率领部下蒙古汉军护送，因功做了丞相。伯颜仗着功劳大，擅权贪污，养着西番师婆叫畀（bì）畀，常问她来年好歹，又问身后事如何。畀畀说当死于南人之手。伯颜因此深恨南人。

元顺帝至元三年（公元 1337 年）广州朱光卿反，称大金国；棒胡反于汝宁信阳州。伯颜假借题目，四月间下诏书汉人、南人不得执持军器，凡有马的都拘收入官。五月间又说汝宁棒胡、广东朱光卿等都是汉人，汉人有在政府做官的，应该提出诛捕造反汉人的方案，呈报上来。接着又提出要杀张、王、刘、李、赵五姓的汉人、南人，因为这五姓都是大族，人数最多，汉人、南人杀了大半，自然不能造反了。

元顺帝至元五年（公元 1339 年）四月又重申汉人、南人、高丽人执持军器的禁令。还规定一条法令：蒙古人、色目人殴打汉人、南人，汉人、南人只许挨打，不许还手。伯颜被贬死，他的兄弟马札儿台做丞相，又禁民间藏兵器。马札儿台辞位，子脱脱做丞相。红军起事，中书省官员把报告案卷加标题“谋反事”，脱脱看了，改题作“河南汉人谋反事”，把河南全部汉人都看作叛徒了。[1] 伯颜、脱脱一家人接连做丞

1. 权衡《庚申外史》。

相，家族的看法也就代表皇室和贵族的看法。这一连串作为，使汉人、南人不由得不恐慌、着急，反抗也许还有生路，不反抗只有等死，有人一号召，自然是全国响应了。点上导火线的是丞相脱脱。当时黄河在白茅口决口，有人建议堵口，脱脱派工部尚书成遵勘察。成遵回来报告：河工太大开不得，而且南阳安丰盗贼成群，集合了几十万夫役，万一被人煽动，无法收拾。脱脱不听，另用贾鲁为工部尚书兼河防使，至正十一年（公元 1351 年）四月二十二日，发汴梁、大名十三路民夫十五万，广州等地戍军二万，从黄陵冈南到白茅口、西到阳青村，开河二百八十里，把黄河勒回旧道。

韩山童得了这个消息，生出主意，叫人四处散布童谣说：“石人一只眼，挑动黄河天下反。”暗地里凿了一个石人，面门上只有一只眼睛，偷偷埋在黄陵冈当路处。朝廷发的修河经费，被河官中饱了，修河夫吃不饱，正在怨恨。[1]韩山童又分发几百个党徒去做工，宣传天下要大乱了，弥勒佛已经降生了，十人传百，百人传千，河南、江淮一带的老百姓全信了。韩山童和亲信刘福通、杜遵道计较，光是老百姓不够，还得念书做官的一起干，至少也要做到让士大夫同情这运动。刘福通说有办法，鞑子不得人心，我们上一两代都是宋朝的老百姓，只要提出复宋的旗号，读书人没有不赞成的。河夫开河开到黄陵冈，果然在当路处挖出一眼的石人，几万夫役骇得目瞪口呆，一时人心骚动，三个一堆，五个一群，纷纷议论，

1. 叶子奇《草木子·克谨篇》，权衡《庚申外史》。

大家心里明白，是动手的时候了。

刘福通聚了三千人在白鹿庄，斩白马乌牛，祭告天地，宣称韩山童是宋徽宗八世孙，当为中国主；福通是宋朝大将刘光世的后人，该帮旧主起义，恢复天下。大家齐心推奉山童做“明王”，克定日子起兵。[1]四处派人通知，同时发动，以头裹红布为符号。正在歃血立誓、分配任务、举杯庆祝、兴高采烈的时候，不料消息走漏了。永年县的县官带领快马兵役，冷不防团团围住白鹿庄，韩山童脱身不及被擒去杀了。山童妻杨氏带着儿子林儿趁着慌乱，逃出重围，躲入武安山中（在永年县境），隐姓埋名，等候外边消息。刘福通见事已败露，等不到预定日子，整顿部队，出其不意，攻占颍州、罗山、上蔡、正阳、霍山，分兵进攻舞阳、叶县等处。黄陵冈的河夫得了信号，呐喊一声，杀了监工的河官，头上包一块红布，漫山遍野一片红，和部队会合在一起。不到一个月，红军已是五六万人的大队伍了。

两淮、江东西的穷苦百姓，等了多少年月，连夜起早赶来参加，真是“从乱如归”，声势一日比一日浩大。接着又占领了汝宁、光、息，人数增加到十几万。[2]各地方的红军闻风响应，芝麻李、彭大、赵均用起丰沛，徐寿辉起蕲黄，布王三、孟海马起湘汉，半个中国照耀着红光，[3]各自攻城占地，

1. 何乔远《名山藏·天因记》。
2.《明史·韩林儿传》，权衡《庚申外史》，钱谦益《国初群雄事略·宋小明王》，高岱《鸿猷录·宋事始末》，陆深《平胡录》。
3. 陆深《豫章漫钞》。

开仓库，救穷人，严守教规，不杀平民，不奸淫，不抢劫，越发得到人民拥护。[1]当时民间流传着一阕《醉太平》小令，也不知道是谁写的，从大都一直到江南，人人会念，词道：

堂堂大元，奸佞专权，开河变钞祸根源，惹红巾万千。官法滥，刑法重，黎民怨。人吃人，钞买钞，何曾见？贼做官，官做贼，混贤愚，哀哉可怜！[2]

朱元璋在寺里接连不断地得到外边的消息：前些日子占襄阳，元兵死了多少；某日又占了南康，元军不战而逃；芝麻李八个人装作挑河夫，一晚上占了徐州。[3]说的人津津有味，听的人心花怒放。红军檄文指斥元朝罪状，最精彩的话是"贫极江南，富夸塞北"[4]。蒙古人、色目人饱得胀死，汉人、南人却饿得要死。什么好东西，财帛粮食，刮空了运到北边。做活出气力的是一种人，笼着手在享用的又是一种人。真把几十年来多少人心里闷着的话全给说出来了。又听说徐寿辉已在蕲水建都，做了皇帝，国号天完，年号治平，拜邹普胜做太师，一支军队已进了江西。

元兵到处打败仗，好容易调了六千绿睛回回阿速军，帮

1. 陶宗仪《辍耕录》卷二八，钱谦益《国初群雄事略》。
2. 陶宗仪《辍耕录》卷二三。
3. 权衡《庚申外史》。
4. 叶子奇《草木子·克谨篇》。

着汉军来攻颍州。阿速军以精悍著名，擅长射骑，只是纪律不好；将军呢，又光会喝酒玩女人。刚上阵，看见红军阵势大，主将就扬鞭连说："阿卜！阿卜！"阿卜是走的意思，一霎时全军退却。淮西人当作笑话，传来传去。[1]又调御史大夫也先帖木儿统三十万大军收复汝宁，才到城下，尚未交锋，便跃马后退。地方官急了，挽住马缰不放，也先帖木儿也急了，拔刀便斫，说："我的不是性命？"飞马先逃，三十万大军跟着溃散。[2]蒙古、色目、汉军都不能打，真正和红军作战的是各地官吏、地主募集的义兵和民兵，这些人有的怕红军不放过，有的要保家产，为着自己的身家才肯拼命。到十二年二月底，又听说濠州也给红军占了，头目是郭子兴、孙德崖、张天祐几个人。

郭子兴是定远县有名的豪杰，原是曹州人，他父亲到定远卖卦相命，很积了一点钱。有一家大财主的闺女，长得体面，可惜是瞎子，嫁不出去。他父亲娶了，得了一份大财喜，生下三个儿子，子兴是老二。子兴一来家财丰厚，二来素性慷慨，平日交结宾客，接纳壮士，焚香密会，盘算做一番大事业。红军起事以后，钟离定远的农民，抛去锄头，拿起兵器，一哄就团聚成几万人的一股。地方官平时只会贪赃枉法，到这时便毫无办法了，睁一只眼，闭一只眼，只装不知道，惹不起也犯不着多事。

---

1. 权衡《庚申外史》。
2. 叶子奇《草木子·克谨篇》。

二月二十七日，郭子兴带了几千人趁黑夜先后偷入濠州，半夜里一声号炮，闯入州衙，杀了州官。他们在先有过杜遵道的号令，五个头目都称濠州节制元帅。[1]元将彻里不花远远地隔濠州几十里扎住营，怕红军厉害，不敢攻城，成天派兵到各村庄骚扰，把老百姓捉去，包上红布，算是俘虏，向上官请赏。濠州红军见官军不来捣乱，乐得安闲，关起城门享福，两下里“互不侵犯”。只是苦透了一般老百姓，官军硬派作红军，随便捉杀；红军呢，又怕是官军的奸细，要盘问防范，竟是左右做人难。又得供应粮秣夫役，红军要了，官军又要，闹得实在没法子活下去。有钱有地的大户怕事，都投到官军这边；无钱无地的穷人，不消说，只有一条路，揣块红布，呼亲唤旧，投奔濠州，拼上这条命，也不受官府大户的气。[2]

朱元璋划算了又划算，虽然相信彭莹玉的话，鞑子一定得赶走，汉人、南人一定得翻身，眼前就是穷人的好日子来了，可是，还得仔细计较，拣便宜省事有好处的路走。摆在前面有三条路：投官军呢，犯不着。官军的纪律他知道得太多，去了是自投死路。再则鞑子杀人放火、奸淫掳掠的一本血账，提起来谁都痛恨。外祖父说的崖山的故事，他还记得清清楚楚，男子汉纵然不能做什么大好事，也万万不可丧心病狂到替敌人做走狗，来残害自己的兄弟姊妹！投红军呢？听说濠

---

1. 张来仪《敕赐滁阳王庙碑》，俞本《皇明纪事录》，钱谦益《国初群雄事略·滁阳王》。
2. 明太祖《御制纪梦》。

州有五个元帅，一字并肩，没有头脑，谁也不服谁，谁也支使不了谁，闹得乱哄哄，不成个体统。怕没有大出息，成不了事。留在寺里过安闲日子呢？迟早给官军捉去拿赏号，死得更是不明不白。想了又想，三条路都走得，又都有难处。[1]

一天，有人从濠州捎来一封信，是孩提时的伙伴写的，劝他到红军队伍里来。背地里读了，越发一肚子心事，在大殿上踱过来，踱过去，以口问心，以心问口，反复计较。猛然省悟，把信就长明灯烧了，还是下不定决断。过不了几天，同房的师兄偷偷告诉他，前日那信有人知道了，要向官军告发，好汉不吃眼前亏，还是赶快上濠州吧。

元璋急得无法，到村子里找汤和，讨一个主意。汤和推敲了半天，说不出道理，劝向菩萨讨一个卦。元璋心里忐忑不定，慢慢走回寺里，还不到山门，就嗅到一股烟焰的气味，再走进去，只见东一堆瓦石，西一堆冒烟的木料，大殿只剩下半边，僧房斋堂全烧光了，只剩下伽蓝殿，隔着一片空地，还完整。满院子马粪、破衲衣、烂家具。僧众星散，不知去向，冷清清只剩了几尊搬不动、烧不着的泥菩萨。原来官军认为僧寺里有弥勒佛，红军里有许多和尚，念弥勒佛号，怕在寺的和尚和红军有勾搭，把附近的寺都烧光了，皇觉寺自然不能例外。

元璋待了一阵，走到伽蓝神前，磕了头，拿起圣珓，默祝菩萨：许出境避难，赏阳珓；守破寺，一阴一阳。一掷两

1. 明太祖《御制纪梦》。

珓全阴，两掷三掷还是全阴。不许走也不许留，只有投红军去了。再祝投红军给阴的，一掷果然是阴的，大吃一惊。三次默祝，投红军实在害怕，还是求菩萨指点，逃往他乡，另求生路。闭着眼睛把珓掷出，一看一个是阴珓，投红军；一个呢，不阴不阳，端正地竖在地面。菩萨也劝元璋造反了，还有什么可说的！[1]后来他在《皇陵碑》里描写这时候的心情道：

住（皇觉寺）方三载，而又雄者跳梁。初起汝、颍，次及凤阳之南厢。未几陷城，深高城隍，拒守不去，号令彰彰。友人寄书，云及趋降，既忧且惧，无可筹详。旁有觉者，将欲声扬。当此之际，逼迫而无已，试与知者相商，乃告之曰：果束手以待罪，亦奋臂而相戕？知者为我画计，且祷阴以默相。如其言，往卜去守之何详，神乃阴阴乎有警，其气郁郁乎洋洋，卜逃卜守则不告，将就凶而不妨。

第二天，他离开皇觉寺，投奔红军去了。

1.《皇朝本纪》《天潢玉牒》。

第二章　红军大帅

一　小亲兵

至正十二年（公元1352年）闰三月初一，元璋到了濠州城下。这时元军仍在濠州附近，虽然没有动作，红军还是不敢大意，城墙上布满警戒部队，弓满弦，刀出鞘，巡逻哨探川流不息。城门的守兵挡住一个丑和尚，只见他穿得极破烂，头裹红巾，堂堂皇皇走进来，毫不害怕。盘问来踪去路，却只说来见郭元帅，更无别话，不由得起了疑心，以为是元军的奸细。三言两语，就闹翻了，不由分说，一索子捆了，派人报告郭元帅，请令旗行刑。郭子兴一想很怪，若是奸细，怎能这般从容？口说求见，许是来投顺的好汉，不要枉杀了好人。要知道究竟，骑一匹快马，赶到城门。远远看见四五十个兵围着，人头攒动，指手画脚在呵斥，连忙喝退众兵。只见一个躯干修伟、长得极怪的丑和尚，被五花大绑，捆在拴马桩上，相貌虽不整齐，看着有一种威严的神采，绑着等杀头，并不害怕求饶，眼睛里充满着火气，脸上的肌肉痉挛表情，也告诉在愤恨。子兴心里已有点喜欢，下马上前问明底细，叫人松开绑，收为步卒。[1]

元璋入了伍，参见了队长，逐日跟弟兄们上操，练武艺。体格好，记性又强，不上半个月已是队里顶尖顶上的角色，几次出城哨探，态度安详，计谋多，有决断，同队的都听调度。每次出去，总是立了功，不损伤一人一卒，喜欢得连队长也遇事和他商量了。不知不觉过了两个多月。一日郭元帅带了亲兵出来巡察，经过元璋的营房，全队排成一字向主帅行礼，元璋个子高大，恰好排在队头。子兴见了，记起那天的事，唤队长问这投效的心地和能耐如何。队长极口说好，夸是千中选一的人才。子兴也觉得喜欢，就吩咐升元璋做亲兵十夫长，调回帅府当差。[2]

元璋遇事小心勤快，却又敢作敢为。得了命令，执行很快，办理得好。打起仗总是领头向前，一定打胜仗，也一定完成预期的战果。得到战利品，不管是衣服，是银子，是牲口粮食，总是悉数献给元帅。得到赏赐，又推说功劳是大家的，公公平平分给同伴。说话不多，句句有斤两，又认得一些字，虽不甚通，一有文墨上的事情，譬如元帅的命令，杜遵道、刘福通的文告，以至战友们的书信，伙伴总找他解说。几个月后，不但在军中有了好名誉，勇敢、能干、大方、有见识、讲义气，一大堆好话算在名下，甚至连郭元帅也将他看作心腹，逐渐言听计从了。

1.《皇陵碑》《御制纪梦》《滁阳王庙碑》《明太祖实录》《天潢玉牒》。

2.《御制纪梦》《滁阳王庙碑》《皇朝本纪》。

郭元帅的第二夫人张氏，抚养了一个孤女，原是子兴的老友马公临死时托付的，已经成年，甚是贤德。子兴爱重元璋，要他出死力，和张夫人商量招赘做上门女婿。张夫人也听说元璋才能出众，而子兴勇猛戆（zhuàng）直，和同事合不来，得有个细心能干的身边体己人帮着些，一力撺掇，就择日替两口子成婚。元璋平白地做了元帅娇客，前程多一层靠山，更何况是元帅主婚，自然满口应承。从此军中就改称元璋为朱公子，有了身份了，起一个官名叫元璋，字叫国瑞。[1]

孙德崖一伙四个元帅，都是粗人，说话做事没板眼，处的日子久了，子兴有些看不上眼，商量事情也没有好声气，两下里面和心不和。孙德崖一边人多嘴杂，闹了几次，子兴索性闲在家里，不和他们照面，勉强三五日见面一次，也是话不投机半句多。有时候等子兴不来，事情办了也不通知，子兴越发不快，憋了一肚子气要发作。本来五个元帅一样大，谁也管不了谁，谁也不服谁，齐心还好办事，一闹别扭，各自发号施令，没有个通盘的调度，占了濠州大半年了，各人只管带领部下，向四乡要粮要牲口，竟不能出濠州一步，不像个局面。子兴几次拿话开导，无人理睬，越想越气闷，也就心灰意懒了。元璋看出情势不妙，借个方便劝子兴打起精神，照常和四帅会议办事，假如老闲在私宅，他们四帅合起来，对付一个，这个亏吃了可没说处。子兴听了，勉强出去三四日，又闹脾气了。两边的感情越来越坏，都怕对方下毒手，又在

1.《滁阳王庙碑》《明太祖实录》卷一，谈迁《国榷》。

盘算如何收拾人。元璋劝不动子兴，背地里向孙德崖赔小心，说好话，着意联络，以免真个决裂。[1]

九月间，元相脱脱统番、汉兵数十万攻徐州，招募当地监丁和矫勇健儿三万人，黄衣黄帽，号为黄军。大军在后，督令黄军攻城，一口气把徐州攻下，见人便杀，见屋便烧，芝麻李落荒逃走，被元兵逮住杀害了。[2]部下彭大、赵均用率领残兵投奔濠州。[3]徐州、濠州都是红军，原是一家人，徐州的兵多，占的地方也大，到了濠州以后，竟反客为主，濠州五帅倒要听客人的调度了。彭大有见识，也懂事，和郭子兴相处得很好，孙德崖怕吃亏，使手段拉拢赵均用，两边明争暗斗，心里都不服气。孙德崖又拿话来挑拨赵均用，说郭子兴眼皮浅，只认得彭将军，百般趋奉，对将军却白眼相待，瞧不起人。均用大怒，带领亲兵径来火并，冷不防把子兴俘虏了，带到孙家，锁闭在一间空房子里。

这时朱元璋正好出差，得信奔回，郭家大小正在忙乱，要派兵抢救，他连忙止住，叫出子兴二子天叙、天爵，一径去找彭大。彭大听了，勃然大怒说：他们太胡闹了，有我在，谁敢害你元帅！即时喊左右点兵，元璋也全身盔甲，团团围住孙家，掀开屋瓦，救出子兴。只见子兴项枷脚镣，浑身打得稀烂。当下打开枷镣，背回私宅。赵均用知道彭大出头，

1.《明太祖实录》卷一，《皇朝本纪》。

2. 权衡《庚申外史》，《元史》之《脱脱传》《也速传》，俞本《皇明纪事录》。

3.《龙飞纪略》。

怕伤了和气，隐忍着了事。[1]

脱脱趁连下徐州、汝宁的兵威，分兵派贾鲁追击彭大、赵均用，进围濠州。大敌当头，红军的头脑们才着慌，大家和好，一心一意地坚守城池。元璋深得军心，成天成夜在城墙上指挥防守。从这年冬天一直到第二年春天，整整被围了五个月，幸得城池坚固，粮食丰足，没有出事。一日元将贾鲁病死，元军围疲了，料着再打下去也不见得有把握，兼之军无斗志,只好解围他去。围虽解了,红军也折损了不少人马,吃了大亏。

彭大、赵均用兴高采烈，彭大自称鲁淮王，均用自称永义王，做起王爷来了。郭子兴和孙德崖五人仍然是元帅。[2]

1.《皇朝本纪》,《明太祖实录》卷一。
2.《元史·贾鲁传》，钱谦益《国初群雄事略·滁阳王》。

二 小军官

濠州经过长期围攻，不但粮秣缺乏，兵力也衰减得多。元璋想办法，弄了几引盐，到怀远换了几十石米，献给子兴。[1]细想二王和诸帅，胸襟太窄，眼光太短，怕成不了什么气候，要做一番事业，得凭自己有队伍，才有力量。打定主意，请准了假，回到钟离，竖起招兵大旗。少年伙伴徐达、汤和等几十个人，听说元璋做了红军头目，都来投效。不过十天工夫，招募了七百人，子兴大喜。至正十三年（公元 1353 年）六月，派元璋做镇抚，从此，就一跃成为带兵官了。[2]一年后，又以军功升作总官。[3]

彭赵二王管军无纪律，随便做坏事，不听劝，也不能改，子兴又兵力单弱，做不了主张。元璋认为一起混下去，会出毛病，不如自己单枪匹马，向外找出路，把新兵交代了，禀准了主将，带领贴身伙伴徐达、汤和等二十四人，南游定远。

1.《皇朝本纪》。

2.《御制纪梦》,《明太祖实录》卷一。

3. 俞本《皇明纪事录》。

使个计策，招降了张家堡驴牌寨三千民兵。向东半夜里袭击元将老张，收降民兵男女七万口，挑拣得两万壮士，成为浩浩荡荡的一支队伍。用朱元璋自己的话来形容，真是“赤帜蔽野而盈冈”。[1]

元璋得到大量的生力军，立刻重新编制，加紧训练。他最看重纪律，在检阅新军时，特别指出这一点，恳切地训诫将士说：“你们原来是很大的部队，可是毫不费事就到我这边来了，原因在哪里呢？一是将官没有纪律，二是士卒缺乏训练。现在我们得建立严格的纪律，做到严格训练，才能建功立业，大家有好处。”三军听了，无不喜欢。[2]

定远人冯国用、国胜（后改名胜）两兄弟，原来是地主，天下大乱后，团结地方上的佃户和乡民，建立堡寨自卫，听说元璋军队的纪律不错，带领部队来投效。元璋端详这两兄弟，装束很像读书人，行动说话都和一般老百姓不同，就问如今该怎么办。国用以为建康（元集庆路，今江苏南京）这地方，形势极好，书上有“龙蟠虎踞”的话，是多少代帝王的都城，先占了这地方做根本，站稳了逐步发展，扩充地盘，不贪子女玉帛，多做好事，得到人民的支持，建功立业不是难事。元璋听了极高兴，留下做幕府参谋，把两家部队合并编制，南下攻滁州（今安徽滁州）。[3]

在进军滁州的路上，定远人李善长到军门求见。善长头

1.《御制纪梦》《御制阅江楼记》《皇朝本纪》《御制皇陵碑》。
2.《明太祖实录》卷一。
3.《明史》卷一二九《冯胜传》。

脑清楚，有智谋，善于料事，学的是法家的学问，和元璋谈得极为投机。元璋问什么时候才能太平呢？善长劝他学汉高祖，以为汉高祖也是平民出身的，气量大，看得远，也看得宽，会用人，又不乱杀人，五年工夫，便打平了天下；元朝政治一团糟，已到了土崩瓦解的地步，濠州和沛相去不远，如能学学这位同乡，天下太平也就快了。元璋连声叫好，留下做掌书记，同时嘱咐："如今群雄四起，天下糜烂，仗要打好，要紧的是参谋人才。我看群雄中，掌书记和做参谋的幕僚，总说将士的坏话，将士无法施展，自然打不了胜仗。你要做一个桥梁，调和将士，不要学他们的样。"从这时候起，元璋心目中时时有个老百姓出身做皇帝的同乡在，说话、办事、打仗，事事都刻心刻意地学习。[1]善长呢，也一心一意做桥梁，沟通将士和主将，以及将士间的意见，尽心尽力，提拔有能力和有功的，让大家能安心做事。[2]

滁州守军力量单弱，元璋的前锋黑将军花云单骑冲破敌阵，战鼓打得震天响，大军跟着推进，霎时便占领了这座名城。元璋亲侄文正、姐夫李贞带着外甥保儿（后改名文忠）得到消息，奔来投靠，才知道二哥三哥也已去世了。大家哭了一场，又伤心又欢喜，伤心的是一家人只剩了这几口，欢喜的是这样乱世，还能团聚："一时会聚如再生，牵衣诉昔以难当。"[3]

定远人沐英父母都已死去，孤苦可怜。元璋把这三个孩

1.《明史》卷一三五《孔克仁传》。

2.《明史》卷一二七《李善长传》。

3.《御制皇陵碑》，《明太祖实录》卷一，《明史》卷一二六《李文忠传》。

子都收养做义子，改姓为朱。原来收养义子是当时流行的风气，带兵的将领要培养心腹干部人才，喜欢把俊秀勇猛的青年收养，不但打仗时肯拼命，在要紧关头，还用来监视诸将。沐英在军中称为周舍，又叫沐舍，舍是舍人简称（文武官员的儿子叫舍人）。

元璋义子除文正、文忠、沐英以外，还有二十几个。后来所占城池，专用义子做心腹和将官同守，如得镇江用周舍，得宣州用道舍，得衢州用王驸马，得严州用保儿，得婺州用马儿，得处州用柴舍、真童，得徽州用金刚奴、也先，此外还有买驴、泼儿、老儿、保儿、朱文逊等人。柴舍即朱文刚，在处州死难；道舍即何文辉；马儿即徐司马；保儿即平安；朱文逊小名失传，在太平阵亡；王驸马、真童、金刚奴、也先、买驴、泼儿、老儿，复姓后的姓名可惜都失传了。[1]

至正十八年（公元1358年）胡大海、李文忠占领严州后，两人闹意见不和，元璋批示帐前都指挥使司首领郭彦仁，派他说和两人说："保指挥我之亲男，胡大海我之心腹，前者曾闻二人不和。且保指挥我亲身也，胡院判（大海官衔枢密院判官的简称）即我心腹也。身包其心，心得其安；心若定，身自然而定。汝必于我男处丁宁说知，将胡院判以真心待之，节制以守之，使我之所图易成，只此。"李文忠代表元璋亲身监视大将胡大海，并有节制之权，这一个例子说明了义子

1. 刘辰《国初事迹》，《明史》卷一二六《沐英传》、卷一三四《何文辉传》、卷一四四《平安传》，王世贞《弇山堂别集·诏令杂考》，孙宜《洞庭集·大明初略三》。

的作用，也说明了元璋对大将的不放心情形。[1]

单是用义子监视，还怕诸将靠不住，另一办法是留将士的家眷做抵押。这法子在刚渡江时便实行了。元璋统兵取集庆，马夫人和诸将家属留在和州（今安徽马鞍山和县），[2]到取下集庆以后定下规矩："与我取城子的总兵官，妻子俱要在京住坐，不许搬取出外。""将官正妻留于京城居住，听于外处娶妾。"规定极严格。将官顾虑妻子安全，自然不敢投敌以至反叛，平时征调差遣，也不敢不听话了。[3]

此外，还提防将官和读书人勾结，规定："所克城池，令将官守之，勿令儒者在左右论议古今。止设一吏，管办文书，有差失，罪独坐吏。"凡是元朝官吏和儒士，都要由朝廷选用，逃者处死，不许将官擅用。[4]这是因为读书人谈今说古，拿历史上的事情和现今一比，将官省悟了难免生是非，左思右想，不是好事的缘故。

当元璋进攻滁州时，濠州的红军主力由彭大、赵均用率领，攻下了盱眙泗州，两人脾气不对劲，为郭子兴的事结下怨，竟闹翻了。均用和孙德崖四个合成一气，彭大抵不过，事事不称心，手下得力的人，也逐渐被均用收买过去，气闷不过，发病死了。彭大的儿子早住接着也称鲁淮王，年轻，

1. 刘辰《国初事迹》。

2.《明史·孝慈高皇后传》，《明史》卷一二五《常遇春传》、卷一三〇《康茂才传》，宋濂《宋文宪公集》卷四《开平王神道碑铭》《蕲国公谥武义康公神道碑铭序》。

3. 刘辰《国初事迹》，孙宜《洞庭集》。

4. 刘辰《国初事迹》，孙宜《洞庭集》。

比均用矮一辈，又会敷衍说好话，均用没把他看在眼里，倒也相安无事。接着，是郭子兴代替了彭大做出气筒，左也不对，右也不对，做一事、说一句话都被挑眼。几次借题目要害子兴，碍着元璋在滁州有几万人的部队，做决裂了怕坏事，于是出主意下令牌调元璋来守盱眙，一箭双雕，一窝子收拾掉。元璋明白这道理，委婉地推辞移防，说有军事情报，部队动不得。又使钱买通王府的人，拿话劝均用，不要听小人挑拨，自剪羽翼，惹人笑话，万一火并了，他部下不服，也不得安稳。针锋相对，均用摆布不得。说话的人又劝好好地待子兴，让他出气力占地方，保疆土。成天有人说项求情，均用软了，竟放子兴带原来人马一万多人回滁州。元璋把兵权交出，三万多兵强马壮的队伍，旗帜鲜明，军容整肃，子兴大喜。[1]

至正十四年（公元 1354 年）十一月，元丞相脱脱统兵大败张士诚于高邮，分兵围六合。

张士诚小字九四，泰州白驹场人，和弟士义、士德、士信一家子都靠运官盐贩私盐过活。贩私盐赚大钱，和伙伴们大碗酒大块肉，吆五喝六，过得极舒服，入伙的人日渐增多，都听士诚调度。贩私盐是犯法的，当时卖盐给大户，大户吃住是私货，不但说闲话挖苦，有时还赖着不给钱，弓兵邱义尤其作践他们。士诚气愤不过，趁天下大乱，带着兄弟和李

1.《明太祖实录》卷一，钱谦益《国初群雄事略·滁阳王》，钱谦益《太祖实录辨证》卷一。

伯升、潘原明、吕珍等十八壮士，杀了邱义和仇家大户们，一把火烧了房子，招兵买马，攻下泰州高邮，占了三十六盐场，自称诚王，国号大周，改年号为天祐，这是至正十三年五月间的事。[1]

元兵围六合，六合主将到郭子兴处求救。六合在滁州东面，万一失守，次一被攻击的目标便是滁州，要保滁州，就非守住六合不可。郭子兴和六合主将有仇恨，元璋费尽唇舌才说服了。元兵号称百万，无人敢去，推称求神不许，元璋只好讨了令箭，统兵出救。元兵排山倒海似的进攻，城防工事全被摧毁。守军拼死地抵住，赶修了堡垒，又给打平了，眼看守不住，只好把六合的老弱妇孺掩护撤退到滁州。元兵乘胜进攻，元璋在中途埋伏，打了一个胜仗，得到好多马匹。却顾虑到孤城无援，元兵如添兵包围，不困死也得饿死，忍气打点牛酒，派地方父老把马匹送还，哀求说全是良民，不敢作反，团结守护是为了自卫，情愿供给大军军需给养，请并力去打高邮，饶饶老百姓。元兵信以为真，引兵他去，滁州算是保全了。[2]

元兵一退，郭子兴喜欢极了，打主意要在滁州称王。元璋劝说：滁州山城，交通不便，形势不好，一称王目标大了，元兵再来怕保不住。子兴才放弃了做王爷的念头。[3]

1.《明史·张士诚传》，陶宗仪《辍耕录》卷二九，钱谦益《国初群雄事略》卷七。

2.《明太祖实录》卷一，《皇朝本纪》。

3.《明太祖实录》卷一。

脱脱大军用全力攻高邮，城中支持不住，想投降又怕朝廷不肯赦罪，正在两难间，外城又被攻破了。张士诚急得团团转，准备城破时突围下海。突然元顺帝颁下诏旨，责备脱脱，说他："往年征徐州，仅复一城，不久又丢掉了。这次再当统帅，劳师费财，过了三个月，还无功效。可削去兵柄，安置淮安路，弟御史大夫也先帖木儿安置宁夏路。如胆敢不接受命令，即时处死。"宣读后全军愤恨大哭，一时四散，大部分投到红军，红军越发强大。张士诚趁机出击，不但转危为安，而且从此基础稳固，再也不能动摇了。

脱脱奉命交出兵权，被押送西行，鸩死于吐蕃境上。元朝唯一有作为、有威名的大将一死，元朝的命运也就决定了。[1]

这一变化，简单说起来，是个人的倾轧，政权的争夺。脱脱忠于元朝，元顺帝也极信任他，付以军政大权。徐州平定后，脱脱威权日盛，元顺帝也以为天下太平了，该好好享乐。奸臣哈麻巴结皇帝，背地介绍西天僧，会房中运气之术，能使人身之气，或消或长，或伸或缩，号"演揲儿法"，也叫秘密佛法，多修法。顺帝大喜，封为司徒大元国师。国师又荐了十个皇亲贵族会这佛法的，叫作十倚纳，里边有皇舅和皇弟。君臣共被，互易妻室，名为些郎兀该，意即事事无碍。上都穆清阁连延数百间，千门万户，充满了妇女，做大喜乐禅定，朝朝宴会，夜夜笙歌，君臣都玩昏了。哈麻忌脱脱正派，

1. 俞本《皇明纪事录》,《元史·脱脱传》，权衡《庚申外史》，陶宗仪《辍耕录》。

挑唆顺帝，挤出去统兵打仗。又怕脱脱功成回朝，多管闲事，当脱脱全军苦战，正要成功时，哈麻又使人弹劾脱脱，劳师费财，罢其兵权，还不甘心，索性把他毒死。顺帝糊里糊涂，也有些忌惮脱脱，哈麻如此安排，正中下怀，毫不在意。[1]

脱脱使心眼挤走伯父伯颜，在对汉人、南人的看法这一点上，却和伯颜一样。当红军初起时，凡议军事，不许汉人、南人参与。有一次脱脱进内廷奏章，中书官（中书省的属官，相当于现在的机要秘书）两人照例随后跟来，因为这两人是汉人，忙叫禁卫喝住，不许入内。又上奏本说，如今河南汉人反，该出布告，一概剿捕汉人；诸蒙古人、色目人犯罪贬谪在外的，都召回来，免得叫汉人杀害。这榜文一出，不但河南，连河北的汉人也不能不参加红军，来保全自己的生命了。红军声势，因之日益浩大。[2]

脱脱死后，顺帝越发无忌惮。这时东南产米区常州、平江（苏州）、湖州（浙江湖州吴兴）一带都被张士诚占领，浙东沿海地区被方国珍占领，往北的运河线在红军控制下，海运和内河运输线全被切断。另一补给区湖广（湖南湖北）也早已失去。南方的粮食不能北运，大都的百万军民，立刻缺粮闹饥荒。加上中原连年闹蝗灾、旱灾、兵灾，老百姓拿蝗虫做食料，大都军民连蝗虫都没有，饿死的每天成千上万，又闹瘟疫，惨到真有人吃人的事，甚至连一家人都吃起来了。[3]

---

1. 权衡《庚申外史》。
2. 权衡《庚申外史》。
3. 叶子奇《草木子·克谨篇》。

在这样的境况中，元顺帝却在内苑造龙舟，亲自打图样，长一百二十尺，宽二十尺。前有瓦帘棚、穿廊两暖阁，后有庑殿楼子、龙身并殿宇，用五彩金装，前有两爪。水手二十四人，身衣紫衫，金荔枝带，四个戴头巾，于船两旁下各执一篙。从后宫到前宫山下海子内往来游戏，驶动时，龙的头眼口爪尾都跟着动。内有机栝，龙爪自会拨水。顺帝每登龙舟，用彩女盛妆，两岸牵挽。[1]又自制宫漏，约高六七尺，宽三四尺，造木为柜，阴藏诸壶具中，运水上下。柜上有西方三圣殿，柜腰立玉女捧时刻筹，到时候自然浮水而上。左右站两金甲神，一悬钟，一悬钲，到夜金甲神会按时敲打，不差分毫。当钟钲敲响时，两旁的狮子凤凰会飞舞配合。柜的东西面有日月宫，飞仙六人在宫前，到子午时飞仙排队度仙桥到三圣殿，又退回原处。精巧准确，的确是空前的制品。[2]又喜好建筑，自画屋样。爱造宫殿模型，高尺余，栋梁楹槛，样样具备。匠人按式仿造，京师人叫作鲁班天子。内侍们想弄新殿的金珠装饰，一造好就批评不够漂亮，比某家的还差，马上拆毁重造，内侍们都发了财。[3]

成天搞这样，修那样，政事也懒得管了；成天游船摆酒，打仗的事也不在意了。还想出新办法，宫女十六人按舞，名为十六天魔，新奇打扮，头垂发数辫，戴象牙佛冠，身被璎珞，着大红绡金长短裙、金杂袄、云肩合袖天衣、绶带鞋袜，唱

1.《元史·顺帝本纪》至正十四年，权衡《庚申外史》。
2.《元史·顺帝本纪》至正十四年。
3. 权衡《庚申外史》。

金字经，舞雁儿舞，各执加巴剌盘之器，内一人执铃杵奏乐。又宫女十一人练槌髻（chuí jì）、勒帕、常服，或用唐帽、窄衫，所奏乐用龙笛、头管、小鼓、筝、琵琶、笙、胡琴、响板、拍板，以宦者管领，遇宫中赞佛，按舞奏乐。宫官除受秘密戒的以外不得参与。[1]照旧例五天一移宫，还觉得不畅快，在宫中掘地道，随时往来，和十倚纳一起，以昼作夜，行大喜乐法，跟天魔舞女混成一团。国库的存粮全运到女宠家里，百官俸禄只好折支一点茶纸杂物。宫里充满了繁华升平的气象。[2]

滁州在战乱后，突然增加几万大兵，粮食不够吃，军心恐慌。元璋建议南取和州（今安徽马鞍山和县），移兵就食。虹县人胡大海长身铁面，膂力过人，带全家来归附，就用作前锋。至正十五年正月，子兴得到占领和州的捷报，派元璋做总兵官镇守。

元璋在子兴诸将中，名位不高，年纪又轻，奉命总兵，怕诸将不服。寻思了半天，想出主意。原来诸将会议军事，大厅上排有公座，按官位年龄就座，前一晚元璋叫人把公座撤去，只摆一排木凳子。次日五鼓，诸将先到，当时座位蒙古人办法以右首为尊，元璋后到，一看只留下左末一席，不作声坐下。到谈论公事时，诸将单会冲锋陷阵，杀人放火，要判断敌情，决定大事，却一句话也说不出来，像木偶般面面相觑。元璋随事提出办法，合情合理，有分寸，又会说话，

1.《元史·顺帝本纪》至正十四年，权衡《庚申外史》。
2. 权衡《庚申外史》。

诸将才稍稍心服。末后议定分工修理城池，各人认定地位丈尺，限三天完工。到期会同诸将查看工程，只有元璋派定的一段做完，其余的全未修好。元璋放下脸，面南坐下，拿出子兴檄文，对诸将说:“奉主帅令总兵，责任重大。修城要事，原先各人认定，竟不齐心，如何能办事？从今说明白，再有不遵命令的，军法从事，可顾不得情分了！”一来确是子兴的令牌，和州军事由元璋做主，二来也确是自己不争气，误了军机，诸将作声不得，只好谢罪求饶。虽然如此，还仗着是子兴老部下，面子上认输，肚子里仍然叽叽咕咕。只有汤和小心谨慎，最听话服从。李善长从旁调和，左劝右说，元璋的地位才算稳定。这样，元璋又从总管成为总兵官，从带领几千人的小军官变成镇守一方的将军了。[1]

一天，元璋出外，有一小儿在路旁独自啼哭。元璋问，你父亲呢？说是与官人喂马。母亲呢？也在官人处。原来红军攻破城池，各将领大抢一顿之后，又把满城男妇虏获，闹得老百姓妻离子散，家破人亡。元璋省悟不是久长的道理，召集诸将，说明“大军从滁州来此，人皆只身，并无妻小。今城破，凡有所得妇人女子，唯无夫未嫁者许之，有夫妇人不许擅有”。第二天阖城妇女、男子都从军营里放出，在衙前会齐，让他们自己认亲，一时夫认妻、妻认夫、子认父、父认女，闹哄哄挤成一团，有哭的，有笑的，有先哭后笑的，也有又哭又笑的，一霎时有多少家庭团圆，也有多少孤儿寡

1.《明太祖实录》卷二。

妇在啜泣。原来惨惨凄凄路上无人行的景象，稍稍有了生气，不光是有驻军的城子，也是有人民的城子了。[1]

孙德崖因濠州缺粮，一径率领部队到和州就食，将领兵士携妻挈子，不由分说，占住和州四乡民家。德崖带了亲兵，说要进城住一些时候，人多势大，元璋阻拦不住，也无法推托，正在苦恼发愁。郭子兴听得消息，也从滁州赶来，两个对头挤在一处，苦杀了元璋这个小头目。

原来子兴人虽刚直，但耳朵软，容易听人闲话。开头有人报告，元璋多娶妇女，强要三军财物，已然冒火，再听说孙德崖和元璋合伙去了，越发怒气冲天。也不通知日子，黑夜里突然来到，元璋不及迎接。一进门，子兴满面怒容，好半晌不说话。元璋跪在下面，筹思答话。突然子兴发问："是谁？"元璋答说："总管朱元璋。"子兴大喊："你知罪吗？你逃得到哪里去？"元璋放低了声气："儿女有罪，又逃得到哪里去？家里的事迟早好说，外面的事要紧，得马上办。"子兴忙问："是什么事？"元璋站起来，小声说："孙德崖在此地，上回的事结了深仇，目前他的人多，怕会出事。大人得当心，安排一下。"子兴还带信不信，把元璋喝退，独自喝酒解闷。

天还不亮，孙德崖派人来说："你丈人来了，我得走了。"元璋知道不妙，连忙去告诉郭子兴，又来劝孙德崖："何必这样匆忙呢？"德崖说："和你丈人相处不了。"元璋看德崖

1.《皇朝本纪》。

的神色，似乎不打算动武，就劝：两军在一城，提防两下里有小冲突，最好让部队先出发，元帅殿后好镇压。德崖答应了，元璋放下心，出来替孙军送行，越送越远。正要回来，后军传过话来，说是城里两军打起来了，死了许多人。元璋着急，连忙喊随从壮士耿炳文、吴祯靠近，飞马奔回。孙军抽刀拦住去路，揪住马衔，簇拥向前，见了许多将官，都是旧友，大家诉说，以为城内火并，元璋一定知情。元璋急忙分辩，边说边走，趁大家不注意，勒马就逃。孙军的军官几十人策马追赶，枪箭齐下，侥幸衣内有连环甲，伤不甚重。逃了十几里，马力乏了，被赶上擒住。这回可是俘虏了，铁索锁住脖子，有人就要杀害，有人主张孙元帅现在城里，如此时杀了朱元璋，孙元帅也活不了，不如派人进城看明白再作道理。立时就有一军官飞马进城，见孙德崖正锁着脖子，和郭子兴对面喝酒呢。郭子兴听得元璋被俘，也急了，情愿走马换将。可是两家都不肯先放，末后挑定折中办法，郭子兴先派徐达到孙军做抵押，换回元璋，元璋回到城里，才解开锁放回孙德崖，孙德崖回去了，再放还徐达。总计元璋被孙军拘囚了三天，几次险遭毒手，亏得有熟人保护，才能平安脱身回来。[1]

元至正十五年（小明王宋龙凤元年）二月，红军统帅刘福通派人在砀山（今安徽宿州砀山）夹河访得韩林儿，接到亳州（今安徽亳州），立为皇帝，又号小明王，臣民称为主公。建国为宋，年号龙凤。拆鹿邑太清宫木材，建立宫殿。小明

1.《明太祖实录》卷二，《皇朝本纪》。

王尊母杨氏为皇太后，以杜遵道、盛文郁为丞相，刘福通、罗文素为平章政事，福通弟刘六为知枢密院事。军旗上写着鲜明的联语："虎贲三千，直抵幽燕之地。龙飞九五，重开大宋之天。"遵道得宠擅权，福通不服气，暗地里埋伏甲士，挝杀遵道，自为丞相。不久又改做太保，东系红军军政大权全在他手里。[1]

郭子兴深恨孙德崖，为着交换元璋，受了惊吓，又忍着气，成天愤恨发脾气，得了重病，三月间不治死去，葬在滁州。军中军务由子兴子天叙、妇弟张天祐和元璋共同商议，担心着主帅新死，万一元兵来攻，孤军无援，怕站不住脚。正好杜遵道派人来计较统一指挥。大家公推张天祐到亳都面议，不久带回杜遵道文凭，委任郭天叙为都元帅，张天祐为右副元帅，朱元璋为左副元帅，军中文告都用龙凤年号。[2]

1. 陶宗仪《辍耕录》卷二一，俞本《皇明纪事录》，《元史·顺帝本纪》，陆深《平胡录》。
2. 俞本《皇明纪事录》，《皇朝本纪》，陆深《平胡录》。

三　大元帅、大丞相

都元帅府三个元帅，依地位说，郭天叙是主将，张天祐和朱元璋是偏裨（pí），一切军务都应该由都元帅发号施令。可是一来郭天叙没有军事经验，张天祐一勇之夫，逢事无决断；二来朱元璋会笼络人，不但有大批勇猛善战的贴身伙伴，如徐达、汤和等一批将领，更重要的是他有自己系统的军队，这一部分军队由他招降、训练、组织、指挥，占郭系军队里很重的分量；第三，朱元璋阴险刻毒，打定主意要独吞郭系军队，对郭张两帅事事使心计，又有李善长、冯国用弄文墨的做帮手，越发做得开。以此，元璋虽然只坐第三把交椅，却做得主，办得事，俨然是事实上的主帅。[1]

虹县人邓愈，十六岁就跟父兄起兵，父母都阵亡了，邓愈带着部队，每战总是挺身当前，打胜仗，军中都服他果决；怀远人常遇春，膂（lǚ）力绝人，勇冠三军，性情刚直，又有智谋，做了些时强盗，看那些首领打家劫舍，没出息，决心自找出路。

1.《皇朝本纪》，俞本《皇明纪事录》。

两人都来投奔，邓愈有队伍，做管军总管，常遇春做前锋。[1]

和州东南靠长江，城子小，屯驻的军队多。元兵围攻几次以后，又闹粮荒了。过长江，正对面是太平（今安徽马鞍山当涂）。太平南靠芜湖，东北达集庆（今南京），东倚丹阳湖。湖周围的丹阳镇、高淳、宣城都是产米区。发愁的是眼看着对岸有成仓成库的米粮，被长江隔断了，浪花起伏，怒涛汹涌，没船只如何过得去？船少了不济事，总得上千条才行，一时又怎么打造得起来？即使有了够用的船只了，没有水手又怎么驶得过去？

事有凑巧，巢湖水军头目李扒头（国胜）的代表来了。原来从大乱以来，巢湖一带的豪族俞家——俞廷玉、通海、通源、通渊父子，廖家永安、永忠兄弟，赵仲中、仲庸兄弟，纠集地方武力，推举李扒头做大头目，双刀赵（普胜）坐二把交椅，屯泊巢湖，联结水寨，有千多条大小船只，万多人的水军。和庐州（今安徽合肥）的红军左君弼结下仇，吃了好多回败仗，势力孤单，派人来求救兵。元璋喜极，亲自到巢湖联络，苦劝与其死守挨打，不如结伙渡江，正好五月间梅雨季，连下二十天雨，河坑都淹平了，毫不费事，大小船只扫数到达和州。[2]

六月初一，水陆大军乘风渡江，直达采石。常遇春跳上岸，奋戈奔向元军，诸军鼓勇续进，元兵惊溃，沿江堡垒，

1.《明史》卷一二五《常遇春传》、卷一二六《邓愈传》。

2.《明太祖实录》卷二，《皇朝本纪》，高岱《鸿猷录·龙飞淮甸》，《明史》卷一三三《廖永安传》《俞通海传》。

一齐归附。红军饿了多日，一见粮食牲口，眼都花了，抢着搬运，打算运回和州慢慢享用。元璋看出军士意思，和徐达商量，乘胜直取太平。把船缆都斫断了，推入急流，霎时间顺流东下，江面上空洞洞片帆不见，诸军慌乱叫苦。元璋下令，前面是太平府，子女玉帛无所不有，打下了任意搬运回家。军士无法，兼之听说可以随意行动，都动了心，饱餐后径奔太平城下，攻进城准备放开手大杀大抢。元璋事先叫李善长写了禁约，不许掳掠，违令按军法处置，四处张贴，调一排执法队沿街巡察。军士看了诧异，都住了手。有一小兵不听，立时斩首，太平路的百姓才免了此劫。元璋又怕军心不稳，叫当地大财主献出些金银财帛，即时分赏将士，将士得了彩头，小兵自然不敢说话了。[1]

从和州渡江是巢湖水军的功劳，元璋在船上摆酒庆功，把李扒头灌醉，捆住手脚，丢在江里。双刀赵不服，逃归徐真逸。扒头部下诸将，无主将，也无船只，只好投降，元璋从此又有了水军。[2]

太平地方儒士李习、陶安首先来见元璋。元璋问：“有何道教之？”安说：“如今群雄并起，不过抢子女玉帛。将军若能反群雄之志，不杀人，不掳掠，不烧房屋，东取集庆，可以做一番大事业。”元璋很以为然，留其在元帅府做令史。改太平路为太平府，以李习为知府。置太平兴国翼元帅府，

1.《皇朝本纪》。
2. 刘辰《国初事迹》。

元璋做大元帅，以李善长为帅府都事，汪广洋为帅府令史，潘庭坚为帅府教授。点乡下老百姓做民兵。居民蓄积，扫数运进城来，准备固守。[1]

元兵分两路包围太平：水路以大船封锁采石，堵住红军的归路，陆路由民兵元帅陈埜（yě）先率军数万进攻，形势急迫。元璋亲自领死士拼命抵住。新讨的二夫人孙氏，劝把府库中的金银抬到城上，分给有功将士。别出一军，绕到敌人背后，前后夹击。元兵大败，生擒陈埜先。元璋劝他投降，宰白马乌牛，祭告天地，结为兄弟。第二天，埜先全军归降，约好一同攻取集庆。

埜先的妻子被留在太平做人质，部下被张天祐领去攻集庆。他是大地主，极恨红军，暗地里嘱咐部下，只装作打仗的样子，千万别认真打，三两日自己脱了身，就回来打红军。这话给元璋的心腹检校[2]探到了，元璋心里明白，也不告诉张天祐。到集庆城下，元朝守将福寿力战，张天祐只有小半人在打，大半人在看，吃了大败仗，回来好生没趣。

元璋索性放了陈埜先，让他带领旧部，和郭天叙、张天祐合军再攻集庆。埜先早已和元将福寿约好城内外表里夹攻，邀天叙吃酒，席间杀了，生擒张天祐，送给福寿也即时杀死。元军会师总反攻，红军大败，死了两万多人。陈埜先追击到溧阳，马乏落后，当地民兵不明底细，听说他投降了红军，

1. 刘辰《国初事迹》,《明太祖实录》卷二。
2. 元璋的秘密谍报人员，专门侦探将士的私事。

设埋伏也把他杀了。部队由从子兆先接管。[1]

元璋借刀杀人，郭张二帅一死，郭子兴的旧部全归元璋指挥，成为名实一致的都元帅，小明王麾下一员大将了。子兴次子天爵，小明王命其为中书右丞，在元璋底下做官，没有兵，更没有权，眼睁睁看着郭家的基业改了姓，忍不住背地里发牢骚，给元璋结果了。子兴的小女儿孤苦伶仃，无可倚靠，元璋收作第三房小妾，侍候他父亲当年的亲兵。[2]

元璋率领大军渡江，马夫人和将士的家眷仍留在和州。和州是后方基地，得有亲人镇守，而且将士家眷有人看管，也可以使将士安心作战。和州和太平的交通只有水路，虽然七八个月来陆续占领了溧水、溧阳、句容、芜湖一些城子，集庆孤立，三面被包围，可是水路却被元军切断了，消息不通。一直到龙凤二年（元至正十六年，公元 1356 年）二月，元璋大败元水军，尽俘其舟舰以后，两地的来往才完全畅通，有了信息，军心也安定了。

三月初一，水陆大军并进，三攻集庆，城外屯兵陈兆先战败投降，得兵三万六千人。集庆城破，守将福寿战死，元帅康茂才和军民五十余万归降。元璋入城后，召集了一次官吏和民众的大会，剀切宣告："元朝这个坏政府，政治腐烂，到处在打仗，百姓吃够了苦。我是来替你们除乱的，大家只要安心做事，不要害怕。好人我用他，坏事替你们除掉。做官的不要

1. 俞本《皇明纪事录》，《皇朝本纪》，《明太祖实录》卷三，钱谦益《国初群雄事略》卷二，刘辰《国初事迹》。
2.《明太祖实录》卷二，《明史・郭子兴传》。

乱来，叫百姓吃苦。”几句话安定了人心，恢复了秩序。当下改集庆路为应天府，设天兴建康翼统军大元帅府，以廖永安为统军元帅，以赵忠为兴国翼元帅，守太平。儒士夏煜、孙炎、杨宪等十几人进见，先后录用。小明王得到捷报后，升元璋为枢密院同佥。不久又升为江南等处行中书省平章，李善长为左右司郎中，以下诸将都升元帅。元璋这年才二十九岁，已经是独当一面的地方长官，指挥十万大军的统帅了。[1]

元璋据应天后，他的疆域以应天为中心，西起滁州，画一直线到芜湖，东起句容到溧阳。西边长，东线短，一块不等边形，横摆着恰像个米斗，西线是斗底，东线是斗口。四面的形势是：东边元将定定扼守镇江；东南张士诚已据平江（今江苏姑苏吴中），破常州，转掠浙西；东北面青衣军张明鉴据扬州（今江苏扬州江都）；南面元将八思尔不花驻徽州（今安徽黄山歙县），另一军屯宁国（今安徽宣城）；西面池州（今安徽池州贵池）已为徐真逸所据；东南外围则元将石抹宜孙守处州（今浙江丽水），石抹厚孙守婺州（今浙江金华），宋伯颜不花守衢州（今浙江衢州）。元璋局面小，兵力也不强，处境呢，真是四面受敌。

幸亏这时元兵正用全力和小明王作战。前一年十二月元将答失八都鲁大败刘福通于太康，进围亳州，小明王奔安丰（今安徽淮南寿县）。察罕帖木儿和红军转战河南，一时顾不到南面，而且也看作是小股力量，等手空了再说。红军势力

---

1. 俞本《皇明纪事录》，刘辰《国初事迹》，《明太祖实录》卷四。

暂时消沉，张士诚又猖獗起来了，徐寿辉在湘汉流域也大力活动。元兵两面挨打，竟照顾不过来。

龙凤二年秋天，也就是朱元璋占应天以后，红军休息过来了。兵力经过补充，整个战略决定分兵出击：一路破武关（在今陕西商洛商州），陷商州（今陕西商洛商州），进攻关中（今陕西省）；一路侵占了山东北部。

第二年刘福通分兵三路，一路趋晋冀（今山西、河北），一路攻关中，一路由山东北犯。第一路军又分两路，一出绛州（今山西运城新绛），一出沁州（今山西长治沁县），过太行山，破辽、潞（今山西晋中左权、长治上党），陷冀宁（今山西太原），攻保定（今河北保定），下完州（今河北保定顺平），掠大同、兴和（今山西大同、河北张家口张北）塞外部落，攻下上都（今察哈尔多伦县东南），转掠辽阳（今辽宁辽阳），直到高丽。从西北折回到东北，兜了一个大圈子。第二路军陷凤翔（今陕西宝鸡凤翔）、兴元（今陕西汉中南郑），南进四川；别部又陷宁夏，掠灵武（今宁夏忻州灵武）诸边地。第三路军尽占山东西北部、河北南部，北取蓟州（今天津蓟州），犯漷州（今北京通州南四十五里），略柳林（今北京通州南，故漷县西），逼大都（今北京）。福通自己统军占山东西南角和河南北部，出没河南北。龙凤四年五月，攻下汴梁（今河南开封），建作都城，接小明王来定都。[1] 红军所到的地方，

1. 权衡《庚申外史》，陆深《平胡录》，钱谦益《国初群雄事略·宋小明王》，《明史·韩林儿传》。

攻无不取，战无不胜，元朝地方官吏吓破了胆，一听有红军来攻，抹回头就跑。当时有童谣形容道：

满城都是火，府官四散躲。

城里无一人，红军府上坐。[1]

五六年间，红军长驱直入，来回地绕弯子，元朝军队使尽方法抵抗和进攻，大敌当前，顾不到这个新起来的小头目，便宜了朱元璋。在这期间，他逐渐巩固地盘，扩充实力，逐渐消灭群雄，开辟疆土。而且更有利的是地理位置，他和元朝大军中间，恰好隔着三个政权，东边是张士诚，北面是小明王，西边是徐寿辉，这三个大卫星保护着，使他无从受到元军主力的攻击。等到小明王军力已被元朝消灭的时候，两败俱伤，元朝的军力也被久战削弱了。朱元璋呢，相反已经广土众民，成为最强大的有组织、有训练、有经验的势力了，可以和元军打硬仗，比一比高下了。

在这斗形地带所受到的军事威胁是：东边镇江如落在张士诚手里，可以直捣应天，刨根挖窝；南边宁国如给徐寿辉（真逸）占了，背上插一把尖刀，也不得安稳。要确保应天，就非取得这两个据点不可。元璋在应天才安顿停当，即派徐达统兵攻下镇江，分兵占领金坛、丹阳等县，向东线伸出一

---

1. 陶宗仪《辍耕录》卷九。

个触须。到六月又派邓愈攻下广德路，堵住后门。在出兵时，元璋自己留守老家，怕诸将还是过去那一套，杀人放火、奸淫抢劫，和人民作对，失尽了民心。和徐达说通了，故意找出徐达错处，绑了请王命牌要杀。李善长和一群幕僚再三求情，好说歹说，才放了绑，当面吩咐，这次出兵，取下城子，不烧房子，不抢东西，不杀百姓，才准将功折罪。徐达叩谢了。破镇江时，百姓安安静静，照常做事做买卖。别的城子听说朱元璋的军队不杀人，军纪比鞑子好，放了心，不肯拼命抵抗。这名气传遍了，元璋军事上的成功有了保障，地盘跟着一天天扩大，力量也跟着一天天膨胀了。[1]接着分遣诸将攻克长兴、常州，亲自攻下宁国，又先后占领江阴、常熟、池州、徽州、扬州。在龙凤三年（元至正十七年，公元 1357 年）这一年中，把应天周围的军略据点全数取下，作为向外进攻的前哨基地。在战略上，北起江阴，沿太湖南到长兴，画一条直线，构成防线，堵住张士诚西犯的门路；在宁国、徽州屯聚大兵，安排进入浙东；西线和天完（徐寿辉国号）接境，以守为攻；北面是友军，不必操心。看准了周围情况，先伸出南面的钳子，吞并和本部完全隔绝、孤立无援的浙东元军。形势已经和一年前大大不同了。

元璋明白读书的好处，苦于自己读书不多，许多事说不出道理，因此，很尊敬有学问的读书人。也明白读书人能讲道理，替人出主意，很可怕；谁对他们客气，给面子，养得

1.《皇朝本纪》，《明太祖实录》卷四。

好，吃得饱，就替谁出力做事。这种办法叫作“养士”，养什么似乎不大好听，不过只要养之养之，被养的也就不大在乎了。养士是件好事，而且，你不养，跑到敌人那儿或者被别人养去了，却会坏事。为了这个，他禁止部下将官和儒士交结，不许别人养士，却自己来包办，养所有肯被养的士。并且，还有一个大好处，士多半在地方上有名气，老百姓怕他也服他，把士养了，老百姓也就大部分跟过来了。费得不多，赚头极大，真是划算的买卖。因之，每逢新占领一个地方，必定访求这地方的读书人，软硬都来，罗致在幕府里做秘书、做顾问、做参谋。徽州的老儒朱升，告诉元璋三句话：“高筑墙，广积粮，缓称王。”[1]对元璋后来的事业极有影响。

从渡江以后，还是遭遇到粮食的困难。几年来到处战乱，农村壮丁大部分从军去了，劳动力大大缺乏，加上战争蹂躏，粮食收成减少。各处军队的给养，形式上张贴大榜，招安乡村百姓缴纳粮草，叫作寨粮，其实还不是等于抢劫。生产减少，消费量相对增加，百姓饿死多，军队更加吃不饱。[2]扬州的青衣军甚至拿人做粮食。[3]

在行军的时候，出征军士概不支粮，按照元璋军令：“凡入敌境，听从捎粮。若攻城而彼抗拒，任从将士检刮，听为己物。若降，即令安民，一无所取。”如此则人人奋勇向前，

1.《明史》卷一三六《朱升传》。
2. 刘辰《国初事迹》。
3. 陶宗仪《辍耕录》卷九，《明太祖实录》卷五。

攻无不取，战无不胜。[1] 捎粮说雅一点是征粮，老实一点呢？抢粮。“检刮”这一词的来源，是同时期苗军创的。苗军打仗，靠“检刮”供给，检刮的意思是抄掠，不过比较起来分量还重一点，重到刮干净不留一点儿的地步。[2] 这种办法，不打长远算盘的时候，倒也方便。局面一开展，计算一下，政权的巩固靠老百姓服从，要粮要税都出在老百姓身上，全刮干了，下次向谁要？而且，把老百姓逼到无路可走，他们也会反抗，不是自找麻烦吗？常遇春和胡大海都打报告，以为寨粮这办法要不得。

元璋想了又想，要立下一份好基业得另想办法：与其向老百姓抢，不如自己来生产。古书上有过屯田的例子：龙凤四年（元至正十八年，公元 1358 年）二月以康茂才为都水营田使，专门负责修筑河堤，兴建水利工程，恢复农田生产，供给军需；又分派诸将在各处开荒垦地，立下规矩，用生产量的多少来决定赏罚。且耕且战，几年工夫就成绩显著，仓库都满了，军食也够了，才明令禁止征收寨粮，人民负担减轻，足食足兵，两方面全顾到。这年十一月又立管领民兵万户府，抽点民间壮丁，编制做民兵，农时则耕，闲时练习战斗，作为维持地方安宁的力量，抽出正规军专门进攻作战。这样，把作战力量和生产力量合二为一，不但加强了战斗力，也同样加强了生产力。这一番作为，说明了为什么当时群雄都先

1. 刘辰《国初事迹》。
2. 陶宗仪《辍耕录》卷八。

后失败，唯独这个新起的小头目能成功的原因。[1]

外围的威胁解除，内部的生产有了办法之后，元璋的眼光立刻转移到浙东、浙西的谷仓。步骤上先取皖南诸县，巩固后方基础，再由徽州进取建德路，改为严州府，先头部队东达浦江，构成侧面包围婺州的形势。十二月，元璋亲自统率十万大军，军旗上挂着金牌，刻着“奉天都统中华”字样。攻下婺州，置中书浙东行省。于省门建二大黄旗，上面写着：“山河奄有中华地，日月重开大宋天。”两旁立两个木牌，写着：“九天日月开黄道，宋国江山复宝图。”[2] 婺州是两百多年来的理学中心，号为“小邹鲁”，经过多年战乱，学校关门，儒生四散，没有人讲究这一套不急之务。元璋一进城，立刻聘请当地著名学者十三人替他分别讲解经书历史，建立郡学，请学者当五经师和学正训导，内中最著名的是宋濂。他开始和儒学接触，受宋儒的影响了。这一政治上的作为，固然是收拾人心——尤其是读书人——的最好方法；同时，一个红军头目，宣传明王出世的明教徒，却请人讲孔孟的经典，在思想上已经开始转变了，虽然做的是小明王的官，喊的是复宋的口号。[3]

婺州攻克以后，分兵取浙东诸地。龙凤五年（元至正

1.《明太祖实录》卷六。

2. 俞本《皇明纪事录》，按刘辰《国初事迹》作“于南城上竖立大旗，上写‘山河奄有中华地，日月重开大统天’”，大宋作大统。大统无意义，显然是后来窜改的。

3.《明太祖实录》卷六。

十九年，公元 1359 年）五月，小明王升元璋为仪同三司江南等处行中书省左丞相。[1]八月，元将察罕帖木儿攻陷汴梁，刘福通奉小明王退保安丰。元璋的浙东驻军先后占领诸暨和衢州、处州，东南被孤立的元朝据点次第被消灭。他的领土遂成为东面北面邻张士诚，西邻陈友谅，东南邻方国珍，南邻陈友定的局面。四邻的对手，比较起来，张士诚最富，陈友谅最强。方国珍、陈友定志在保土割据，并无远大企图。因之，元璋在整个军事计划里，又改变重点，采取对东南取守势，西北线取攻势的策略。拿张士诚和陈友谅比起来，士诚顾虑多、疑心重，友谅野心大、欲望高；一个保守，一个进取。以此，在东西两面的攻势又分先后缓急。对士诚是以守为攻，扼住江阴、常州、长兴几个据点，使士诚不能向西进一步；对友谅则以攻为守，使友谅分兵守卫假定被攻击的要塞，军力分散，不能集中运用。

第二年正月初一，元璋亲自写一副春联："六龙时遇千官觐，五虎功成上将封。"贴在中书行省大门。论官是大宋的丞相，可以代表皇帝任官发令；论军职是上将，可以便宜征讨杀罚，好不得意。[2]

浙东虽已大部平定，地方上有名望的几家豪族，尤其是刘基、叶琛、章溢这几个名士，原先在元将石抹宜孙幕府里的，产业大、学问好、计谋多，能号召人，地方上什么事都得听

1. 刘辰《国初事迹》，俞本《皇明纪事录》。
2. 俞本《皇明纪事录》。

这些人的话。元璋在这区域建立了新政权，他们嫌红军气味不对，躲在山里不肯出来。元璋派代表礼请，也用好话辞谢。处州总制孙炎再使人威逼，他们不出来怕不得安稳，才勉强于三月间到应天。元璋大喜，大闹排场，盖了一所礼贤馆，作为贤士的住处。[1]

这几个人思想上继承宋儒的传统，身份是地主，社会地位是豪绅巨室，而且都曾做过元朝的官，平时对红军没好话，不是骂“妖寇”，便是“红寇”“红贼”，[2]因为元朝地方政权抵抗不了红军，自动办民兵，建堡寨，保卫身家产业和地方。

元璋千方百计逼他们出来，不单是博一个礼贤下士的好名誉，也不单是怕他们和部下将官勾结玩花样，同时也为了取得他们的帮助后，地方上人民没了头脑，自然安定无事，是个擒贼擒王的意思。这些儒生都是遵守礼法惯了的，头脑也是保守惯了的，和红军那一套杀官长、打地主、捧明王、念弥勒佛号的宗教情绪，完全不合调。既然旧主子垮了，扶不起来，无法施展才能，新主子又并不嫌弃，不算旧账，也就改变主张，利用朱元璋的雄厚军力，帮助建立新朝代，在新政权下继续维持几千年来的传统秩序和习惯、文化，以贵人役使贱人，富人剥削穷人，有知识的和有武力的结合起来统治不识字的和种田地的人，来保持豪绅巨室们的既得利益。结果，自然而然，和出自明教的诸将，形成地主与贫民、儒

1.《明太祖实录》卷八，《国初礼贤录》，《明史》卷一二八《刘基传》《宋濂传》《叶琛传》《章溢传》。

2. 徐勉《保越录》，陈基《夷白斋稿·精忠庙碑》，王逢《梧溪集》。

生和武将的对立局面。元璋也存心利用豪绅巨室的合作，孔孟儒术的理论粉饰，来建立自己的基业。他在红军实力还在，对元朝的强大军力进攻还得靠红军掩护牵制的时候，是小明王的臣下，发命令办事都用“皇帝圣旨”，开口大宋，闭口圣宋，像煞是宋家的忠臣良将；一到小明王军力完全被元军消灭以后，就公开倾向儒生这一边，开口“妖寇”，闭口“妖贼”，好像从来没有当过“妖寇”“妖贼”似的。谈孔说孟，引经据典，自命为恢复旧秩序、保存旧文化的卫道者了。从此以后，他受了这批儒生的影响，思想作风和“大宋”日益疏远，和儒家日益接近。[1]

一个红军小头目的亲兵，十年前还是红布包头，穿着战裙战袄，手执大刀，听战鼓一擂，就得冲锋砍杀的，如今居然长袍大袖，八字步走路，斯斯文文，满嘴三皇五帝、四书五经，谈今说古，写对联、发手令，成为继承尧舜禹汤文武周公孔子道统的说教人了。这变化有多大！

1.《清华学报》十三卷一期吴晗《明教与大明帝国》。

第三章　从吴国公到吴王

一　鄱阳湖决战

弥勒教徒彭莹玉从元顺帝至元四年（公元 1338 年）袁州起义失败以后，在淮西一带秘密传布教义，组织民众。这人信仰坚定，有魄力，胆子大，又会说老百姓自己的话，给苦难的人以希望和信心，得到农民的深深敬爱。辛辛苦苦工作了十四年，成千成万人的指望到底开花结果了。至正十一年（公元 1351 年）和铁工麻城邹普胜、渔人黄陂倪文俊发动号召，组织西系红军，举起变革的旗帜。

彭莹玉可以说是典型的职业革新家，革新运动是一生志业，勤勤恳恳播种、施肥、浇水、拔草。失败了，研究失败的教训，从头做起，绝不居功，绝不肯占有所播种的果实。第一次起义称王的是周子旺，第二次做皇帝的是徐寿辉，虽然谁都知道西系红军是彭和尚搞的，彭祖师的名字会吓破元朝官吏的胆。但是，起义成功以后，彭莹玉就像烟一样消失了，回到了人民中间，任何场所以至记载上，再找不到这个人的名字了。[1]十五年后，罗田还有人假借他的名义，铸印章、设官吏，结众起事，可见影响人心之深。

徐寿辉是罗田的布贩子，又名真逸、真一。生得魁梧奇伟，一脸福相。彭莹玉推其为首领。这年九月间起兵，占领蕲水和黄州路。建蕲水做都城，取意于西方净土莲台，号为莲台省。[2]立寿辉为皇帝，国号天完，年号治平。不久，疆域就扩充到湖南、江西，东边一直到杭州。天完军队纪律极好，不杀百姓，不奸淫掳掠，口念弥勒佛号。归附的人民登记姓名，单运走政府官库里的金帛，极得人民拥护。

相反的，元军军纪坏到极点，打胜仗抢一阵，打败仗更抢，克复城池，大杀大抢大烧。尤其厉害的是从湖广调来的苗军，无恶不作，抢得干净，杀得尽兴，见女人不管老少贵贱有夫无夫都不放手，驻防过的地方比经过战争还惨。[3]民间有民谣形容道："死不怨泰州张（士诚），生不谢宝庆杨（完者，苗军统帅）。"[4]军队如此腐败，政治呢？蒙古政府恨汉人、南人，尤其是南人不肯服从，时常反抗，故有意压迫。民间地主为了保身家产业，组织义军。保卫地方，反抗变革势力的，即使立了功，即使守住了地方，甚至全家战死，因为是南人，不提赏功做官的事，连安慰激励的话也没有一句。也

---

1. 权衡《庚申外史》，叶子奇《草木子》，俞本《皇明纪事录》，《明太祖实录》卷七五。
2. 叶子奇《草木子·克谨篇》。
3. 陶宗仪《辍耕录》卷二八。
4. 姚桐寿《乐郊私语》。

有地主带了盘缠到大都去钻一官半职的，不但落个没趣回来，还被挖苦奚落，给起外号叫“腊鸡”——腊鸡是南边土产，带到北边做人事的。一心一意帮元朝的，冷落得寒透了心。[1]真真造反叛乱的像方国珍、张士诚，政府军打不过，招降安抚，许做大官，照样带兵，反一次，官爵便高一次，不用几年便到极品了。一面是种族的歧视，一面又欺软怕硬。穷苦人早已参加反抗，而这样的措施，又使一些只知有身家财产，甘心做屠杀人民刽子手的地主们，也学方平章、张丞相的榜样。东一丛，西一股，像火烧荒山一样，到处都是。

徐寿辉忠厚老实，无见识，也没有整个的计划。所占的地方虽大，却守不住，打过来，打过去，拉锯战只苦了老百姓。蕲水位置不够好，迁都到汉阳，丞相倪蛮子（文俊）兵权在手，被寿辉给制住了，动弹不得。治平七年（元至正十七年，公元 1357 年）九月，文俊谋杀寿辉不成功，出奔黄州。部将沔阳人陈友谅，家世打鱼营生，在县里当贴书，不甘心埋没，投奔红军，立了战功，做了领兵元帅，怀着一肚子野心，没处施展。文俊逃到黄州，正是他的防区，陈友谅就用计杀了文俊，夺过军队，自称“平章”，向东侵占安庆、池州、南昌诸地，和朱元璋接境。两军常起战事，互有胜负。龙凤六年（元至正二十年，公元 1360 年）五月攻下太平，大军进驻采石，陈友谅以为克日可以占领应天，使部将杀了寿辉。急性子人，也等不及择日子、拣地方，就以采石五通庙做行殿，

1. 叶子奇《草木子·克谨篇》。

暴风雨里，即皇帝位。国号汉，改年号为大义，尽有江西湖广之地。[1]

群雄中陈友谅的军队最精锐，疆土最广，野心最大。朱元璋在应天，在友谅看来是碗里的肉，伸手就能拿到。陈友谅使人和张士诚相约，东西夹攻，亲自带领水陆大军从江州（今江西九江）顺流东下。水军大舰名为混江龙、塞断江、撞倒山、江海鳌等，共一百多艘，战舸几百条，真是“投戈断流，舳橹千里”。消息一传到应天，大家都吓慌了，有人主张投降为上策；有人说不如放弃应天，躲过风头再看；主战的提出主动出击太平，牵制友谅兵力。七嘴八舌，乱成一团。胆子小的竟背地收拾细软，盘算城破后的去处了。[2]

元璋沉住气，单独和刘基在卧室内决策。投降不是办法，逃走更不是办法，目前的出路只有抵抗。抵抗有两种战略：一种是两线同时作战，东西兼顾，兵力一分，必败无疑；一种是迅速集中全力，看准敌人弱点，做致命的一击，然后再回师来对付另一线——这还是两线作战，不过有个先后缓急。问题焦点在于争取主动。第一种打法很现成，等着就是了，不过很吃亏。第二种打法当然好，可是第一，先打谁；第二，如何抓住有利机会来打；第三才是如何打。一句话，是要争取主动。研究两线形势，主敌是陈友谅，张士诚是配角。兵力陈强张弱，士气陈骄张馁，水军陈多张少，那么，就看得

1. 钱谦益《国初群雄事略》卷三《天完徐寿辉》,《明史·陈友谅传》。
2.《明太祖实录》卷八。

出来，只要有办法先打击陈军，造成一次大胜利，张军势孤，连进攻都不可能了。[1]

如何使陈友谅先来进攻呢？元璋部将康茂才和陈友谅相熟，茂才的老门房也侍候过陈友谅。茂才受命使老门房偷跑到友谅军中，带了茂才的亲笔降书，告诉许多军事情报，自愿里应外合，劝友谅分兵三路取应天。友谅喜极，问康将军现在何处，说现守江东桥；问是石桥还是木桥，答是木桥。约好友谅亲自进军江东桥，以喊“老康”做信号。[2]

陈友谅的进军路线明白了，军力分配也清楚了。元璋一面调胡大海进取信州（今江西上饶），捣友谅的后路，一面按友谅进军路线，设下埋伏。连夜把江东木桥改成石桥，一切准备停当，只等友谅自投罗网。

元璋亲自在山顶指挥，规定信号，发现敌人举红旗，伏兵出击举黄旗。友谅兴冲冲地赶到江东桥，一看是大石桥，就觉得不对头，再使劲连喊“老康”，嗓子都哑了也无人答应。山上黄旗招展，四周伏兵齐声呐喊，团团围住，在山上打，在水里打，这一仗把友谅的主力全部歼灭，杀死淹死不计其数，单俘虏就有两万多。元璋军乘胜收复太平，下安庆，取信州（今江西上饶）、袁州（今江西宜春）。[3]

龙凤七年（元至正二十一年，公元 1361 年）正月，小

1. 宋濂《平汉录》，《国初礼贤录》。
2. 宋濂《平汉录》，《明太祖实录》卷八。
3. 宋濂《平汉录》，《国初礼贤录》。

明王封元璋为吴国公。[1]

友谅吃了败仗，不服输，七月间又遣将攻下安庆。元璋气极，开了一个军事会议，决定溯江西伐。龙骧巨舰上竖立大旗，写着“吊民伐罪，纳顺招降”八个大字。

友谅为人嫉能护短，从杀徐寿辉后，寿辉的将帅不服，纷纷投降元璋。部下骁将双刀赵（普胜）又被元璋使反间计，友谅一怒把他杀了，其他将官兔死狐悲，不肯出死力作战。元璋研究敌情，断定趁友谅将帅不安，军心离散，大举进攻，要比等着被攻有利。于是亲自统军顺风溯流，一鼓攻下安庆、江州，守将丁普郎、傅友德全军归附。友谅逃奔武昌，江西州县和湖北东南角，都归元璋版图。一个扩大，一个缩小，几年来的局面，完全转过来，元璋的兵力已经可以和友谅一决雌雄了。[2]

当江南朱陈两军血战正酣的时候，江北的军事局面也起了极大的变化，红军接连失败，形势很危急。元朝大将察罕帖木儿收复关陇，平定山东，招降红军丞相花马王田丰，军威极盛——几年来山东在宋朝大帅毛贵管治下，礼贤下士，开辟田土，治绩斐然。原来在濠州的赵均用和彭早住，驻军淮泗一带，早住病死，均用北上和毛贵合伙。二人作风不同，大闹意见，均用杀了毛贵，毛贵部将又杀了均用。杀来杀去，军力衰减，造成察罕的胜利机会——山东失去后，不惟小明

1. 俞本《皇明纪事录》。
2.《明太祖实录》卷九。

王的都城安丰保不住，连元璋的根本重地应天也岌岌可危。

元璋几年来的安定和发展，全靠小明王大军在北边掩护，隔离元朝主力，如今局面突变，要直接和元朝大军接触，估计军力对比，相差太远，实在抵挡不住。元璋两次派代表去见察罕，送上重礼和亲笔信，要求通好，预伏一笔，以为将来打算。这时察罕正在围攻益都（今山东潍坊青州），红军拼死抵抗，元璋料益都一时不致失陷，察罕在肃清山东之前还没有余力来进攻安丰，才敢趁这间隙，西攻陈友谅。察罕的代表户部尚书张昶（chǎng）带了御酒、八宝顶帽和任命元璋为荣禄大夫江西等处行中书省平章政事的宣命诏书，于龙凤八年（元至正二十二年，公元 1362 年）十二月由江西到应天。其时察罕已被田丰刺杀，子扩廓帖木儿继为统帅。不久又得到情报，扩廓和另一大将孛罗帖木儿在抢地盘，打得正热闹。元璋眼见得元军不会南伐了，越发定下心，断了投降的念头，仍然做宋朝的吴国公。[1]

当察罕的代表带着元朝官诰到应天的时候，宁海人叶兑写信给元璋，劝其不要受元朝官爵，要自创局面，立基业，并且指出军略步骤说：

愚闻取天下者必有一定之规模，韩信初见高祖，画楚、汉成败；孔明卧草庐，与先主论三分形势者是也。今之规模，

1. 刘辰《国初事迹》，俞本《皇明纪事录》，《明太祖实录》卷九，钱谦益《国初群雄事略·宋小明王》。

宜北绝李察罕，南并张九四（士诚），抚温、台，取闽、越，定都建康，拓地江、广，进则越两淮以北征，退则画长江而自守。夫金陵古称“龙蟠虎踞”，帝王之都，借其兵力资财，以攻则克，以守则固，百察罕能如吾何哉！江之所备，莫急上流，今义师已克江州，足蔽全吴，况自滁、和至广陵（今江苏扬州），皆吾所有，非直守江，兼可守淮矣。张氏倾覆，可坐而待，淮东诸郡，亦将来归。北略中原，李氏可并也。今闻察罕妄自尊大，致书明公，如曹操之招孙权，窃以元运将终，人心不属，而察罕欲效操所为，事势不侔。宜如鲁肃计，鼎足江东，以观天下之衅。此其大纲也。

至其目有三：张九四之地，南包杭、绍，北跨通、泰，而以平江（今江苏苏州吴中）为巢穴。今欲攻之，莫若声言掩取杭、绍、湖、秀，而大兵直捣平江。城固难以骤拔，则以锁城法困之：于城外矢石不到之地，别筑长围，分命将卒，四面立营，屯田固守，断其出入之路；分兵略定属邑，收其税粮以赡军中。彼坐守空城，安得不困？平江既下，巢穴已倾，杭、越必归，余郡解体，此上计也。张氏重镇在绍兴，绍兴悬隔江海，所以数攻而不克者，以彼粮道在三江斗门也。若一军攻平江，断其粮道，一军攻杭州，绝其援兵，绍兴必拔。所攻在苏、杭，所取在绍兴，所谓多方以误之者也。绍兴既拔，杭城势孤，湖、秀风靡，然后进攻平江，犁其心腹，江北余孽，随而瓦解，此次计也。

方国珍狼子野心，不可驯狎。往年大兵取婺州，彼即奉书纳款。后遣夏煜、陈显道招谕，彼复狐疑不从。顾遣使从海道报元，谓江东委之纳款，诱令张昶赍诏而来，且遣韩叔义为说客，欲说明公奉诏。彼既降我而反欲招我降元，其反复狡狯如是，宜兴师问罪。然彼以水为命，一闻兵至，挈家航海，中原步骑，无如之何。夫上兵攻心——彼言杭越（即婺州）一平，即当纳土，不过欲款我师耳——攻之之术，宜限以日期，责其归顺。彼自方国璋之没，自知兵不可用。又叔义还称义师之盛，气已先挫。今因陈显道以自通，正可胁之而从也。事宜速，不宜缓。宣谕之后，更置官吏，拘其舟舰，潜收其兵权，以消未然之变，三郡可不劳而定。

福建本浙江一道，兵脆城陋，两浙既平，必图归附，下之一辩士力耳。如复稽迟，则大兵自温、处入，奇兵自海道入，福州必不支。福州下，旁郡迎刃解矣。威声已震，然后进取两广，犹反掌也。[1]

叶兑指出张昶赍诏，是方国珍假托元璋名义请来，斥为"反复狡狯"，其实是冤枉的。千真万确，请张昶来的是元璋自己，"反复狡狯"的不是别人，恰恰是叶兑叫作明公的朱元璋。不过他所计划的攻取计略，倒是面面俱到，确有见识。元璋心服，要请做官，叶兑推却不肯，辞回家乡。后来几年平定东南和两广的规模次第，果然和他所说的差不多。

小明王从称帝以后，凡事由刘太保做主张。领兵在外的大将，原来都是福通的同伴平辈，不大听调度，军队数量虽多，

1.《明史》卷一三五《叶兑传》。

军令不一。占的地方虽大，不久又被元军收复。有的大将打了败仗，不愿受处分，索性投降敌人，翻脸打红军；有的前进太远太突出了，完全被敌人消灭；其余又被察罕帖木儿和孛罗帖木儿两支地主军打垮了。只剩下山东一部军力，做安丰的掩护。到益都被扩廓包围以后，刘福通亲自率军救援，大败逃回。益都陷落后，安丰孤立。龙凤九年二月，张士诚的大将吕珍乘机攻围安丰，城里粮食吃完，粮道断绝，不但人吃人，甚至吃腐烂的尸首，和人油炸泥丸子。刘太保情势危急，派人到元璋处征兵解围。

在元璋出兵之前，刘基极力阻止，以为大兵不宜轻出，如果救驾出来，做何安置？不如让吕珍解决了，借刀杀人，落得省事。而且陈友谅在背后，万一乘虚来攻，便进退无路。元璋则以为安丰失守，应天失去屏蔽，从军事观点说，不能不救，遂亲自统兵出发。刘太保趁黑夜大雨突围逃出，元璋摆设銮驾伞扇，迎小明王暂住滁州，临时建造宫殿，把皇宫里的左右宦侍都换上自己人，供养极厚，防护极严。小明王名为皇帝，其实是俘虏，受元璋的保护。[1]

三月十四日，小明王内降制书，封赠元璋三代：曾祖九四资德大夫、江西等处行中书省右丞、上护军、司空、吴国公，曾祖母侯氏吴国夫人；祖初一光禄大夫、江南等处行中书省平章政事、上柱国、司徒、吴国公，祖母王氏吴国夫人；考五四开府仪同三司、上柱国、录军国重事、中书右丞相、

1. 刘辰《国初事迹》，俞本《皇明纪事录》。

太尉、吴国公，妣陈氏吴国夫人。[1]

当元璋出兵安丰的时候，陈友谅果然乘机进攻，以大兵包围洪都（今江西南昌），占领吉安、临江、无为州。这回倒真正是两线夹攻，虽然张士诚还不明白。汉军规模比上次更大：友谅看着疆土日渐减小，气愤不过，特造大舰，高几丈，簇新的丹漆，上下三层，每层有走马棚，上下层说话都听不见，载着家小百官，空国而来，号称六十万。洪都守将朱文正死守，友谅用尽攻城的方法，文正也用尽防御的方法。八十五天的激战，城墙攻破了几次，敌兵涌进，都被火铳击退，连夜赶修工事，攻城守城的人都踩着尸首作战。一直到七月，元璋亲统二十万大军来救，友谅才解围，掉过头来，到鄱阳湖迎战。

这一次水战，也许是中国有史以来规模最大的一次。两军主力苦战三十六天之久。这一战的结局，决定了两雄的命运。

在会战开始前四天，元璋留下伏兵，把鄱阳湖到长江的出口封锁，堵住敌人的归路，关起门来打。两军的形势，一边号称六十万，一边是二十万。水军船舰，友谅的又高又大，联舟布阵，一连串十几里。元璋的都是小船，要仰着头才能望见敌人，两下比较，就显得渺小可怜。论实力和配备，都是元璋方面居劣势。但是，他也有便宜处。就士气说，友谅大军在南昌顿挫了三个月，寸步进不得，动摇了必胜的信心；

---

1. 钱谦益《国初群雄事略》卷一引《龙凤事迹》。郎瑛《七修类稿》卷七引《朱氏世德碑》，作“淮南等处中书省左丞相”，“江西等处中书省右丞相”，“录军国重事平章右丞相”。余同。

元璋方面则千里救危城，生死关头决于一战，情绪大不相同。就船舰说，数十条大舰连在一起，转动不便；小船进退自如，运用灵活，在体积方面是劣势，运动方面却占优势。就指挥而论，元璋有经验丰富的幕僚，作战勇敢的将帅，上下一心；友谅性情暴躁多疑，将士不敢贡献意见，发生内部裂痕。更重要的是补给，元璋军队数量少，有洪都和后方源源接济；友谅军的后路被切断了，粮尽士疲，失去斗志。

元璋军的主要战术是火攻，用火炮焚烧敌方的大舰，用火药和芦苇装满几条船，敢死队驶着冲入敌阵，点起火来，和敌方几百条战舰同归于尽。接战时分水军为十二队，火铳、长弓、大弩分作几层，先发火铳，再射弓弩，最后是白刃战。短兵相接，喊杀震天，从这船跳到那船，头顶上火箭炮石交飞，眼睛里一片火光，一团刀影，湖面上是漂流着的尸首、挣扎着的伤兵，耳朵里是“轰隆”的石炮声、“噼啪”的火铳声。友谅船红色，元璋船白色，一会儿几十条白船围着红船，一会儿又是红船围着白船，一会儿红船白船间杂追赶。有几天白船像是占了上风，又几天红船又得优势。元璋激励将士苦战，多少次身边的卫士都战死了，坐舰被炮石打碎，换了船搁浅动不得，险些被俘。一直打到最后几天，友谅军已经绝粮，右金吾将军建议烧掉船，全军登陆，直走湖南，左金吾将军主张再战，友谅同意走陆路的办法。左金吾将军怕得罪友谅，领军投降，右金吾将军看情形撑不住了，也跟着投降。友谅军力益发减削，决定退兵，打算冲出湖口，不料迎面又是白船，前后受敌。友谅正要亲自看明情势，决一死战，头才伸出船窗外，被飞箭射死，全军溃败。部将保着友谅尸首和太子陈理，连夜逃回武昌。[1]

战事的胜利，取决于最后一分钟，造成陈军溃败的是友谅的战死。元璋虽然胜利，可是也险极了，始终弄不清是谁射死友谅的。第二天，元璋焚香拜天，慰劳将士，答应将来天下一家，和巴都儿[2]们共享富贵，做大官。[3]后来又对刘基说："我真不该到安丰去，假如友谅趁我远出，应天空虚，顺流而下，我进无所据，退无所依，大势去矣。幸而他不直攻应天，反而去围南昌，南昌守了三个月，给了我充分的时间和机会。这一仗虽然打胜，可是真够侥幸的了。"[4]

运气特别照顾元璋，他怕察罕帖木儿的兵威，正接洽投降，察罕就被刺杀了。扩廓准备南征，又和孛罗帖木儿抢地盘，打得难解难分。陈友谅第一次约张士诚夹攻，张士诚迟疑误了事。第二次张士诚围安丰，陈友谅不取应天而围南昌，又被流矢射死。上天真是太眷顾了！他这样想着，越想越有理，再发展下去，就想成"天命有归"了，从此一心一意秉承上天的托付，做长远而广大的计划。[5]计划的第一步是称王，称王是不成问题的，小明王在保护之下，写一道圣旨派人送去盖印就成。问题是称什么王呢，张士诚在九月间已经自立

1.《明太祖实录》卷一二，宋濂《平汉录》，钱谦益《国初群雄事略》卷四《汉陈友谅》，《明史》卷一二三《陈友谅传》。

2. 即拔都，巴图鲁，蒙古话勇士的意思。

3. 俞本《皇明纪事录》。

4. 刘辰《国初事迹》。

5. 刘辰《国初事迹》。

为吴王了，应天正是孙权吴国的都城，而且几年前民间就有一个童谣说："富汉莫起楼，贫汉莫起屋。但看羊儿年，便是吴家国。"[1]为着这句话，非称吴王不可。龙凤十年（元至正二十四年，公元1364年）正月，元璋自立为吴王，设置百官，以李善长为右相国，徐达为左相国，常遇春、俞通海为平章政事，立长子标为世子。[2]发布号令，用"皇帝圣旨，吴王令旨"的名义。[3]同时有两个吴王，民间叫士诚作东吴，元璋作西吴。[4]军队服装原先只是用红布做记号，穿得五颜六色，也给划一了。规定将士战袄、战裙和战旗都用红色，头戴阔檐红皮壮帽，插猛烈二字小旗。攻城系拖地棉裙，取其虚胖，箭射不进去。箭镞开头是铜做的，现在疆土广了，有了铁矿，改用铁的。并且大批制造铁甲、火药、火铳、石炮，武器越发犀利耐用。[5]

二月，元璋亲率水陆大军征武昌，陈理请降，立湖广行中书省。到年底，友谅疆土，汉水以南，赣州（今江西赣州赣县）以西，韶州（今广东韶关曲江）以北，辰州（今湖南怀化沅陵）以东，都为元璋所有，够得上说是"广土众民"了。[6]

---

1. 权衡《庚申外史》上，《元史》卷五一《五行志二》，钱谦益《太祖实录辨证》卷一。
2.《明太祖实录》卷一四。
3. 陶安《陶学士文集》，祝允明《九朝野记》。
4. 钱谦益《国初群雄事略》卷七引《月山丛谈》。
5. 刘辰《国初事迹》。
6.《明太祖实录》卷一四。

二 取东吴

陈友谅兵强地广，雄踞长江上流，用狮子搏兔全力，要吞并朱元璋，结果反被消灭。西线无战事了，元璋的第二个目标，便是东吴张士诚。

元末群雄，分作两个系统：一是红军系，一是非红军系。红军系分东西两支，东支以淮水流域做中心，小明王是东支的共主，郭子兴是濠、泗、滁、和一带的头目。子兴死，朱元璋代起，日渐强大。西支以汉水流域做中心，从徐寿辉到陈友谅，以及寿辉部将割据川陕的明玉珍。非红军系如东吴张士诚、浙东方国珍。红军系有政治目标，有民族思想，和蒙古政府无法妥协，势不两立（当然，这只是指领导的集团而说，朱元璋的动摇、投机，乃由于他不但不是领导集团的人，而且根本对革新没有明确的认识）。非红军系便不同了，起事的动机是个人，无原则，也无终极的目标，蒙古政府招抚的条件合适就投降，不满意再背叛，每反复一次，地位就更高，地盘更扩大，向蒙古政府讨价钱的资本也愈大。

张士诚反反复复，元至正十三年（公元 1353 年）请降，授以元淮南江北行省官职，不久又反。十四年自称诚王，国号大周。十七年八月又降元朝，授官太尉。元朝招降士诚，是为了粮运，大都缺食，支持不下去。几年来元江浙右丞相达识帖木儿，千方百计派人劝士诚归附。一直到士诚西线连失长兴、常州、江阴、常熟等重要军事据点，弟士德为元璋所擒（士德有勇有谋，礼贤下士，帮助士诚创基立业，被俘后，秘密带话劝士诚降元，被杀），东边苗军杨完者在嘉兴，也不好惹。士诚两面受敌，才不得已受元朝官爵。[1]达识帖木儿做主，士诚出粮，方国珍出船，接济大都。两人心里都怀着鬼胎，一个怕方国珍吞没粮食，一个怕船出海去了，张士诚乘虚进攻，互相猜疑。达识两面解释，费了多少事，从二十年到二十三年算是每年运了十几万石。杨完者军队纪律极坏，仗着有兵，不听达识约束，达识和士诚暗地定计，攻杀完者，苗军将士大部投降元璋。完者一死，达识没有军队支持，政权也跟着失去了，事事受士诚挟制。士诚名虽为元，却一意扩充地盘，接收苗军防区，逐出称雄淮西的赵均用，六七年工夫，疆域南到杭州、绍兴，北到济宁（今山东济宁），西达汝、颍、濠、泗，东边到海，有地二千余里。二十三年九月又立为吴王，毒杀达识，元朝征粮，再也不肯答应了。[2]

士诚所占地方是粮食产地，又有渔盐之利，人口众多，最为富庶。他生性迟重，不多说话，待人诚恳宽大，没有一

1. 陶宗仪《辍耕录》卷二九，《元史》之《达识帖木儿传》《忠义传》。
2. 陶宗仪《辍耕录》卷八，《明太祖实录》卷二〇，吴宽《平吴录》。

定主见，大将大臣们都是当年兄弟，有福同享，做错事打败仗，不忍心十分责备。大家都盖大房子，修园池、养女优、搜古董，成天宴会歌舞，懒得管事。甚至出兵时，也带着妓女清客解闷，损兵失地，反正落不到什么罪过。从龙凤二年(元至正十六年，公元 1356 年）起和元璋接境，便互相攻伐，士诚要抢回失地，元璋进攻杭州、绍兴，都占不到便宜，边境上没有一时安闲。直到朱元璋从武昌凯旋以后，集中军力，进攻东吴，局面才发生变化。[1]

元璋对士诚的攻势，分作三个步骤：第一步攻势起于龙凤十一年十月，攻击目标是东吴北境淮水流域。到十二年四月间，半年工夫完成预定任务，使东吴的军力局促于长江之南。第二步攻势起于十二年八月，分兵两路进攻湖州、杭州，切断东吴的两只臂膀。到十一月间湖、杭守军投降，造成北西南三面包围平江的局势。第三步攻势是平江的攻围战。从十二年十二月到吴元年九月，前后一共十个月，才攻下平江，俘执士诚，结束了十年来的拉锯战。

除掉战场上刀枪的厮杀，还有笔墨的战争。元璋于尽占淮水名城之后，龙凤十二年五月，以檄文列举士诚罪状，骂敌人如何如何不好。照古例总是二十四或十大罪状，这里勉勉强强凑成八条，而且有七条是骂不忠于元、诈降、不贡钱粮、害达识丞相和杨完者，只有第八条才是正文，“诱我叛将，掠我边民”。其实西吴对东吴，岂止诱叛将、掠边民而已，

1.《明太祖实录》卷二〇，吴宽《平吴录》，逸名《农田馀话》。

还派遣过大批间谍诈降，图谋里应外合呢。[1]元璋数说的罪状，不看上下文，读者一定会误解为元朝政府的讨伐令。更有意思的是，替敌人骂敌人的敌人倒也罢了，檄文中还详细说明元末形势和自己起兵经过。这里不但攻击元朝政府，连他自己的红军也破口大骂，指斥为妖术、妖言，否定弥勒佛，打击烧香党了。檄文[2]说：

皇帝圣旨，吴王令旨[3]，总兵官准中书省咨，敬奉令旨：盖闻[4]伐罪救民，王者之师，考之往古，世代昭然。轩辕氏诛蚩尤，殷汤[5]征葛伯，文王伐崇侯，三圣人之起兵也，非富天下，本为救民。近睹有元之末，主居深宫，臣操威福，官以贿成[6]，罪以情免，宪台[7]举亲而劾仇，有司差贫而优富。庙

---

1. 俞本《皇明纪事录》："龙凤五年，上选卫士三十侍左右，选得十三人，佯称得罪于上，私降张氏，士诚配以妻，抚之甚厚。不逾月同行周海首之，俱斩于虎丘山下。吴元年克苏州，擒海归，凌迟以祭方德成等十三人。"
2. 檄文全文见吴宽《平吴录》、祝允明《前闻记》《野记》卷一、陆深《续停骖录》四书。《明太祖实录》和《明史·太祖本纪》都不载。《前闻记》和《平吴录》的文字不同处很多，有事后改窜的，如元璋在发此檄文时为吴王，皇帝指小明王，《前闻记》元璋自称朕，《平吴录》称予、称我，显然《平吴录》是比较可靠的。也有些地方如红军，《前闻记》作香军，《平吴录》作乡军，今据《前闻记》。各本异文，并校注于后，以便参考。
3. 吴宽《平吴录》，《续停骖录》无此二句。
4.《续停骖录》《野记》作"予闻"，吴宽《平吴录》无此二字。
5.《续停骖录》作"成汤"。
6.《野记》作"贿求"。
7.《野记》，《续停骖录》，吴宽《平吴录》作"台宪"。

堂不以为虑[1]，方添冗官，又改钞法，役数十万民[2]，湮塞黄河。死者枕藉于道，哀苦声闻于天。致使愚民[3]误中妖术，不解偈言[4]之妄诞，酷信弥勒之真有，冀其治世，以苏困苦[5]，聚为[6]烧香之党，根据汝、颍，蔓延河、洛。妖言既行，凶谋遂逞，焚荡城郭，杀戮士夫，荼毒生灵，千端[7]万状。元以天下兵马钱粮大势而讨之[8]，略无功效，愈见猖獗，然而终不能济世安民[9]。是以有志之士，旁观熟虑，乘势而起[10]，或假元氏为名，或托香军[11]为号，或以孤兵自立[12]，皆欲自为，由是天下土崩瓦解。

予[13]本濠梁之民，初列行伍，渐至提兵。灼见妖言，不能成事[14]，又度胡运，难与立功[15]，遂引兵[16]渡江。赖天地祖宗

1.《续停骖录》作“忧”。
2. 吴宽《平吴录》作“役四十万人”，《野记》作“役数十万人”。
3.《野记》《前闻记》作“不幸小民”。
4.《野记》《前闻记》作“其言”。
5.《续停骖录》作“以苏其苦”，吴宽《平吴录》作“以甦其苦”。
6.《野记》作“聚其”。
7.《续停骖录》，《野记》，吴宽《平吴录》作“无端”。
8.《续停骖录》作“钱粮兵马”，吴宽《平吴录》作“元以天下钱粮兵马而讨之”。
9.《续停骖录》无“然而”二字，《野记》《前闻记》作“然事终不能济世安民”。
10. 吴宽《平吴录》无此四字。
11.《野记》，吴宽《平吴录》作“乡军”。
12.《续停骖录》作“孤军独立”，吴宽《平吴录》作“孤兵独立”。
13.《前闻记》作“朕”，《续停骖录》作“余”。
14. 吴宽《平吴录》作“终不能成事”。
15. 吴宽《平吴录》作“成功”。
16. 吴宽《平吴录》作“令兵”。

之灵，及将帅[1]之力，一鼓而有江左，再战而定浙东。陈氏[2]称号，据我上游[3]，爰[4]兴问罪之师。彭蠡交兵，元恶授首。父子兄弟[5]，面缚舆榇，既待以[6]不死，又封以列爵[7]。将相皆置于朝班，民庶各安于田里。荆襄湖广，尽入版图。虽德化未及，而政令颇修。

惟兹姑苏张士诚，为民则私贩盐货，行劫于江湖，兵兴[8]则首聚凶徒，负固于海岛，其罪一也。又恐海隅一区，难抗天下全势，诈降于元，坑其参政赵琏，囚其待制孙㧑，其罪二也。厥后掩袭浙西，兵不满万数，地不足千里，僭号改元，其罪三也。初寇我边，一战生擒其亲弟，再犯浙省，扬矛[9]直捣其近郊，首尾畏缩，乃又诈降于元，其罪四也。阳受元朝之名，阴行假王之令，挟制达丞相，谋害杨左丞，其罪五也。[10]占据江浙[11]钱粮，十年不贡，其罪六也。知元纲已坠，公然害其丞相[12]达识帖木儿、南台大夫普化帖木儿，其罪七也。

---

1. 吴宽《平吴录》作“将帅”，其他三本作“将相”。
2.《前闻记》作“陈氏”。
3.《野记》作“爰据上游”。
4.《续停骖录》无“爰”字。
5.《续停骖录》，吴宽《平吴录》作“其父子兄弟”。
6.《前闻记》作“待之”。
7. 吴宽《平吴录》作“官爵”。
8.《续停骖录》作“兴兵”。
9.《续停骖录》《野记》作“杨苗”。
10. 吴宽《平吴录》此款作第六罪，下条作第五罪。
11.《续停骖录》，吴宽《平吴录》作“浙江”。
12. 吴宽《平吴录》作“江浙丞相”。

恃其地险食足[1]，诱我叛将，掠我边民，其罪八也。凡此八罪，有甚于[2]蚩尤、葛伯、崇侯，虽黄帝、汤、文与之同世，亦所不容，理宜征讨，以靖天下，以济斯民[3]。爰命中书左丞相徐达率领马步官军舟师，水陆并进，[4]攻取浙西诸处城池。已行戒饬军将[5]，征讨所到，歼厥渠魁，胁从罔治，备有条章[6]。凡我[7]逋逃居民，被陷军士，悔悟来归[8]，咸宥其罪。其尔张氏臣寮，果能明识天时[9]，或全城附顺，或弃刃投降，名爵赏赐，予所不吝。[10]凡尔百姓，果能安业不动，即我良民，旧有田产房舍，仍前为主[11]，依额纳粮，[12]余无科取，使汝等永保乡里，以全室家。此兴师之故也。敢有千百相聚，旅拒王师者，即当移兵剿灭，迁徙宗族于五溪、两广，永离乡土，以御边戎[13]。凡予之言，信如皎日，咨尔臣庶，毋或自疑。故此[14]。除敬遵

---

1. 吴宽《平吴录》无此句。
2.《续停骖录》作"尤甚于"，《野记》作"又甚于"。
3.《续停骖录》作"以安斯民"，吴宽《平吴录》作"以拯天下"，《野记》作"以济生民"。
4.《前闻记》《野记》作"左相国"，《续停骖录》《前闻记》作"总率马步舟师，分道并进"。
5. 吴宽《平吴录》作"尝戒军士"。
6. 吴宽《平吴录》无此四字。
7.《前闻记》《野记》作"凡有"。
8. 吴宽《平吴录》无此四字。
9.《续停骖录》作"明哲识时"。
10. 自"其尔"至"不吝"一段，吴宽《平吴录》无，但在下文"以御边戎"后，作"果有贤哲，或全城归附，或弃职来降，予赍赏赐，非所敢吝"。
11.《续停骖录》作"为生"。
12. 吴宽《平吴录》作"其尔人民，果能复业，即我良民，旧有房舍田土依额纳粮"。
13. 吴宽《平吴录》作"边疆"。
14.《野记》作"钦此"，是后来人删改的。吴宽《平吴录》作"故榜"。

外，咨请施行。准此，合行备出文榜晓谕，故依令旨事意施行。所有文榜，须议出给者。[1]

龙凤十二年五月二十二日本州判官许士杰赍到[2]

和这篇著名的檄文同时，还有性质相同的一道宣谕徐州吏民的文告说：

近自胡元失政，兵起汝、颍，天下之人以为豪杰奋兴，太平可致。而彼惟以妖言惑众，不能上顺天意，下悦民心，是用自底灭亡。及元兵云集，其老将旧臣，虽有握兵之权，皆无戡乱之略，师行之地，甚于群盗。致使中原板荡，城郭丘墟，十有余年，乱祸极矣。[3]

综合说来，一笔抹杀红军的变革意义，骂他们"凶谋""放火""杀人"，尤其是杀戮士大夫，千条万条罪状，简直是罪大恶极。正式声明对红军的看法，郑重否定自己今天以前的全部事业，更引经据典，拿轩辕、成汤、文王来比附，解释起兵是为了救民，戴上为人民的帽子——就这点而论，朱元璋真正不愧是明教的叛徒。从对元朝的态度来说，惋惜元军戡乱之略无功效；倒过来，元朝以天下兵马钱粮大势，再加

1. 这一段，《续停骖录》作"除敬遵外，合备榜晓谕通知，须至榜者"。
2. 吴宽《平吴录》,《续停骖录》无此。
3.《明太祖实录》卷一六。

上有戡乱之略的老将旧臣，上顺天意，下悦民心，他是会替胡元“立功”，共同戡乱的——就这点而论，文字上的轻重抑扬，留下一个地步，万一情况不利，胡运复兴，借这由头倒到蒙古大汗脚下，还可不失富贵，表现了他是个不折不扣的骑墙主义者。

两篇文字，充满了儒家的色彩，可以明白这是刘基、宋濂等人的策略，甚至可能是出于他们的手笔。这一地主儒生群几年来的作用，到这时才具体化，红军的将领都已死亡，军队没有了，小明王成为应天的傀儡，甚至被拘囚了，自然应该一脚踢开红军招牌，自己建立新系统，来争取地主巨绅的支持，士大夫的同情拥护。这两篇文字把元璋的一生切作两截，前半截是贫农和穷人的头目，此后则摇身一变，成为地主巨绅的保护人，儒家的护法；过去要破坏现存秩序，此后则一转而为最保守、最顽强的现状维持派了。

这年年底，元璋派大将廖永忠到滁州迎接小明王、刘太保，到瓜州渡江，在江心把船凿沉，永忠径回应天复命，小明王、刘福通死，宋亡。[1]从此以后，元璋不再提龙凤的话，连当年镇江西城的打败东吴记功碑，因为有龙凤年号，也捶毁了。[2]文书上的龙凤史料，更是销毁得一干二净。元璋死后所编的《明太祖实录》，不提元璋和龙凤臣属关系一字。这一段历史被湮灭、被曲改了几百年，成为最有启发性的历史公案。

---

1. 权衡《庚申外史》，朱权《通鉴博论》，高岱《鸿猷录·宋事始末》，潘柽章《国史考异》卷一六。
2. 刘辰《国初事迹》。

元璋对东吴的第二步攻势，动员了二十万大军。统帅是大将军徐达，副将军常遇春。在出师前商讨战略，常遇春坚决主张直取平江，以为巢穴既破，其余诸郡可以不费力气占领。元璋却决定采用叶兑的政策，指出："士诚出身盐枭，和湖、杭诸郡守将都是愍不畏死之徒，同甘共苦。如先攻平江，湖、杭守军必然齐心并力，来救老家，军力集中，不易取胜。不如想法分散他的兵力，先取湖、杭，士诚无法援救，个别击破，枝叶一去，根本动摇，使士诚来回兜圈，疲于奔命，必然可以成功。"遂分兵攻围湖州、杭州，元璋亲自誓师，叮咛嘱咐，攻进城时不要烧房子，不要杀掠，不要挖坟，尤其是张士诚母亲的坟，千万不可侵毁，免得刺激东吴人民，增加抵抗心理。[1]

第三步攻势，应用叶兑的锁城法，筑长围把平江围困住，用火铳、襄阳炮日夜轰击。士诚外无救兵，内无粮草，突围又失败了。元璋送信招降，再使说客劝告，士诚一概不理。城破时亲自率兵巷战，看到实在无办法了，一把火烧死妻子眷属，饮鸩自杀，被侍者劝阻。西吴兵已到府中，俘送应天。士诚在船上闭眼不说话，不肯进饮食。元璋问话不理，李善长问话，挨了骂。元璋气极，一顿乱棍打死，连尸首都烧成灰。[2]

李伯升是士诚十八兄弟之一，同时起事，官为司徒，平江危急，使说客说降的是他，首先投降的是他，把士诚交给

1.《明太祖实录》卷一六。

2. 俞本《皇明纪事录》,《明太祖实录》卷二〇，吴宽《平吴录》。

常遇春的也是他。平江人记住这个故事，凡是出卖朋友的就叫作“李司徒”。[1]

士诚晚年不大管事，国事全由其弟丞相士信主持。士信荒淫无见识，信用姓黄、姓蔡、姓叶的三个参谋，弄权舞弊，政治军事弄得一团糟。元璋听得这情形，对人说：“我一向无一事不经心，尚被人欺，张九四一年到头不出门理事，岂有不败的道理！”东吴的百姓有一个民谣道：“丞相做事业，专靠黄蔡叶，一朝西风起，干瘪！”[2]

平江合围后，元璋又遣将攻讨方国珍。

方国珍在群雄中最先起事，最后被解决，在浙东称雄了二十年。

台州黄岩（今浙江台州黄岩）靠近海边，人多地少，田主极神气，佃户碰见田主，连作揖都不敢，让路站在旁边，等田主走过才敢行动。贵贱等分一点也不能错过。方国珍四兄弟，父亲是佃户，看父亲对田主毕恭毕敬的样子，非常气愤。到长大了，就问父亲：“田主也是人呀！为什么要怕他，恭谨到这步田地！”父亲告诉他们：“靠了田主的田，才能养活你们。怎么敢无礼？”国珍很不服气。父亲死后，靠着人力兴旺，成天劳作，漂海贩盐，家道日渐宽裕。酿好酒等田主来讨租米，一天，田主果然带着一群管事的来了，国珍殷勤管待，大碗酒，大块肉，把客人灌醉了，乱刀切成肉酱，

1. 钱谦益《国初群雄事略》卷七引《冶城客论》。
2.《明太祖实录》卷二〇，吴宽《平吴录》，《明史》卷三〇《五行志》。《明太祖实录》文字有不同：“黄蔡叶，作齿颊，一夜西风来，干厌。”

胡乱丢在酒缸里。日子久了，漏出风声，官府派人来拘捕，国珍把来人扫数杀光。地方官急了，亲自领人来拿，国珍索性把地方官也杀了。闯下大祸，一家子逃入大海，结集了几千人，四处抢劫。[1]打败官军，连将官都俘虏了。受招安做定海尉，不久又反，俘获元朝大将，又投降做大官。如此时降时反，到至正十七年（公元1357年），一直做到浙东行省参知政事海道运粮万户，以庆元（今浙江宁波）为根据地，兼领温州、台州，占有浙东沿海一带，水军千艘，靠着渔盐的丰富资源，兄弟子侄全做大官，心满意足，只想保住这份产业。[2]

元璋攻取婺州后，和国珍邻境相望。国珍兵力弱小，北有张士诚，南有陈友定，都不大和洽，见元璋兵盛，不敢得罪，送金银送绸缎，受官诰，送儿子做人质，愿献出三郡，只是不肯奉龙凤正朔。同时又替元朝运粮，两面讨好。到元璋得杭州后，国珍更加害怕，北通扩廓帖木儿，南联陈友定，打算结成掎角的形势，来抵抗元璋。万一敌不过，好在有多数的海船，载着金银财宝，奔入大海，也还够一辈子享用。

元璋的攻势分水陆两路，陆路军进占台州、温州，直取庆元。国珍逃入海中，又为水军所败，走投无路，哀辞求降。元璋从进攻到凯旋，前后不过三个多月。[3]

---

1. 黄溥《闲中今古录》。
2. 钱谦益《国初群雄事略》卷九《台州方谷真》。
3. 叶子奇《草木子·克谨篇》，刘辰《国初事迹》，《明史》卷一二三《方国珍传》。

这一年，韩林儿已死，不能再用龙凤年号，也犯不着用元至正二十七年来纪年。照甲子说是丁未年，未年属羊，童谣不是说“但看羊儿年,便是吴家国”吗？东吴已在包围中了，为着再一次应童谣，元璋创立了一个新办法，下令以吴纪年，叫这年为吴元年。

三　南征北伐

朱元璋出军征服方国珍,同时决定了南征和北伐的大计。

吴元年（元至正二十七年，公元1367年）九月间，元璋保有的疆土，大体上据有现在的湖北、湖南、河南东南部和江西、安徽、江苏、浙江，包括汉水流域和长江下游，是全中国最富庶繁盛、人口密度最高的区域。

南部除元璋以外，分作几个军事单位。以四川为中心的是夏国明玉珍。玉珍本来是西系红军徐寿辉的部将，奉命入川略地。寿辉被弑，自立为陇蜀王，以兵守住瞿塘，和陈友谅断绝来往。至正二十二年(公元1362年)即皇帝位于重庆，建国为夏，年号天统。二十六年病死，子明升继位。[1]

云南有元宗室梁王镇守。两广也是元朝的势力。福建陈友定虽然跋扈，仍然向元朝效忠。

元璋见夏国主幼兵弱，云南太远，暂时可以放开。最近

1. 黄标《平夏录》，杨学可《明氏实录》,《明太祖实录》卷一六,《明史·明玉珍传》。

的目标是福建和两广。

北部在表面上属于元朝，情形更复杂。粗枝大叶地分析，山东是王宣的防地，河南属扩廓帖木儿，关内陇右则有李思齐、张良弼诸军。扩廓和李张二将不和，元璋用兵江浙，元朝几个大将正在起劲内斗，拼个你死我活。道理说不上，无非是争军权、抢地盘。打得发昏，谁也管不到大局，再加上宫廷阴谋政变，越发纠缠不清。双方都在打算先安内而后攘外，势均力敌，谁也得不到便宜。得便宜的是他们的公敌朱元璋，正应了古人“鹬蚌相争，渔翁得利”的话。元璋趁元朝内部打得火热，他便东征西讨，扩大地盘，充实军力。等到元璋北伐大军兵临城下，这几个英雄才肯放手，停止互相残杀，却又不肯也不甘心合作，眼看着友军一个个被击破，终于同归于尽，大家完事。

元军内讧的故事可以追溯到几年以前。

红军起事后，元朝正规军队完全无用。真正肯打仗的是义军，是由地主巨绅所组织的保卫私家财产生命的地方民兵。义军中最强大的有两支，一支是起自沈丘（今河南周口沈丘）的察罕帖木儿和李思齐，几年来连败红军，重占河北、关陕，克汴梁，定河南，号令达江浙，屯重兵太行山，正预备大举攻取山东时，和另一支义军发生了冲突。[1]

另一支是以义丁和刘福通作战有功，重占襄阳、亳州的答失八都鲁。答失八都鲁死，子孛罗帖木儿代其掌兵，移镇

1. 权衡《庚申外史》，《元史·察罕帖木儿传》。

大同。山西晋冀之地都由察罕帖木儿平定，察罕东征，孛罗帖木儿强占晋冀，两军交战几年，元政府着急，屡次派人调停讲和，到至正二十年（公元1360年）双方才答应停战。察罕被刺，子扩廓帖木儿领兵山东，孛罗又领兵来争晋冀，内讧又起。[1]

同时还夹着元政府和宫廷的阴谋政变。

脱脱丞相贬死后，哈麻代为宰相。地位高了，想想从前进西天僧，劝皇帝行秘密法，都是丑事，见不得人，说不出口。阴谋废顺帝立皇太子，事泄被杀。太子生母高丽奇皇后和太子都不喜欢顺帝，仍旧阴谋废立，使宦官朴不花和丞相太平接头。太平不肯，太子怀恨，把太平也害死了。宫廷里自然而然分为两派，丞相搠思监和朴不花帮太子，贵臣老的沙帮皇帝。太子派靠扩廓做外援，皇帝派只好拉拢孛罗。

老的沙怕皇太子暗害，逃奔孛罗军中。皇太子怨孛罗收容仇人，搠思监、朴不花就诬害孛罗和老的沙图谋不轨。至正二十四年（公元1364年）四月诏命扩廓出兵讨伐。孛罗知道圣旨是假的，先下手为强，竟带大军进向大都，顺帝杀搠思监、朴不花谢罪，孛罗才回师大同。太子失败了，不甘心，逃出大都，再征扩廓兵打孛罗，攻大同。孛罗还是老文章，又举兵进攻大都，太子战败，逃到太原。孛罗入都，做中书右丞相。二十五年太子又调扩廓和诸路兵进攻，孛罗战败，被刺死于宫中，战事结束，扩廓入都代为丞相。

1. 权衡《庚申外史》。

太子奔太原时，要仿效唐肃宗灵武故事，自立为皇帝，扩廓不依。到扩廓入大都，奇皇后又使人来说，要扩廓带重兵拥太子进宫，逼顺帝让位，扩廓又不肯。这样，太子母子都恨死了扩廓，结下深仇。扩廓在军中久了，做不惯丞相，朝中大臣嫌他不是根脚官人（世代贵族），有点另眼相看，扩廓没趣，自愿出外带兵。顺帝封他为河南王，代皇太子亲征。[1]

至正二十六年，扩廓回到河南，调度各处军马，用檄文调关中四将军会师。李思齐得调兵札，大怒，骂说："乳臭小儿，黄发还没退，敢来调我！我跟你父亲同乡里，同起义兵，你父亲进酒，还三拜才喝，你在我面前连站脚处都没有，居然称总兵，敢命令我！"下令各部，一戈一甲不许出武关，王保保（扩廓原名）来见，则整兵杀之。张良弼、孔兴、脱列伯三军也不受节制。扩廓军令不行，勃然大怒，把南征一事暂且放下，进军关中攻李思齐。思齐等四人也会兵，盟于含元殿，合力抵抗。两军相持连年，数百战，不分胜负。顺帝再三令扩廓停战，一意南征，扩廓不听。扩廓部将貊高带的是孛罗旧部，他们半路上计议："朝廷调我们打妖贼，如今却去打李思齐。李思齐是官军，官军杀官军，可不糊涂透顶？"逼貊高倒戈声讨扩廓。顺帝也心忌扩廓兵权太重，不听调度，太子从中挑拨，大臣们全说他坏话。顺帝决策，下诏书解除扩廓兵权，部兵分归诸将统率。特设抚军院，以太子统率全

1.《元史·顺帝本纪》，《明史·扩廓帖木儿传》，权衡《庚申外史》。

国军马，专防扩廓。[1]

元璋特别看重间谍机构，训练了大批人员，又舍得花钱，侦探得上面说的详细情形，决定利用时机，南征北伐同时并进。十月，以徐达为征虏大将军，常遇春为副将军，率师二十五万，由淮入河，北伐中原。胡廷瑞为征南将军，何文辉为副将军，取福建。湖广行省平章杨璟、左丞周德兴，取广西。

取福建兵分三路，胡廷瑞、何文辉率步骑从江西度杉关为正兵，汤和、廖永忠由明州（今浙江宁波）以舟师取福州为奇兵，李文忠由浦城攻建宁为疑兵。陈友定的根据地延平（今福建南平）和福州掎角，建宁（今福建南平建瓯）则为延平外线据点，驻有重兵。三路大军分别出动，正兵使敌人以主力应战，奇兵使敌人不测所以，疑兵分敌人兵力。

陈友定，福建人，农人出身，为人沉着勇敢，讲义气，好打抱不平，在地方上很有点声望。西系红军进福建，友定站在地主方面，投效做民兵。立下战功，升为小兵官，占领很多城池，积官到福建行省平章，镇守闽中八郡。虽然威福自擅，刑赏在手，对元朝极为恭顺，年年运粮到大都。朱元璋占婺州后，和友定接境。至正二十五年二月，友定进攻处州，为西吴大将胡深所败。胡深乘胜追击，元璋调发江西驻军南下，准备两路会师，一举攻下延平。吃亏的是胡深孤军深入，

1. 权衡《庚申外史》，《明史·扩廓帖木儿传》，钱谦益《国初群雄事略》卷九《扩廓帖木儿》。

太突出了，中伏被俘，为友定所杀。平闽计划受了挫折，暂时搁起。

方国珍投降，西吴水师乘胜南下。友定和元朝本部隔绝，孤立无援。福州、建宁先后失守，延平被围。友定和僚属诀别，服毒自杀不死，被俘到应天。元璋责备他攻处州、杀胡深的罪过，友定不屈，厉声回答："国破家亡，死就算了，何必多说！"元璋发明一种刑罚叫铜马，就是古代炮烙之刑，拿友定来试验，伏上一会儿全身都化成灰。友定的儿子也同时被杀。[1]

西吴从出兵到克服延平，费时四月，从克服延平到平定全闽，又费了八个月工夫。

平定两广的战略，也是分兵三路：第一路杨璟、周德兴由湖南取广西；第二路陆仲亨由韶州（今广东韶关曲江）捣德庆；第三路是平闽的水师，由海道取广州。第一路军于吴元年十月出发，第二、三路军于洪武元年（公元 1368 年）二月出发。所遇抵抗以第一路军为最大。从衡州到广西的进军路线，第一个名城永州（今湖南永州零陵），第二个全州（今广西桂林全州），都经过激烈血战，才能占领，进围靖江（今广西桂林）。第二路军于三个月内平定北江和西江三角地带，隔断广州和靖江的交通。第三路军几乎是没有作战，廖永忠的使者向元江西分省左丞何真劝降，大军到潮州，何真就送

1. 郭造卿《陈友定传》，《明史·陈友定传》，钱谦益《国初群雄事略》卷一二《陈友定》，《明太祖实录》卷二五。

上印章图籍户口，奉表归附，广州附近州县不战而下。廖沿西江入广西，北上会合第一军攻围靖江。两个月后，洪武元年六月，靖江城破。七月广西平定。两广全归元璋版图。[1]

福建、两广平定后，南部除四川、云南以外，都连成一气了。大后方的人力和财力，供给北伐军以无限的助力。

北伐军的出发，事前元璋和刘基仔细商定了作战计划，再和诸将在军事会议上研究决定。常遇春提出的作战方案，是攻坚战术，以为南方都平安了，兵力有余，直取元都，以我百战的精兵，来消灭元朝疲惫的兵力，非胜不可，到都城攻下后，分兵扫荡，其他城池也可以不战而下。元璋的看法正好相反，指出直攻大都的危险性，以为元朝建了上百年的都城，防御工事一定很坚固。假定大军孤军深入，前有坚城，后边补给线被切断，元朝的援兵四面八方赶到，进不了，退不得，岂不坏事？不如用斫树的法子，先去枝叶，再挖老根，先取山东，撤掉大都的屏风，回师下河南，断掉它的羽翼，进据潼关，占领了它的门户，军事要点都拿到手了，再进围大都，那时势孤援绝，自然不战可取了。常遇春还是坚持上次直取平江的见解，以为巢穴根本一下，枝干自然不成问题，但没有计较到孤军深入，后方的交通线如何保持，万一被切断了，兵员和粮食的补充便陷入绝境，固然可以侥幸成功，但是太冒险了，非万全之计。元璋的战术是稳扎稳打，步步扩大，占领地和后方连在一起，补给线在自己的兵力控制之

1.《明太祖实录》卷二八，《明史》之《太祖本纪》《何真传》。

下，立于不败之地，确是胜算。诸将都同声说好。[1]

北伐军的统帅部，也经过严密慎重的组织。在平陈友谅以前，诸将直接由元璋亲自指挥，不相统率。有一次打了大胜仗，常遇春把汉的降兵全部杀死，徐达阻止不住，才派定徐达做大将军，节制诸将。这次北伐大军，关系更重大，徐达用兵持重，有纪律，尤其要紧的，是生性小心谨慎，听话服从，靠得住，放得下心，任为征虏大将军，统率全军。常遇春冲锋陷阵，所向无敌，当着百万大军，决不气馁，勇敢先登，任为副将军。元璋担心他健斗轻敌，特别约束告诫，如大敌当前，以遇春做前锋，和参将冯胜分左右翼，将精锐进击。右丞薛显、参政傅友德勇冠诸军，使独当一面。大将军专主中军，责任是决定战略，策励诸将，不可轻动。[2]

元璋再三申明纪律，告谕将士以北伐意义，战争目的不只是略地攻城，重要的是推翻这个坏政府，解除人民痛苦。所经地方和打下的城子，不可乱杀人，不可抢财物，不要毁坏房屋、破损农具，勿杀耕牛，勿掠人子女，如今是堂堂正正的大军了，以前的作风都得改掉。如有收留下的遗弃儿女，父母亲戚来讨，得立刻还，不可勒措，坏了名气。[3]

元璋是懂得宣传的好处的，文字上、口头上的好话有时比刀枪还有力量。要使北方人民明白大军北伐的意义，要解除北方官僚地主对红军的恐惧心理，瓦解元军的军心士气，

1.《明太祖实录》卷二一，《明史》之《徐达传》《常遇春传》，陆深《平胡录》。
2.《明太祖实录》卷二一，高岱《鸿猷录》卷五《北伐中原》。
3.《明太祖实录》卷二一。

火铳石炮没有作用，有用的是宋濂的文章。宋濂奉命写的告北方官吏人民的檄文说：

自古帝王临御天下，皆中国居内以制夷狄，夷狄居外以奉中国，未闻以夷狄居中国治天下者也。自宋祚倾移，元以北狄入主中国，四海内外，罔不臣服，此岂人力，实乃天授。彼时君明臣良，足以纲维天下，然达人志士，尚有冠履倒置之叹。自是以后，元之臣子，不遵祖训，废坏纲常，有如大德废长立幼，泰定以臣弑君，天历以弟鸩兄，至于弟收兄妻，子烝父妾，上下相习，恬不为怪，其于父子君臣夫妇长幼之伦，渎乱甚矣。夫人君者斯民之宗主，朝廷者天下之根本，礼义者御世之大防，其所为如彼，岂可为训于天下后世哉！

及其后嗣沈荒，失君臣之道，又加以宰相专权，宪台报怨，有司毒虐，于是人心离叛，天下兵起，使我中国之民，死者肝脑涂地，生者骨肉不相保，虽因人事所致，实天厌其德而弃之之时也。古云“胡虏无百年之运”，验之今日，信乎不谬。

当此之时，天运循环，中原气盛，亿兆之中，当降生圣人，驱逐胡虏，恢复中华，立纲陈纪，救济斯民。今一纪于兹，未闻有治世安民者，徒使尔等战战兢兢，处于朝秦暮楚之地，诚可矜悯。

方今河、洛、关、陕，虽有数雄，乃忘中国祖宗之姓，反就胡虏禽兽之名，以为美称。假元号以济私，恃有众以要君，凭陵跋扈，遥制朝权，此河洛之徒也。或众少力微，阻兵据险，贿诱名爵，志在养力，以俟衅隙，此关陕之人也。二者其始皆以捕妖人为名，乃得兵权。及妖人已灭，兵权已得，志骄气盈，无复尊主[1]庇民之意，互相吞噬，反为生民之巨害，皆非华夏之主也。

予本淮右布衣，因天下大乱，为众所推，率师渡江，居金陵形势之地，得长江天堑之险，今十有三年。西抵巴蜀，东连沧海，南控闽越，湖湘汉沔，两淮徐邳，皆入版图，奄及南方，尽为我有。民稍安，食稍足，兵稍精，控弦执矢，目视我中原之民，久无所主，深用疚心。予恭承天命[2]，罔敢自安，方欲遣兵北逐群虏，拯生民于涂炭，复汉官之威仪，虑人民未知，反为我仇，挈家北走，陷溺尤深，故先谕告：兵至，人民勿避。予号令严肃，无秋毫之犯，归我者永安于中华，背我者自窜于塞外。盖我中国之民，天必命我中国之人以安之，夷狄何得而治哉！予恐中土久污膻腥，生民扰扰，故率群雄奋力廓清，志在逐胡虏，除暴乱，使民皆得其所，雪中国之耻，尔民其体之。

如蒙古、色目，虽非华夏族类，然同生天地之间，有能知礼义，愿为臣民者，与中夏之人抚养无异。故兹告谕，想宜知悉。[3]

这是元璋幕僚中儒生系统的杰作，代表几千年来儒家的

1.“尊主”一本作“尊元”。
2.《明太祖实录》作“恭天成命”。
3. 宋濂《宋学士文集》,《明太祖实录》卷二一，高岱《鸿猷录·北伐中原》。

正统思想。这篇文字的中心思想有两点：第一是民族革新，特别强调夷夏的分别，特别强调中国应由中国人自己来治理。过去不幸被外族侵入，冠履倒置，现在要“驱逐胡虏，恢复中华”了。这两句响亮动听的口号，比之红军初起时所提出的恢复赵宋政权，已从狭隘地恢复一个已被遗忘的皇家，进而为广泛地恢复民族独立，进步何止千里！以此为号召，自然更能普遍地获得全民的拥护和支持，尤其是打动了儒生士大夫的心。第二是复兴道统，亦即旧有的文化思想的系统之恢复。文中指出“礼义者御世之大防”，也就是说“父子君臣夫妇长幼之伦”“朝廷者天下之根本”是纲是纪，这一套正是儒家的中心思想，也就是多少年来维持统治的金科玉律。大之治国，小之修身，从政治到生活，都套在这一个模子中。蒙古人入主中国，开头君明臣良，还能够纲维天下，中期以后，这模子被破坏了，弄得乱七八糟。如今北伐，目的在“立纲陈纪，救济斯民”，重建旧模子，恢复这个世世相传的传统文化和生活习惯。

这比之红军初起时所宣传的弥勒佛和明王出世的空幻理想世界，已进而为更切实、具体的文化生活习惯的正常化，自然高明得多，能广泛地获得那苦于社会动荡的小民的拥护和支持，更能吸引儒生士大夫的深切同情。

骂元朝，说他破坏传统文化，说他政治贪污腐化，营私毒虐，是个坏政府，上天已经厌弃他了。骂元朝将军，河洛指扩廓帖木儿，扩廓原来是汉人，名王保保，为母舅色目人察罕帖木儿养子，元帝赐以蒙古名，是抬举他算蒙古人的意思。关陕指李思齐等四将军。骂扩廓用外族名字，以夷变夏，跋扈要君。骂李思齐说他制造内乱，不忠于国。这两批有实力的人都要不得，不能做华夏之主。那么，谁应该来治理中国呢？下一段指出当然是出身“淮右布衣”的朱元璋。淮右布衣这一身份，以后极为元璋所喜爱，有时也稍变花样，说成“江左布衣”“淮西布衣”，等等。[1]无论对内对外的诏令文告，有理无理都要插进这一句，成为卖弄成就的口头禅了。

妖人当然是指韩林儿。此地插进这一称呼，等于秃子骂和尚，用意是撇清，告诉北方人民，我在骂妖人，可见我绝非妖人，我说“妖人已灭”，更可见我绝非妖人。你们也许有怕红军的，我并非妖人，你们不必害怕。这说法表白他正面是讲礼义的，不同于元朝，也不同于红军，反面替自己洗刷，勾销了过去十七年来他是红军头目这一事实。

临了，说明要“拯生民于涂炭，复汉官之威仪”，揭出逐虏雪耻的使命。

最后，为了缓和蒙古、色目人的反抗心理，声明只要他们知礼义，加入中国文化系统，也就承认是中国公民，和中国人民一样看待。

前一年讨张士诚的檄文，只是消极地踢开红军，空洞地骂元政府。到这时候，才鲜明地、具体地、积极地提出民族革新的口号和保持传统文化的政纲。这是元璋幕府里儒生群的再次胜利，也是朱元璋的再次转变。

---

1. 读朱元璋的诏令，很难发现有几篇文字没有卖弄他出身“布衣”的。

这一宣传文告的作用，使北方儒生士大夫放心了，因为已经不再是被毁灭的对象了。北方的农民也明白了，吴军之来，是为了恢复秩序，安定生活。官吏们不害怕了，只要投降就可保全。蒙古、色目人也不像以前那样死命作战了，因为檄文说只要愿为臣民，就可得到保护。除了蒙古皇帝和贵族，全被宣传感动了。投降的、放下武器的，以至倒过枪尖来杀鞑子的，一天天加多，北伐军因之得以顺利进军，在很短的时间内，收复已经沦陷了四百三十年的土地，平定西北，统一全国。

北伐军徐达一军由淮入河是主力，征戍将军邓愈由襄阳北略南阳以北州郡是偏师，目的在分散元军兵力。

从军事进展情形看，徐达是按照预定的全盘计划，完美执行，一点没有差失的。这个计划如上文所说，要点是步步推进。第一步，从出师这天算起，到洪武元年（公元1368年）正月，前后三个多月，平定山东。

第二步由山东取河南。一路由南面取归德（今河南商丘）、许州（今河南许昌），和邓愈军会师，抄汴梁（今河南开封）的后路。一路南下，由郓城渡黄河直达陈桥，像两个钳子夹住，汴梁不战而降。进败元军于洛水，河南（今河南洛阳）降，河南全境平定。别将冯胜克潼关，李思齐、张良弼遁走。这是洪武元年三、四两个月间的事。

鲁、豫既定，潼关一军堵住元关中军的出路，三面包围大都的局势已定。五月，元璋亲自到汴梁，大会诸将，重新检讨战局和决定战略。

当北伐军以雷霆万钧之势席卷中原，各地告急的羽书雪片似的飞向大都的时候，元军正忙于内讧，杀声震动大地，政局反复和军权转移，交会错综，缠夹不清。扩廓被解除兵权后，退兵据泽州（今山西晋城），威风一倒，部将关保投向政府。顺帝以为扩廓势孤，诏李思齐等军东出关，和貊（mò）高合军围攻扩廓，令关保以所部戍守太原。扩廓愤极，引军据太原，尽杀朝廷所置官吏。顺帝也急了，下诏书削扩廓在身官爵，令诸军四面讨伐。元璋大军就趁这时机，下山东，取汴梁，元将望风降附，无一人抵抗，无一军堵截，小城降，大城也降，汉官汉将弃城逃走，蒙古、色目官将也弃城逃走，真正是“土崩瓦解”“势如破竹”。

到了潼关失守，貊高、关保又为扩廓所擒杀，顺帝才害怕发急，不好转圜，末了还是把一切过错都算是太子做的，取消抚军院，尽复扩廓官爵，令其和李思齐分道南征。两人也才着慌，正准备调遣军队，整装出发，可是太晚了，北伐军已经向大都推进，挽救不及了。

第三步攻势的目标才是大都。闰七月徐达大会诸将于临清，马步舟师沿运河直上，连下德州、通州。元军连吃败仗，毫无斗志。顺帝怕被俘虏，蹈徽、钦二帝和瀛国公的覆辙，二十八日夜三鼓，率后妃太子逃奔上都（开平，今内蒙古自治区多伦县西北）。[1]八月初二北伐军进入大都，沦陷了四百三十年的名都，到这一天才算光复旧物。从宋太祖到宋

1. 权衡《庚申外史》，《明史・太祖本纪》，《明太祖实录》卷三〇。

神宗以来，没有能够实践的民族愿望，算是达到目的了，历史的错误、污点，算是湔（jiān）雪了。自古以来对北方蛮族的国防线——长城，从这一天起，再度成为中华人民的自卫堡垒了。蒙古政府——成吉思汗后人君临中国的政权，从灭金算起，有一百三十四年，从灭宋算起，有九十年，到这一天，结束了！

元大都虽下，顺帝在上都依然可以发号施令，元军实力依然强大完整。徐达、常遇春移师进取山西、陕西，从洪武元年（公元 1368 年）八月到第二年八月，整整一年，才完成第四步的战果。在这一年内，元军不但坚持抵抗，而且还有力量做几次大规模反攻。在整个北伐战役中，可说是最艰苦的一段。

西征军从河北进入山西南部，扩廓遣将以兵来争泽州，大败西征军，又乘北平（元璋改大都为北平府）空虚，亲出雁门关偷袭。徐达得到情报，也不回救，径率大军直捣扩廓的根本太原。扩廓进军才到半路，回军援救，半夜被袭，不知所措，以十八骑北走，山西平。

洪武二年三月西征军入奉元路（今陕西西安），李思齐逃奔凤翔，又奔临洮，大军进逼，势穷力竭，只好投降。元军又乘虚攻通州，北平无重兵，常遇春、李文忠率步骑九万还救，直捣元上都（开平），元顺帝北逃沙漠，北平也转危为安。遇春暴卒，李文忠领兵会合大军并力西征，大败围攻大同的元军，生擒脱列伯，杀孔兴。顺帝见几次计划都已失败，知道不行了，叹一口气，从此打消了南下反攻的想头，定下心，重新回到他祖宗时幕天席地，跟水草转徙的生活，中国皇帝虽然做不成了，也还是称雄漠北的蒙古可汗。徐达大军继续西进，张良弼逃奔宁夏，为扩廓所执。其弟良臣以庆阳降，不久又反，城破被杀，陕西平定。

李思齐、孔兴、脱列伯、张良弼兄弟，降的降，死的死，元朝大将只剩扩廓帖木儿还拥大兵驻屯宁夏，不时出兵攻掠，边境守军不得安逸。刘基警告元璋说："不可轻看扩廓，此人真是将才。"洪武三年又命大将军徐达总大兵征沙漠，扩廓方围兰州，解围回救，大败奔和林（今蒙古国乌兰巴托西南）。五年，又动员大军分道进攻，到岭北为扩廓所大败。二十五年后元璋想起这次失败，还非常伤心，写信告诫他儿子朱棡、朱棣说："吾用兵一世，指挥诸将，未尝败北，致伤军士。正欲养锐，以观胡变。夫何诸将日请深入沙漠，不免疲兵于和林，此盖轻信无谋，以致伤生数万。"据同时人记载，连同过去几次的损失，合计死亡有四十多万人，元璋竟把责任推给诸将了。其实元璋对扩廓最不放心，曾说："如今天下一家了，尚有三事未了，挂在心头：一件少传国玺，一件王保保未擒，一件元太子无音问。"到洪武八年，扩廓死，西北的守军才得休息，元璋和他的将军们背地里都长出了一口气。[1]

察罕死后，扩廓继掌兵权，元璋曾打发人去通好，七次去信，好说歹说，求通商，求助讨孛罗，求两下互不侵犯，

1.《草木子余录》，权衡《庚申外史》，《明史・扩廓帖木儿传》，钱谦益《国初群雄事略》卷九。

各守封疆，送锦绮纱罗，送马匹，吊丧，问候，全做到了，使者都被扣留，也不回信。扩廓孤军出塞以后，家属被俘，又使人送信去劝降，娶他妹子做第二子秦王妃，还是不理。最后派李思齐去，见面时扩廓以礼相待，辞回时还派骑士送到交界地方，正要分别，骑士说："奉总兵令，请留一点东西做纪念。"思齐答:"我为公差远来,无以留赠。"骑士直说:"我要你的一只手臂。"思齐知不可免，只好砍掉一只手臂，回来后不几天就死了。[1] 元璋以此益发心敬扩廓，一天大会诸将，问道："我朝谁为奇男子？"都说："常遇春将不过万人，横行无敌，真奇男子。"元璋笑说："遇春虽然是人杰，我还可以臣服他。可是王保保就绝不肯，这人才是奇男子！"[2]

北方平定，洪武四年正月出兵伐夏。汤和为征西将军，周德兴、廖永忠为副将军，率舟师由瞿塘攻重庆；傅友德为征虏前将军，顾时为副将军，率步骑由秦陇取成都。

明玉珍，随州人。农人出身，身长八尺，目重瞳，性刚直，为乡里所服。徐寿辉起兵，玉珍招集乡人，结塞栅以保乡里，被推作屯长，寿辉使人招降，不得已加入红军，做统兵征虏大元帅。据蜀称帝后，保境安民，礼聘名士，专务节俭，开进士科，求雅乐，赋税十分取一，下令去释道二教，只奉弥勒，普遍建立弥勒佛堂。天下大乱，四川独能休兵息民，百姓安居乐业。在位五年，死时才三十六岁。子明升以十岁孩子继位，

1. 俞本《皇明纪事录》,《明史·扩廓帖木儿传》。
2. 姚福《青溪暇笔》,《明史·扩廓帖木儿传》。

诸将争权，互相残杀，大权旁落，国势日渐衰弱。[1]

夏国见大军压境，倚仗瞿塘天险，以铁索横断关口，凿两岸石壁，引绳做飞桥，以木板置炮石、木杆、铁铳，两岸置炮，层层布防，以为舟师绝不能过。汤和水军果然被阻，三个月不能前进一步。

夏人把重兵都配置在东线，北边防务空虚，傅友德趁机南下，连据名城，以克复城池日子写木牌，投在汉江。廖永忠得到消息，从间道绕过敌后，两面夹攻，断飞桥，烧铁索，水陆并进。夏兵抵挡不住，明升乞降。傅友德进攻成都，成都知重庆已失，也降。十月汤和等全定川蜀郡县，夏亡。[2]

陈友谅的儿子陈理和明升，后来一起被送到高丽去住，两家子孙到明朝中期还有人看到过。[3]

1.《明太祖实录》卷一六。

2.《明史・明玉珍传》，钱谦益《国初群雄事略》卷五。

3. 朝鲜《李朝实录》。

第四章　大皇帝的统治术

一　大明帝国和明教

吴元年（元至正二十七年，公元 1367 年）十二月，朱元璋的北伐大军已平定山东，南征军已降方国珍，移军福建，水陆两路都势如破竹。一片捷报声使应天的文武臣僚欢天喜地，估量军力、人事和元政府的无能腐败，加上元朝将军疯狂的内讧，荡平全国已经是算得出日子的事情了。苦战了十几年，为的是什么？无非是为做大官，拜大爵位，封妻荫子，大庄园，好奴仆，数不尽的金银钱钞，用不完的锦绮绸罗，风风光光，体体面面，舒舒服服过日子，如今这个日子来了。吴王要是升一级做皇帝，王府臣僚自然也进一等做帝国将相了。朱元璋听了朱升的话，“缓称王”，好容易熬了这多年才称王，称呼从主公改成殿下，如今眼见得一统在望，再也熬不住了，立刻要过皇帝瘾。真是同心一意，在前方砍杀声中，应天的君臣在商量化家为国的大典。

自然，主意虽然打定，自古以来做皇帝的一套形式，还是得照样搬演一下。照规矩，是臣下劝进三次，主公推让三次，文章都是刻板的滥调，于是，文班首长中书省左丞相宣国公李善长率文武百官奉表劝进："开基创业，既宏盛世之舆图，应天顺人，宜正大君之宝位……既膺在躬之历数，必当临御于宸居，伏冀俯从众请，早定尊称。"不用三推三让，只一劝便答应了。十天后，朱元璋搬进新盖的宫殿，把要做皇帝的意思，祭告于上帝皇祇说："惟我中国人民之君，自宋运告终，帝命真人于沙漠，入中国为天下主，其君臣父子及孙百有余年，今运亦终。其天下土地人民，豪杰分争。惟臣帝赐英贤，为臣之辅，遂戡定诸雄，息民于田野。今地周回二万里广，诸臣下皆曰生民无主，必欲推尊帝号，臣不敢辞,亦不敢不告上帝皇祇。是用明年正月四日于钟山之阳，设坛备仪，昭告帝祇，惟简在帝心。如臣可为生民主，告祭之日，帝祇来临，天朗气清。如臣不可，至日当烈风异景，使臣知之。"[1]

即位礼仪也决定了，这一天先告祀天地，再即皇帝位于南郊，丞相率百官以下和都民耆老拜贺舞蹈，连呼万岁三声。礼成，具皇帝卤簿威仪导从，到太庙追尊四代祖父母、父母都为皇帝皇后，再祭告社稷。于是皇帝服衮冕，在奉天殿受百官贺。天地社稷、祖先百官和都民耆老都承认了，朱元璋成为合法的皇帝。

皇帝的正殿命名为奉天殿，皇帝诏书的开头也规定为奉天承运。原来元时皇帝白话诏书的开头是"长生天气力里，

1.《明太祖实录》卷二四。

大福荫护助里”，文言译作“上天眷命”，朱元璋以为这口气不够谦卑奉顺，改作奉作承，为“奉天承运”，表示他的一切行动都是奉天而行的，他的皇朝是承方兴之运的，谁能反抗天命？谁又敢于违逆兴运？

洪武元年正月初四，朱元璋和文武臣僚照规定的礼仪节目，逐一搬演完了，定天下之号曰大明，建元洪武，以应天为京师。去年年底，接连下雨落雪，阴沉沉的天气，到大年初一雪停了，第二天天气更好，到行礼这一天，竟是大太阳，极好的天气，元璋才放了心。回宫时忽然想起陈友谅采石矶的故事，做皇帝这样一桩大事，连日子也不挑一个，闹得拖泥带水，衣冠污损，不成体统，实在好笑，怪不得他没有好下场。接着又想起这日子是刘基拣的，真不错，开头就好，将来会更好，子子孙孙都会好，越想越喜欢，不由得在玉辂里笑出声来。

奉天殿受贺后，立妃马氏为皇后，世子标为皇太子，以李善长、徐达为左右丞相，各文武功臣也都加官晋爵。皇族不管死的活的，全部封王。一霎时闹闹嚷嚷，欣欣喜喜，新朝廷上下充满了蓬勃的气象，新京师里添了几千家新贵族，历史上也出现了一个新朝代。[1]

皇族和其他家族组织成功一个新统治集团，代表这集团执行统治的机构是朝廷，这朝廷是为朱家皇朝服务的，朱家皇朝的建立者朱元璋，给他的皇朝起的名号是大明。

1.《明太祖实录》卷二五。

大明这一朝代名号的决定，事前曾经过长期的考虑。

历史上的朝代称号，都有其特殊的意义。大体上可以分作四类：第一类用初起时的地名，如秦，如汉。第二类用所封的爵邑，如隋，如唐。第三类用特殊的物产，如辽（镔铁），如金。第四类用文字的含义，如大真、大元。[1]大明不是地名，也不是爵邑，更非物产，应该归到第四类。

大明这一国号出于明教。明教有明王出世的传说，主要的经典有《大小明王出世经》。经过了五百多年公开的、秘密的传播，明王出世成为民间所熟知、所深信的预言。这传说又和佛教的弥勒降生说混淆了，弥勒佛和明王成为二位一体的人民救主。韩山童自称明王起事，败死后，他的儿子韩林儿继称小明王，西系红军别支的明升也称小明王。朱元璋原来是小明王的部将，害死小明王，继之而起，国号也称大明。[2]据说是刘基提出的主意。[3]

朱元璋部下分红军和儒生两个系统，这一国号的采用，使两方面人都感觉满意。就红军方面说，大多数都起自淮西，受了彭莹玉的教化，其余的不是郭子兴的部属，就是小明王的余党、天完和汉的降将，总之，都是明教徒。国号大明，第一，表示新政权还是继承小明王这一系统，所有明教徒都是一家人，应该团结在一起，共享富贵；第二，告诉人“明王”

1. 赵翼《廿二史札记》卷二九《元建国号始用文义》条。

2. 孙宜《洞庭集·大明初略四》："国号大明，承林儿小明号也。"《清华学报》卅周年纪念号吴晗《明教与大明帝国》。

3. 祝允明《野记》卷一。

在此，不必痴心妄想，再搞这一套花样子；第三，使人民安心，本本分分来享受明王治下的和平合理生活。就儒生方面说，固然和明教无渊源，和红军处于敌对地位，用尽心机，劝诱朱元璋背叛明教，遗弃红军，暗杀小明王，另建新朝代，可是，对于这一国号，却用儒家的看法去解释。“明”是光亮的意思，是火，分开是日月，古礼有祀“大明”朝日夕月的说法，千百年来“大明”和日月都算是朝廷的正祀，无论是列作郊祭或特祭，都为历代皇家所看重、儒生所乐于讨论的。而且，新朝是起于南方的，和以前各朝从北方起事平定南方的恰好相反。拿阴阳五行之说来推论，南方为火，为阳，神是祝融，颜色赤，北方是水，属阴，神是玄冥，颜色黑，元朝建都北平，起自更北的蒙古大漠，那么，以火制水，以阳消阴，以明克暗，不是恰好？再则，历史上的宫殿名称有大明宫、大明殿，古神话里，“朱明”一名词把国姓和国号连在一起，尤为巧合。因此，儒生这一系统也赞成用这国号。一些人是从明教教义，一些人是从儒家经说，都以为合适、对劲。[1]

元朝末年二十年的混战，宣传标榜的是“明王出世”，是“弥勒降生”的预言。朱元璋是深深明白这类预言、这类秘密组织的意义的。他自己从这一套得到机会和成功，成为新兴的统治者，要把这份产业永远保持下去，传之子孙，再也不愿意、不许别的人也来耍这一套，危害治权。而且，“大明”已经成为国号了，也应该保持它的尊严。为了这，建国

1. 吴晗《明教与大明帝国》。

的第一年就用诏书禁止一切邪教，尤其是白莲社、大明教和弥勒教。接着把这禁令正式公布为法律，《大明律·礼律》“禁止师巫邪术”条规定：“凡师巫假降邪神，书符咒水，扶鸾祷圣，自号端公、太保、师婆，妄称弥勒佛、白莲社、明尊教、白云宗等会，一应左道乱正之术，或隐藏图像，烧香集众，夜聚晓散，佯修善事，扇惑人民，为首者绞，为从者各杖一百，流三千里。”句解：“端公、太保，降神之男子；师婆，降神之妇人。白莲社如昔远公修净土之教，今奉弥勒佛十八龙天持斋念佛者。明尊教谓男子修行斋戒，奉牟尼光佛教法者。白云宗等会，盖谓释氏支流派分七十二家，白云持一宗如黄梅、曹溪之类也。”明尊教即明教，牟尼光佛即摩尼。

《昭代王章》条例：“左道惑众之人，或烧香集徒，夜聚晓散，为从者及称为善友，求讨布施，至十人以上，事发，属军卫者俱发边卫充军，属有司者发口外为民。”善友也正是明教教友称号的一种。

招判枢机定师巫邪术罪款说：“有等捏怪之徒，罔顾明时之法，乃敢立白莲社，自号端公，拭清风刀，人呼太保。尝云能用五雷，能集方神，得先天，知后世，凡所以煽惑人心者千形万状，小则人迷而忘亲忘家，大即心惑而丧心丧志，甚至聚集成党，集党成祸，不测之变，种种立见者，其害不可胜言也。”[1] 何等可怕，不禁怎么行？温州、泉州的大明教，从南宋以来就根深蒂固地流传在民间，到明初还“造饰殿堂

1. 以上并据“玄览堂丛书”本《昭代王章》。

甚侈，民之无业者咸归之”。因为名犯国号，教堂被毁，教产被没收，教徒被逐归农。[1]甚至宋元以来的明州，也改名为宁波。[2]明教徒在严刑压制之下，只好再改换名称，藏形匿影，暗地里活动，成为民间的秘密组织了。

事实是，法律的条款和制裁，并不能，也不可能阻止人民对政治的失望。朱元璋虽然建立了大明帝国，并没有替人民解除痛苦，改善生活，故二十年后，弥勒教仍在农村里传播，尤其是江西。朱元璋在洪武十九年年底告诫人民说：“元政不纲，天将更其运祚，而愚民好作乱者兴焉。初本数人，其余愚者闻此风而思为之，合共谋倡乱。是等之家，吾亲目睹……秦之陈胜、吴广，汉之黄巾，隋之杨玄感、僧向海明，唐之王仙芝，宋之王则等辈，皆系造言倡乱者，致干戈横作，物命损伤者既多。比其事成也，天不与首乱者，殃归首乱，福在殿兴。今江西有等愚民，妻不谏夫，夫不戒前人所失，夫妇愚于家，反教子孙，一概念诵南无弥勒尊佛，以为六字，又欲造祸，以殃乡里……今后良民凡有六字者即时烧毁，毋存毋奉，永保己安，良民戒之哉！”特别指出凡是造言首事的都没有好下场，“殃归首乱”，只有自己是跟从的，所以“福在殿兴”。劝人民不要首事肇祸，脱离弥勒教，翻来覆去地说，甚至不惜拿自己做例证，可以看出当时民间对现实政治的不满意和渴望光明的情形。

---

1. 宋濂《芝园续集》卷四《故岐宁卫经历熊府君墓铭》，何乔远《闽书》卷七《方域志》。
2. 吕毖《明朝小史》卷二。

政府对明教的压迫虽然十分严厉，小明王在西北的余党却仍然很活跃。从洪武初年（公元 1368 年）到永乐七年（公元 1409 年）四十多年间，王金刚奴自称四天王，在沔县西黑山天池平等处，以佛法惑众，其党田九成自称后明皇帝，年号还是龙凤，高福兴自称弥勒佛，帝号和年号都直承小明王，根本不承认这个新兴的朝代。前后攻破屯寨，杀死官军。[1] 同时西系红军的根据地蕲州，永乐四年“妖僧守座聚男女，立白莲社，毁形断指，假神扇惑”被杀。永乐七年在湘潭，十六年在保定新城县，都曾爆发弥勒佛之乱。[2] 以后一直下来，白莲教、明教的教徒在不同时期、不同地点传播以至起义，可以说是史不绝书。虽然都被优势的武力所平定了，也可以看出这时代，人民对政府的看法和愤怒的程度。[3]

1.《明成祖实录》卷九〇，沈德符《野获编》卷二九《再僭龙凤年号》。

2.《明成祖实录》卷五六、九六、二〇〇。

3. 本节参看吴晗《明教与大明帝国》。

二　农民被出卖了！

朱元璋经过二十几年的现实教育，在流浪生活中，在军营里，在作战时，在后方，随处学习，随时训练自己，更事事听人劝告，征求专家的意见。他在近代史上，不但是一个以屠杀著名的军事统帅，也是一个最阴险残酷的政治家。

他的政治才能，表现在所奠定的帝国规模上。

在红军初起时，标榜复宋，韩林儿诈称是宋徽宗的子孙，固然可以暂时地产生政治刺激作用，可是这时距宋朝灭亡已经七十年了，宋朝的遗民故老死亡已尽，七十年后的人民对历史上的皇朝，对一个被屈辱的家族，并不感觉到亲切、怀念、依恋。而且，韩家父子是著名的白莲教世家，突然变成赵家子孙，谁都知道是冒牌，真的都不见得有人理会，何况是假货？

到朱元璋北伐时，严正地提出民族独立自主的新号召，汉人应该由汉人自己治理，应该用自己的方式生活，保存原有的文化系统，这一崭新的主张，博得全民族的热烈拥护，瓦解了元朝治下汉官汉兵的敌对心理。在檄文中，更进一步提出，蒙古、色目人只要参加这一文化系统，就一体保护，认其为皇朝的子民。这一举措，不但降低了敌人的抵抗和挣扎行为，并且也吸引过来一部分敌人，化敌为友。到开国以后，这同化的主张仍然被尊为国策，对于参加华族文化集团的外族，并不歧视，蒙古、色目的官吏和汉人同样登用，在朝廷有做到尚书、侍郎大官的，地方做知府、知县，一样临民办事。[1]在军队里更多，甚至在亲军中也有蒙古军队和军官。[2]由政府编制勘合（合同文书），给赐汉人姓名，和汉人一无分别。[3]婚姻则制定法令，准许和汉人通婚，务必要两厢情愿，如汉人不愿，许其同族自相嫁娶。[4]这样，蒙古、色目人陶育融洽，几代以后，都同化为中华民族的成员了。内中有十几家军人世家，替明朝立下不可磨灭的功绩。对于塞外的外族，则继承元朝的抚育政策，告诉他们新朝仍和前朝一样，尽保护提携的责任，各安生理，不要害怕。

相反的，下诏书恢复人民的衣冠，如唐朝的式样；蒙古人留下的习俗，辫发、椎髻、胡服（男子着裤褶窄袖及辫线腰褶，妇女衣窄袖短衣，下服裙裳）、胡语、胡姓一切禁止。[5]蒙古习俗丧葬作乐娱尸，礼仪官品座位以右手为尊贵，也逐一改正。[6]复汉官之威仪，参酌古代礼经和事实需要，规定了

1.《明太祖实录》卷一九九、二〇二，《明史》卷一三八《周祯传》、卷一四〇《道同传》。
2.《明太祖实录》卷七一、一九〇。
3.《明太祖实录》卷五〇，《明成祖实录》卷三三。
4.《大明律》卷六《户律》。
5.《明太祖实录卷》三〇。
6.《明史·太祖本纪》。

各阶层的生活服用、房舍、舆从种种规范和标准，使人民有所遵守。

红军之起，最主要的目的是要实现经济的、政治的、民族的地位平等。在民族方面说，大明帝国的建立已经使汉族成为统治民族，有压迫少数民族的特权，而无被异族压迫的痛苦了。可是，在经济政治方面，虽然推翻了异族对汉族的特权，但就中华民族本身而说，地主对农民的剥削压迫特权，并没有因为胡人的被逐走而有所改变。

元末的农民，大部分参加红军，破坏旧秩序和旧的统治机构。地主的利益恰好相反，他们要保全自己的生命财产，就不能不维持旧秩序，就不能不拥护旧政权。在战争爆发之后，地主们用全力来组织私军，称为民军或义军，建立堡寨，抵抗农民的袭击。这一集团的组成分子，包括现任和退休的官吏、乡绅、儒生和军人，总之，都是丰衣足食、面团团的地主阶层人物。这些人受过教育，有知识，有组织能力，在地方有号召的威望。虽然各地方的地主各自作战，没有统一的指挥和作战计划，战斗力量也有大小强弱之不同，却不可否认是一个比元朝军队更为壮大、更为顽强的力量。他们绝不能和红军妥协，也不和打家劫舍的草寇或割据一隅的群雄合作。可是，等到有一个新政权建立，而这一个新政权是有足够的力量保护地主利益、维持地方秩序的时候，也就毫不犹豫地拥戴这一属于他们自己的新政权了。[1] 同时，新朝廷的

1.《清华学报》十一卷二期吴晗《元帝国之崩溃与明之建国五》。

一批新兴贵族、官僚，也因劳绩获得大量土地，成为新的地主。（洪武四年十月的公侯佃户统计，六国公二十八侯，凡佃户三万八千一百九十四户。）[1] 新政府对这两种地主的利益，是不敢不，也不能不特别尊重的。这样，农民的生活问题，农民的困苦，就被搁在一边，无人理睬了。

朱元璋和大部分臣僚都是农民出身的，过去曾亲身受过地主的剥削和压迫。但在变革的过程中，本身的武装力量不够强大，眼看着小明王是被察罕帖木儿、李思齐和孛罗帖木儿两支地主军打垮了的，为了要成事业，不能不低头赔小心，争取地主们的人力、财力的合作。又恨又怕，在朱元璋的心坎里，造成了微妙的、矛盾的、敌对的心理，产生了对旧地主的两面政策。

正面是利用有学识、有社会声望的地主，任命为各级官吏和民间征收租粮的政府代理人，建立他的官僚机构。原来经过元末多年的战争，学校停顿，人才缺乏，将军们会打仗，不会做办文墨的事务官。有些读书人，怕朱元璋的残暴、侮辱，百般逃避，抵死不肯做官，饶是立了“士人不为君用”就要杀头的条款，还是逼不出够用的人才。没奈何只好拣一批合用的地主，叫作税户人才，任为地方县令长、知州、知府、布政使，以至朝廷的九卿。另外，因为地主熟悉地方情形，收粮和运粮都比地方官经手方便且省事，而且可以省去一层中饱，乃规定每一收粮万石的地方，派纳粮最多的大地主四

1.《明太祖实录》卷六八。

人做粮长，管理本区的租粮收运。这样，旧地主做官、做粮长，加上新贵族新官僚的新地主，构成了新的统治集团。[1]

反面则用残酷的手段，消除不肯合作的旧地主。一种惯用的方法是强迫迁徙，使地主离开原有土地，集中到濠州、京师（今江苏南京）、山东、山西等处，釜底抽薪，根本削除了他们在地方的势力。另一种是用苛刑诛灭，假借种种政治案件，株连牵及，一网打尽，灭门抄家。洪武朝的几桩大案，如胡惟庸案、蓝玉案、空印案，屠杀了几万家，不用说了，甚至地方上一个皂隶的逃亡，就屠杀抄没了几百家。洪武十九年朱元璋公布这案子说："民之顽者，莫甚于溧阳、广德、建平、宜兴、安吉、长兴、归安、德清、崇德蒋士鲁等三百七户。且如潘富系溧阳县皂隶，教唆官长贪赃枉法，自己挟势持权，科民荆杖。朕遣人按治，潘富在逃，自溧阳节次递送至崇德豪民赵真胜奴家。追者回奏，将豪民赵真胜奴并二百余家尽行抄没，持杖者尽皆诛戮，沿途节次递送者一百七十户，尽行枭令，抄没其家。"[2]豪民尽皆诛戮，抄没的田产当然归官，再由皇帝赏赐给新贵族、新官僚，用屠杀的手段加速度改变土地的持有人。据可信的史料，三十多年中，浙东浙西的故家巨室几乎到了被肃清的地步。[3]

为了增加政府的收入，实现财力和人力的充分利用，朱元璋用二十年的工夫，大规模举行土地丈量和人口普查，

1.《云南大学学报》第二期吴晗《明代之粮长及其他》。
2.《大诰三编·递送潘富第十八》。
3. 吴晗《明代之粮长及其他》。

六百年来若干朝代、若干政治家所不能做到的事情，算是划时代地完成了。丈量土地的原因，是因为过去六百年没有实地普遍调查，土地簿籍和实际情形完全不符合，而且连不符合的簿籍大部分都已丧失，半数以上的土地不在簿籍上，逃避政府租税；半数的土地面积和负担轻重不一样，极不公平。地主的负担转嫁给贫农，土地越多的交租越少，土地越少的交租越多，由之，富的愈富，穷的更穷。经过实际丈量以后，所有过去逃税的土地登记完粮。全国土地，记载田亩面积方圆，编列字号和田主姓名，制成文册，名为鱼鳞图册。政府据以定赋税标准。洪武二十六年（公元 1393 年），全国水田总数八百五十万七千六百二十三顷，[1] 夏秋二税收麦四百七十余万石，米二千四百七十余万石，和元代全国岁入粮数一千二百十一万四千七百余石比较，增加了一倍半。[2]

人口普查的结果，编定了赋役黄册，把户口编成里甲，以一百一十户为一里，推丁粮多的地主十户做里长，余百户为十甲，每甲十户，设一甲首。每年以里长一人甲首一人，管一里一甲之事，先后次序根据丁粮多少，每甲轮值一年。十甲在十年内先后轮流为政府服义务劳役。一甲服役一年，有九年的休息。每隔十年，地方官以丁粮增减重新编定黄册，使之合乎实际。洪武二十六年统计，全国有户一千六百五万二千六百八十，口

1.《明史·食货志一·田制》。

2.《明史·食货志二·赋役》。《明太祖实录》卷二三〇计作“粮储三千二百七十八万九千八百余石”。《元史》卷九三《食货志·税粮》。

六千五十四万五千八百十二。[1]比之元朝极盛时期——世祖时期的户口，户一千一百六十三万三千二百八十一，口五千三百六十五万四千三百三十七，[2]户增加了四百四十万，口增加了七百万。

表面上，派大批官吏核实全国田土，定其赋税，详细记载原坂、坟衍、下隰（xí）、沃瘠、沙卤的区别，凡置卖田土，必须到官府登记税粮科则，免去贫民产去税存的弊端；十年一次的劳役，轮流休息，又似乎是替一般穷人着想的。其实，穷人是得不到好处的，因为执行丈量的是地主，征收租粮的还是地主，里长甲首依然是地主，地主是绝不会照顾小自耕农和佃农的利益的。而且，愈是大地主，愈有机会让子弟受到教育，通过科举成为官僚绅士，官僚绅士享有非法的逃避租税、合法的免役之权。

前一例子，朱元璋说得很明白："民间洒派、包荒、诡寄、移丘、换段，这等俱是奸顽豪富之家，将次没福受用财富田产，以自己科差洒派细民。境内本无积年荒田，此等豪猾，买嘱贪官污吏，及造册书算人等……当科粮之际，作包荒名色，征纳小户。书算手受财，将田洒派，移丘换段，作诡寄名色，以此靠损小民。"[3]

1.《明史·食货志·户口》。《明太祖实录》卷二一四："洪武二十四年十二月，天下郡县更造赋役黄册成，计人户一千六十八万四千四百三十五，口五千六百七十七万四千五百六十一。"

2.《元史》卷九三《食货志·农桑》。

3.《大诰续编·洒派包荒第四五》。

后一例子，洪武十年（公元1377年）朱元璋告诉中书省官员："食禄之家，与庶民贵贱有等，趋事执役以奉上者，庶民之事也。若贤人君子，既贵其身，而复役其家，则君人野人无所分别，非劝士待贤之道。自今百司见任官员之家，有田土者，输租税外，悉免其徭役，著为令。"[1]不但见任官，乡绅也享受这特权。洪武十二年又著令："自今内外官致仕还乡者，复其家终身无所与。"[2]连在学的学生、生员之家，除本身外，户内也优免二丁差役。[3]这样，现任官、乡绅、生员都逃避租税，豁免差役，完粮当差的义务，便完全落在自耕农和贫农的身上了。他们不但出自己的一份，连官僚绅士地主的一份，也得一并承当下来。统治集团所享受的特权，造成了更激烈的加速度的兼并，土地愈集中，人民的负担愈重，生活愈困苦。这负担据朱元璋说是"分"，即应尽的义务，洪武十五年他叫户部出榜晓谕两浙江西之民说："为吾民者当知其分，田赋力役出以供上者，乃其分也。能安其分，则保父母妻子，家昌身裕，斯为忠孝仁义之民。"不然呢？"则不但国法不容，天道亦不容矣！"应该像"中原之民，惟知应役输租，无负官府"。只有如此，才能"上下相安，风俗淳美，共享太平之福！"[4]

里甲的组织，除了精密动员人力以外，最主要的任务是

1.《明太祖实录》卷一一一。
2.《明太祖实录》卷一二六。
3. 张居正《张太岳集》卷三九《请申旧章饬学政以振兴人才疏》。
4.《明太祖实录》卷一五〇。

布置全国性的特务网，严密监视并逮捕危害统治的人物。

朱元璋发展了古代的传、过所、公凭这一套制度，制定了路引（通行证或身份证）。法律规定："凡军民人等往来，但出百里即验文引。如无文引，必须擒拿送官。仍许诸人首告，得实者赏，纵容者同罪。天下要冲去处，设立巡检司，专一盘诘往来奸细及贩卖私盐犯人、逃囚、无引面生可疑之人。"[1]处刑的办法："凡无文引，私度关津者杖八十。若关不由门，津不由渡而越度者杖九十。若越度缘边关塞者，杖一百，徒三年；因而出外境者绞。"军民的分别："若军民出百里之外不给引者，军以逃军论，民以私度关津论。"[2]这制度把人民的行动范围，用无形的铜墙铁壁严密圈禁。路引是要向地方官请领的，请不到的，便被禁锢在生长的土地上，行动不能出百里之外。

要钳制监视全国人民，光靠巡检司是不够的，里甲于是被赋予了辅助巡检司的任务。朱元璋在洪武十九年手令"要人民互相知丁"，知丁是监视的意思。

诰出，凡民邻里互相知丁。互知务业，俱在里甲，县府州务必周知。市村绝不许有逸夫。若或异四业而从释道者，户下除名。凡有夫丁，除公占外，余皆四业，必然有效。

一、知丁之法：某民丁几，受农业者几，受士业者几，

1.《弘治大明会典》卷一一三。

2. 民律十五兵律。

受工业者几，受商业者几。且欲士者志于士，进学之时，师友某氏，习有所在，非社学则入县学，非县必州府之学，此其所以知士丁之所在。已成之士为未成士之师，邻里必知生徒之所在。庶几出入可验，无异为也。

二、农业者不出一里之间，朝出暮入，作息之道互知焉。

三、专工之业，远行则引明所在，用工州里，往必知方。巨细作为，邻里采知。巨者归迟，细者归疾，出入不难见也。

四、商：本有巨微，货有重轻，所趋远近水陆，明于引间。归期艰限，其业邻里务必周知。若或经年无信，二载不归，邻里当觉(报告)之询故。本户若或托商在外非为，邻里勿干。

逸夫指的是无业的危险分子。如不执行这命令：

一里之间，百户之内，仍有逸夫，里甲坐视，邻里亲戚不拿，其逸夫或于公门中，或在市闾里，有犯非为，捕获到官，逸夫处死，里甲四邻化外之迁，的不虚示。[1]

又说：

此诰一出，自京为始，遍布天下。一切臣民，朝出暮入，务必从容验丁。市井人民，舍客之际，辨人生理，验人引目。生理是其本业，引目相符而无异，犹恐托业为名，暗有他为。

1.《大诰续编·互知丁业第三》。

虽然业与引合，又识重轻巨微贵贱，倘有轻重不伦，所赍微细，必假此而他故也，良民察焉。[1]

异为，非为，他为，他故，都是法律术语，即不轨、不法的意思。前一手令是里甲邻里的连坐法，后一手令是旅馆检查规程，再三叮咛训示，把里甲和路引制度关联成为一体，不但圈禁人民在百里内，而且用法律、用手令强迫每一个人都成为政府的代表，执行调查、监视、告密、访问、逮捕的使命。[2]

1.《大诰续编·辨验丁引第四》。

2.《中国建设》月刊五卷四期吴晗《传·过所·路引的历史》。

三　新官僚养成所

专制独裁的君主，用以维持和巩固皇权的两套法宝，一是军队，二是官僚机构。用武力镇压，用公文统治，皇权假如是车子，军队和官僚便是两个车轮，缺一不可。

朱元璋从亲兵爬到宋朝的丞相国公，做吴王，一直做到皇帝，本来是靠武力起的家，有的是军队，再加上刘基的组织方案——军卫法，一个轮子有了。

另一个轮子可有点麻烦，从朝廷到地方，从部院省寺府监到州县，各级官僚十几万人，白手起家的朱元璋，从哪儿去找这么些听话的、忠心的、能干的文人？

用元朝的旧官僚吧？经过二十年战争的淘汰，生存的为数已不甚多，会办事有才力的一批，早已来投效了。不肯来的，放下脸色一吓唬，说是："您不来，敢情在打别的主意？"[1]也不敢不来。剩下的不是贪官污吏，便是老朽昏庸；不是眷

1.《明史》卷二八五《张以宁传》附《秦裕伯传》。

怀旧国的恩宠，北迁沙漠，[1]便是厌恶新朝的暴发户派头，恐惧新朝的屠杀侮辱，遁迹江湖，埋名市井。[2]尽管新朝用尽了心机，软说硬拉，要凑齐这个大班子，人数还差得太远。

第二想到的是元朝的吏。元朝是以吏治国的。从元世祖以后，甚至执政大臣也用吏来充当，造成风气。[3]朱元璋深知法令愈繁冗，条格愈详备，一般人不会办，甚至不能懂，吏就愈方便舞文弄弊，闹成吏治代替了官治，代替了君治，这是万万要不得的。[4]

第三只好起用没有做过官的读书人了。读书人当然想做官，可是也有顾忌。顾忌的是失身份："海岱初云扰，荆蛮遂土崩。王公甘久辱，奴仆尽同升。"[5]和奴仆同升也许还不大要紧，要紧的是这个政权还不大巩固，对内未统一；对外，北边蒙古还保有强大力量。顾忌的是这个政权是淮帮，大官位都给淮人占完了："两河兵合尽红巾，岂有桃源可避秦？马上短衣多楚客，城中高髻半淮人。"[6]更顾忌的是恐怖的屠杀凌辱，做官一有差跌，不是枭首种诛，便是戴斩罪镣足办事，"以鞭笞捶楚为寻常之辱，以屯田工役为必获之罪"。[7]不是

1.《明史》卷一二四《扩廓帖木儿传》附《蔡子英传》,《明太祖实录》卷一一〇。
2.《明史》卷二八五《杨维桢传》《丁鹤年传》。
3. 余阙《青阳先生文集》卷四《杨君显民诗集序》。
4.《明太祖实录》卷二六、一二六。
5. 贝琼《清江贝先生诗集》卷八《黄湾述怀二十二韵寄钱思复》。
6.《清江贝先生诗集》卷五《秋思》。
7.《明史》卷一三九《叶伯巨传》。

不得已，又谁敢做官？

第四是任用地主做官，称为荐举。有富户、耆民、孝弟力田、税户人才（纳粮最多的大地主）等名目。有一出来便做朝廷和地方的大官的，最多的一次到过三千七百多人。[1]可是，还不够用，而且，这些地主官僚的作风，也不完全适合新朝统治的需要。

旧的人才不够用，只好想法培养新的了。朱元璋决心用自己的方法，新造一个轮子——国子监，来训练大量的新官僚。

国子监的教职员，从祭酒（校长）、司业、博士、助教、学正到监丞，都是朝廷命官，任免都出于吏部，国子监官到监是上任做官，学校是学校官的衙门。政治和教育一体，官僚和师儒一体。祭酒虽然是衙门首长，“严立规矩，表率属官”，但是，并无聘任教员之权，因为一切教职员都是吏部派的。监丞品位虽低，却参领监事，凡教官怠于师训，生员有戾规矩，课业不精，并从纠举。不但管学生规矩课业，还兼管教员教课成绩。办公处叫绳愆（qiān）厅，特备有行扑红凳二条，拨有直厅皂隶二名，“扑作教刑”，刑具是竹篦，皂隶是行刑人，红凳是让学生伏着挨打的。照规定，监丞立集愆册一本，各堂生员敢有不遵学规，即便究治。初犯记录（记过），再犯决竹篦五下，三犯决竹篦十下，四犯发遣安置（开除，充军，罚充吏役）。监丞对学生，不但有处罚权，而且有执行刑讯

1.《明史》卷七一《选举志》。

之权，学校、法庭、刑场合而为一。当然，判决和执行都是片面的，学生绝对没有辩解申说和要求上诉的权利。[1]膳夫由朝廷拨死囚充役，如三遍不听使令，即处斩刑，学校又变作死囚的苦工场了。[2]

学校的教职员全是官，学生呢？来源有两类，一类是官生，一类是民生。官生又分两等，一等是品官子弟，一等是外夷子弟（包括日本、琉球、暹罗和西南土司子弟）。官生是由皇帝指派分发的，民生是由各地地方官保送府州县学的生员。[3]原来立学的目的，是为了训练官生如何去执行统治，名额是一百五十名，民生只占五十名。[4]后来官生入学的日少，民生依法保送的日多，以洪武二十六年（公元1393年）的在学人数为例，总数八千一百二十四名，里面官生只有四名。国子监已经失去原来的用意，成为广泛训练民生做官的机构了。

功课内容分《御制大诰》《大明律令》、四书五经、刘向《说苑》等书。[5]最重要的是《大诰》。《大诰》是朱元璋自己写的，还有《续编》《三编》《大诰武臣》，一共四册。

主要的内容是列举所杀官民罪状，使官民知所警戒，和教人民守本分、纳田租，出夫役，老老实实听朝廷当差的训

1. 黄佐《南雍志》卷九《学规本末》。
2. 黄佐《南雍志》卷十《谟训考》。
3. 黄佐《南雍志》卷一五。
4.《大明律令》。
5. 黄佐《南雍志》卷一，《皇明太学志》卷七。

话。洪武十九年以《大诰》颁赐监生，二十四年令“今后科举岁贡生员,俱以《大诰》出题试之”。礼部行文国子监正官，严督诸生熟读讲解，以资录用，有不遵者，以违制论。[1] 违制是违抗圣旨的法律术语，这罪名是非同小可的。

至于《大明律令》，因为学生的出路是做官，当然是必读书。四书五经是儒家的经典，治国平天下的大道理都在里面。孔子的思想是没有问题的，尊王正名，君君臣臣父父子子这一大套,最合帝王的脾胃,所以朱元璋面谕国子博士:“一以孔子所定经书诲诸生。”[2]

至于《孟子》就不同了，洪武三年，他开始读这本书，读到好些对君上不客气的地方，大发脾气，对人说：“这老头要是活到今天，非严办不可！”下令国子监撤去孔庙中的孟子牌位，把孟子逐出孔庙。后来虽然迫于舆论，恢复孟子配飨，对于这部书还是认为有反动毒素，得经过严密检查。洪武二十七年（公元1394年）特别敕命组织《孟子》审查委员会，执行检删职务的是当时的老儒刘三吾。把《尽心》篇的“民为贵,社稷次之,君为轻”,《梁惠王》篇“国人皆曰贤，国人皆曰可杀”一章,“时日曷丧,予及汝偕亡！”和《离娄》篇“桀纣之失天下也，失其民也。失其民者，失其心也”一章,《万章》篇“天与贤则与贤”一章，“天视自我民视，天听自我民听”“君有大过则谏，反覆之而不听，则易位”，以

1. 黄佐《南雍志》卷一。
2. 黄佐《南雍志》卷一。

及类似的“闻诛一夫纣矣，未闻弑君也”“君之视臣如草芥，则臣视君如寇仇”，一共八十五条，以为这些话，不合“名教”，太刺激了，全给删节掉了。只剩下一百七十几条，刻板颁行全国学校。这部经过凌迟碎割的书，叫作《孟子节文》。所删掉的一部分，“课士不以命题，科举不以取士”。[1]至于《说苑》，是因为“多载前言往行，善善恶恶，昭然于方册之间，深有劝戒”，是作为修身或公民课本被指定的。

此外，也消极地指定一些不许诵读的书，例如“苏秦张仪，繇战国尚诈，故得行其术，宜戒勿读”。[2]由此可见学校功课的项目，内容的去取，必读书和禁读书，学校教官是无权说话的，一切都由皇帝御定。有时高兴，他还出题目，所谓“圣制策问”，来考问学生呢！

学生日课，规定每日写字一幅，每三日背《大诰》一百字，五经一百字，四书一百字，每月作文六篇，违者都是痛决（打）。低年级生只通四书的，入正义、崇志、广业三堂，中等文理条畅的升入修道、诚心二堂，在学满七百天，经史兼通的入率性堂。率性堂生一年内考试满八分的予出身（做官）。[3]

监生的制服叫襕（lán）衫，也是御定的。膳食全公费，合校会馔。有家眷的特许带家眷入学，每月支食粮六斗。监

1.《明史》卷一三九《钱唐传》、卷五四《礼志四》，李之藻《頖宫礼乐疏》卷二，全祖望《鲒埼亭集》卷三五《辨钱尚书争孟子事》，北平图书馆藏洪武二十七年刊本《孟子节文》，刘三吾《孟子节文题辞》，《读书与出版》二卷四期容肇祖《明太祖的〈孟子节文〉》。

2. 黄佐《南雍志》卷一。

3. 黄佐《南雍志》卷九。

生和教员请假或回家，都要经皇帝特许。[1]

管制学校的监规，是钦定的，极为严厉。前后增订一共有五十六款。学生对课业有疑问，必须跪听。绝对禁止对人对事的批评。禁止团结组织，甚至班与班之间也禁止来往，又不许议论饮食美恶，不许穿常人衣服。有事先于本堂教官处通知，毋得径行烦紊。凡遇出入，务要有出恭入敬牌。还有无病称病，出外游荡，会食喧哗，点闸（名）不到，号房（宿舍）私借他人住坐，酣歌夜饮等二十七款，下文都是违者痛决。最最严重的一款是“敢有毁辱师长，及生事告讦者，即系干名犯义，有伤风化，定将犯人杖一百，发云南地面充军”。[2]朱元璋寄托培养官僚的全部责任于国子监，这一条的法意就是授权监官，用刑法清除所有不服从和敢于抗议的监生。毁辱师长的含义是非常广泛的，无论是语言、文字、行动上的不同意，以至批评，都可任意解释。至于生事告讦，更可随便应用，凡是不遵从监规的，不满意现状的，要求对教学及生活有所改进的，都可以援用这条款片面判决之，执行之。

国子监第一任祭酒宋讷是这条监规的起草人，极其严酷。在他的任内，监生走投无路，经常有人被强制饿死，被迫缢死。祭酒连尸首也不肯放过，一定要当面验明，才许收殓。[3]后来他的儿子宋复祖当司业，也学父亲的办法，“诫诸生守讷学规，

1. 黄佐《南雍志》卷一。
2. 黄佐《南雍志》卷九《学规本末》。
3. 赵翼《廿二史札记》卷三一《〈明史〉立传多存大体》条引叶子奇《草木子》。晗按：通行本《草木子》无此条。

违者罪至死”。[1]学录金文徵反对宋讷的过分残暴，想法子救学生，向皇帝控诉说：“祭酒办学太严，监生饿死不少人。”朱元璋不理会，说是祭酒只管大纲，监生饿死，罪坐亲教之师。文徵又设法和同乡吏部尚书余熂（xì）商量，由吏部出文书令宋讷以年老退休。这年宋讷七十五岁，照规定是该告老的，不料宋讷在辞别皇帝时，说出并非真心要辞官。朱元璋大怒，追问缘由，立刻把余熂、金文徵和一些关联的教官都杀了，还把罪状榜示在监前，也写在《大诰》里头。这次反迫害的学潮，在一场屠杀后被压平。[2]

洪武二十七年第二次学潮又起，监生赵麟受不了虐待，出壁报提出抗议。照监规是杖一百充军，为了杀一儆百，朱元璋法外用刑，把赵麟杀了，并且在监前立一长竿，枭首示众。二十八年又颁行《赵麟诽谤册》和《警愚辅教》二录于国子监。到三十年七月二十三日，又召集祭酒和本监教官监生一千八百二十六名，在奉天门当面训话整顿学风，他说：

恁学生每听着：先前那宋讷做祭酒呵，学规好生严肃，秀才每循规蹈矩，都肯向学，所以教出来的个个中用，朝廷好生得人。后来他善终了，以礼送他回乡安葬，沿路上着有司官祭他。

近年着那老秀才每做祭酒呵，他每都怀着异心，不肯教

1.《明史》卷一三七《宋讷传》。

2. 黄佐《南雍志》卷一、卷十，《明史·宋讷传》。

诲，把宋讷的学规又改坏了，所以生徒全不务学，用着他呵，好生坏事。

如今着那年纪小的秀才官人每来署学事，他定的学规，恁每当依着行。敢有抗拒不服，撒泼皮，违犯学规的，若祭酒来奏着恁呵，都不饶，全家发向武烟瘴地面去，或充军，或充吏，或做首领官。

今后学规严紧，若无籍之徒，敢有似前贴没头帖子，诽谤师长的，许诸人出首，或绑缚将来，赏大银两个。若先前贴了票子，有知道的，或出首，或绑缚将来呵，也一般赏他大银两个。将那犯人凌迟了，枭令在监前，全家抄没，人口迁发烟瘴地面。钦此！[1]

和统制监生一样，国子监的教官也是在严刑重罚的约束之下的。以祭酒为例，三十多年来的历任祭酒，只有以残酷著名的宋讷是善终在任上，死后的恩礼也特别隆重，可以说是例外，其他的不是被得罪放逐，便是被杀。[2]

痛决、充军、罚充吏役、枷镣终身、饿死、自缢死、枭首示众、凌迟，一大串刑罚名词，明初的国子监与其说是学校，不如更合适地说是集中营，是刑场。不只是学生，也包括教官在内，在受死亡所威胁的训练下，造成的是绝对服从的、无思想的、奴性的官僚。

---

1. 黄佐《南雍志》卷十《谟训考》。
2. 黄佐《南雍志》卷一。

从洪武二年到三十一年这一时期监生任官的情形来看，第一，监生并没有一定的任官资序，最高的有做到地方大吏从二品的布政使，最低的做正九品的县主簿，以至无品级的教谕。第二，监生也没有固定的任官性质，朝廷的部院官、监察官，地方最高民政财政官、司法官，以至无所不管的亲民的府州县官和学校官，几乎无官不可做。第三，除做官以外，在学的监生，有奉命出使的，有奉命巡行列郡的，有稽核百司案牍的，有到地方督修水利的，有执行丈量、记录土地面积、定粮的任务的，有清查黄册的（每年一千二百人），有写本的，有在各衙门办事的，有在各衙门历事的（实习），几乎无事不能做。第四，三十年来监生的任官，以洪武二年和二十六年为最高（洪武二年擢监生为行省左右参政、各道按察司佥事及知府等官，二十六年以监生六十四人为行省布政、按察两使及参政、参议、副使、佥事等官），十九年为最多（命祭酒、司业择监生千余人送吏部，除授知州、知县等职），“故其时布列中外者，太学生最盛”。[1]

大体说来，从十五年以后，监生的出路，已渐渐不如初年，从做官转到做事，朝廷利用大批监生做履亩定粮、督修水利、清查黄册等基层技术工作。

至于为什么洪武二年和二十六年，大量利用监生做高官呢？理由是：第一，刚开国人才不够，如上文所说过的，没有别的人可用，只能以受过训练的监生出任高官。第二，洪

1. 黄佐《南雍志》卷一，《明史》卷六九《选举志》。

武二十六年二月蓝玉被杀，牵连致死的文武官僚、地方大吏为数极多，许多衙门都缺正官，监生因之大走官运。

至于为什么洪武十九年监生任官的竟有千余人之多呢？那是因为上年闹郭桓贪污案，供词牵连到直省官吏，因而系死者有几万人，下级官吏缺得太多的缘故。

至于为什么从洪武十五年以后，监生做官的出路一天不如一天呢？那是因为从十五年以后，会试定期举行，每三年一次，进士在发榜后即刻任官，要做官的都从进士科出身，甚至监生也多从进士科得官，官僚从科举制度里出来。国子监失去了培养官僚的独占地位。进士释褐授官，这些官原来都是监生的饭碗，进士日重，监生日轻，只好去做基层技术工作和到诸司去历事了。

地方的府州县学和国子监一样，生员都是供给廪膳（公费）的，从监生到生员都享有免役权，法律规定“免其家差徭二丁”。

洪武十五年颁发禁例十二条于全国学校，镌立卧碑，置于明伦堂之左，不遵者以违制论。禁例中最重要的是“生员家若非大事，毋轻至于公门”“生员父母欲行非为，则当再三恳告”。前一条不许生员交结地方官，后一条要使生员为皇家服务，替朝廷消弭“非为”。另一条“军民一切利病，并不许生员建言。果有一切军民利病之事，许当该有司，在野贤才，有志壮士，质朴农夫，商贾技艺，皆可言之，诸人毋得阻当，惟生员不许！”[1]重复地说“不许生员建言”“惟生员不许”，为什么单单剥夺了生员讨论政治的权利呢？因为他害怕群众，害怕组织，尤其害怕有群众基础、有组织能力的知识分子。

地方学校之外，洪武八年又诏地方立社学——乡村小学。

府州县学和社学都以《御制大诰》和《大明律令》做主要必修科。

在官僚政治之下，地方学校只存形式，学生不在学，师儒不讲论。社学且成为官吏迫害剥削人民的手段，“有愿读书无钱者不许入学；有三丁四丁不愿读书者，受财卖放，纵其愚顽，不令读书。有父子二人，或农或商，本无读书之暇，却乃逼令入学。有钱者又纵之，无钱者虽不暇读书，又不肯放，将此凑生员之数，欺诳朝廷”。[2]朱元璋虽然要导民为善，却对官僚政治无办法，叹一口气，只好把社学停办，省得“逼坏良民不暇读书之家”。[3]

除国子监以外，政府官吏的来源是科举制度。国子监生可以不由科举，直接任官，而从科举出身的人则必须是学校的生员（俗称秀才），每三年在省城会考一次，称为乡试，及格的为举人。各布政司举人的名额是一定的，除直隶（今江苏、安徽）百人最多，广东、广西二十五人最少，其他布政司都是四十人。第二年全国举人会考于京师，称为会试。

1.《大明会典》卷七八《学校》。
2.《大诰·社学第四十四》。
3. 本节参看《清华学报》十四卷二期吴晗《明初的学校》。

会试及格的再经一次复试，地点在殿廷，叫作廷试，亦称殿试。这复试是形式上的，主要意义是让皇帝自己来主持这抡才大典，选拔之权，出于一人，及格的是天子门生，自然应该死心塌地替皇家服务。发榜一二三甲(等)，一甲只有三人，状元、榜眼、探花，赐进士及第。二甲若干人，赐进士出身。三甲若干人，赐同进士出身。状元、榜眼、探花的名号是御定的，民间又称乡试第一名为解元，会试第一名为会元，二三甲第一名为传胪（lú）。乡试由布政使司主持，会试由礼部主持。状元授翰林院修撰，榜眼、探花授编修，二三甲考选庶吉士的为翰林官，其他或授给事、御史、主事、中书、行人、评事、太常、国子博士，或授府推官、知州、知县等官。举人、贡生会试不及格，改入国子监，也可选做小京官，或做府佐和州县正官以及学校教官。

科举各级考试，专用四书五经来出题目。文体略仿宋经义，要用古人口气说话，只能根据几家指定的注疏发挥，绝对不许有自己的见解。体裁排偶，叫作八股，也称制义。这制度是朱元璋和刘基商量决定的。十五年以后，定制子、午、卯、酉年乡试，辰、戌、丑、未年会试，乡试在八月，会试在二月。每试分三场，初场试四书义三道，经义四道；二场试论一道，判五道，诏、诰、表、内科（选）一道；三场试经史时务策五道。[1]

学校和科举并行，学校是科举的阶梯，科举是学生的出

1.《明史》卷七〇《选举志》。

路。学生通过科举便做官，不但忘了学校，也忘了书本，于是科举日重，学校日轻。学校和科举都是制造和选拔官僚的制度，所学和考试的范围完全一样，都是四书五经，不但远离现实，也绝对不许接触到现实。诚如当时人宋濂所说："自贡举法行，学者知以摘经拟题为志，其所最切者，惟四子一经之笺，是钻是窥，余则漫不加省。与之交谈，两目瞪然视，舌木强不能对。"[1]学校呢？"稍励廉隅者不愿入学，而学行章句有闻者，未必尽出于弟子员。"[2]到后来甚至弄到"生徒无复在学肄业，入其庭不见其人，如废寺然"。[3]科举人才不读书，不知时事，学校没有学生，加上残酷的统治管理，严格的检查防范，学校生员除了尊君和盲从古人之外，不许有新的思想、言论，于是整个学术文化界、思想界、政治界，从童生到当国执政，都向往三王，服膺儒术，都以为"天王圣明，臣罪当诛"。挨了打是"恩谴"，被砍头是"赐死"，挨了骂不消说有资格才能挨得着。天下无不是的父母，更不会有不是的皇帝，君权由此巩固，朱家万世一系的统治也安如泰山了。

1. 宋濂《銮坡集》卷七《礼部侍郎曾公神道碑铭》。
2. 宋濂《翰苑别集》卷一《送翁好古教授广州序》。
3. 陆容《菽园杂记》。

四　皇权的轮子——军队

皇权的另一个轮子是军队。

朱元璋在攻克集庆以后，厉行屯田政策，广积粮食，供给军需。和刘基研究古代的兵制：征兵制的好处是全国皆兵，有事召集，事定归农，兵员素质好，来路清楚，政府在平时无养兵之费。坏处是兵员都出自农村，如有长期战争，便影响到农村的生产。而且兵源有限制，不适合于大规模作战。募兵制呢？好处是应募的多为无业游民，当兵是职业，数量和服役的时间，可以不受农业生产的限制。坏处是政府经常要维持大量数目的常备军，军费负担太重，而且募的兵来路不明，没有宗族乡党的挂累，容易逃亡，也容易叛变。理想的办法是折中于两者之间，有两者的好处，而避免各自的坏处。主要的原则是要使战斗力量和生产力量一致。

刘基创立的办法是卫所制度。[1]

卫所的兵源有四种：一种是从征，即起事时所统的部队，

1.《明史》卷一二八《刘基传》。

也就是郭子兴的基本队伍。一种是归附，包括削平群雄所得的部队和元朝的投降军。一种是谪发，指因犯罪被谪发当兵的，也叫恩军。一种叫垛集，即征兵，照人口比例，一家有五丁或三丁出一丁为军。前两种是定制时原有的武力，后两者则是补充的武力。这四种来源的军人都是世袭的，为了保障固定员额的维持，规定军人必须娶妻，世代继承下去，如无子孙继承，则由其原籍家属壮丁顶补。种族绵延的原则，被应用到武装部队里来，兵营成为武装的家庭群了。[1]

军有特殊的社会身份，单独有“军籍”。在明代户口中，军籍和民籍、匠籍平行，军籍属于都督府，民籍属于户部，匠籍属于工部。军不受普通行政官吏的管辖，在身份上、法律上和经济上的地位，都和民不同，军和民是截然分开的。民户有一丁被垛为军，政府优免原籍老家一丁差徭，作为优恤。军士到戍所时，由宗族治装。在卫的军士除本身为正军外，其子弟称为余丁或军余，将校的子弟则称为舍人。日常生活概由政府就屯粮支给，按月发米，称为月粮，马军月支米二石，步军总旗一石五斗，小旗一石二斗，步军一石（守城的照数支给，屯田的支半）。恩军家四口以上一石，三口以下六斗，无家口的四斗。衣服岁给冬衣、棉布、棉花，夏衣、夏布，出征时依例给胖袄、鞋裤。[2]

军队组织分作卫所两级：大体上以五千六百人为卫，卫

1.《明史》卷九一《兵志》。

2.《中国社会经济史集刊》五卷二期吴晗《明代的军兵》。

有指挥使。卫分五个千户所,所一千一百二十人,有千户(长官)。千户所分十个百户所,所一百一十二人,有百户(长官)。百户下有总旗二，小旗十；总旗领小旗五，小旗领军十人。大小联比以成军。卫所的分布，根据地理险要：小据点设所，关联几个据点的设卫。集合一个军区的若干卫所，又设都指挥使司，作为军区的最高军事机构，长官是都指挥使。洪武二十五年（公元 1392 年）全国共有十七个都指挥使司，内外卫三百二十九，守御千户所六十五。首都和地方的兵力分配如下：

	武官（员）	军士（人）	马（匹）
在京	2747	206280	4751
在外	12742	992154	40329[1]

这十七个都指挥使司又分别隶属于五军都督府。

军食出于屯田。大略是学汉朝赵充国的办法，在边塞开屯，一部分军士守御，一部分军士受田耕种。目的在于省去运输费用和充裕军食，减轻国库的负担，战斗力和生产力协调一致。跟着内地卫所也先后开屯耕种，以每军受田五十亩为一分，官给耕牛农具。开头几年是免纳田租的，到成为熟地后,每亩收税一斗。规定边地守军十分之三守城、七分屯种，

1.《明太祖实录》卷二二三。

内地是二分守城、八分屯种，希望能达到自给自足的地步。[1]军队里也和官僚机构一样，清廉的武官是极少见的，军士经常被苛敛剥削。朱元璋曾经愤恨地指出：

那小军每一个月只关得一担儿仓米，若是丈夫每（们）不在家里，他妇人家自去关呵，除了几升做脚钱，那害人的仓官又斛面上打减了几升。待到家里𠩄（音伐）过来呵，止有七八斗儿米，他全家儿大大小小要饭吃，要衣裳穿，他那里再得闲钱与人？[2]

正军本人的衣着虽由官家支给，家属的却得自己制备，一石米在人口多的家庭，连吃饭都不够，如何还能孝敬上官？如何还能添制衣服？军士活不了，只好逃亡，只好兼营副业，做苦力、做买卖全来，军营就空了，军队的士气战斗力也就差了。

除军屯外，还有商屯。边军粮食发生困难时，政府用“开中法”来接济。开中法是把运输费用转嫁给商人。政府有粮食有盐，困难的是运输费用过大，商人有资本也有人力，却无法得到为政府所专利的盐。开中法让商人运一定数量的粮食到边境，拿到收据，可以向政府领到等价的盐，自由贩卖，从而获取重利。商人会打算盘，索性雇人在边上开屯，就地

1. 宋讷《西隐文稿》卷十《守边策略》，《明史》卷七七《食货志》。
2.《大诰武臣·科敛害军第九》。

缴粮，省去几倍的运费。[1]在这一交换过程中，不但边防充实了，政府省运费、省事，商人也发了财，皆大欢喜。而且，边界荒地开垦了，不但增加了政府的财富，也造成了地方的繁荣。

军权分作两部分：统军权归五军都督府，军令权则属于兵部。武人带兵作战，文人发令决策。在平时卫所军各在屯地操练屯田，战时动员令一下，各地卫军集合成军，临时指派都督府官充任将军总兵官，统带出征。战事结束，立刻复员，卫军各回原卫，将军交回将印，也回原任。将不专军，军无私将，上下阶级分明，纪律划一。唐宋以来的悍将跋扈、骄兵叛变的弊端，在这制度下完全根绝了。

朱元璋对军官军士是用十二分的注意来防范的。除开在各个部队里派义子监军，派特务人员侦伺以外，洪武五年还特地降军律于各卫，禁止军官军人于私下或明里接受公侯所与信宝、金银、缎匹、衣服、粮米、钱物，及非出征时不得于公侯之家门首侍立。其公侯非奉特旨，不得私自呼唤军人役使，违者公侯三犯准免死一次，军官军人三犯发海南充军。[2]后来更进一步，名义上以公侯伯功臣有大功，赐卒一百一十二人做卫队，设百户一人统率，颁有铁册，说明“俟其寿考，子孙得袭，则兵皆入卫”，称为奴军，亦称铁册军；事实上是防功臣有二心，特设铁册军来监视的。功臣行动，

1.《明太祖实录》卷五三、五六，《明史》卷一五〇《郁新传》。

2. 宋濂《洪武圣政记·肃军政第四》。

随时随地都有报告，证人是现成的，跟着是一连串的告密案和大规模的功臣屠杀。[1]

在作战时，虽然派有大将军统率大军，但指导战争进行的，还是朱元璋自己，用情报、用军事经验来决定前方的攻战，甚至指挥到极琐细的军务。即使最亲信的将领，像徐达、李文忠，也是如此。例如吴元年（公元 1367 年）四月十八日给徐达的手令，在处分军事正文之后，又说："我的见识只是如此，你每（们）见得高处强处便当处，随着你每意见行着，休执着我的言语，恐怕见不到处，教你每难行事。"洪武三年四月："说与大将军知道……这是我家中坐着说的，未知军中便也不便，恁只拣军中便当处便行。"给李文忠的手令："说与保儿、老儿……我虽这般说，计量中不如在军中多知备细，随机应变的勾当。你也斯活落些儿也，那里直到我都料定！"大体上指导的原则是不能更动的，统帅所有的只是极细微的修正权。

对待俘虏的方针是屠杀，如龙凤十一年十一月初五日的令旨："吴王亲笔，差内使朱明前往军中，说与大将军左相国徐达、副将军平章常遇春知会：十一月初四日捷音至京城，知军中获寇军及首目人等陆万余众，然而俘获甚众，难为囚禁，令差人前去，教你每军中，将张（士诚）军精锐勇猛的留一二万，若系不堪任用之徒，就军中暗地去除了当，不必解来。但是大头目，一名名解来。"十二年三月且严厉责备

1. 沈德符《野获编》卷一七《铁册军》。

徐达不多杀人："吴王令旨，说与总兵官徐达，攻破高邮之时，城中杀死小军数多，头目不曾杀一名。今军到淮安，若系便降，系是泗州头目青幡黄旗招诱之力，不是你的功劳。如是三月已里，淮安未下，你不杀人的缘故，自说将来！依奉施行者。"吴元年十月二十四日因为俘虏越狱逃跑，又下令军前："今后就阵获到寇军及首目人等，不须解来，就于军中典刑。"洪武三年四月："说与大将军知道：止是就阵得的人，及阵败来降的王保保头目，都休留他一个，也杀了。止留小军儿，就将去打西蜀了后，就留些守西蜀便了。"不但俘虏，连投降的头目也一概残杀了。

有一道令旨是关于整饬军纪的，说明了这一举措的军事理由。时间是龙凤十二年三月："（张军）男子之妻多在高邮被掳，总兵官为甚不肯给亲完聚发来？这个比杀人那个重？当城破之日，将头目军人一概杀了，倒无可论，掳了妻子，发将精汉来，我这里赔了衣粮，又费关防，养不住。杀了男儿，掳了妻小，敌人知道，岂不抗拒？星夜教冯副使（胜）去军前，但有指挥、千户、百户及总兵官的伴当，掳了妇女的，割将首级来。总兵官的罪过，回来时与他说话。依奉施行者。"[1]男子指的是张士诚的部队，被掳指的是被朱元璋自己的部队所掳。把俘虏的妻女抢了，送俘虏来，养不住，白赔粮食，白费事看守。掳了妇女，杀了俘虏，敌人知道了，当然会顽强抵抗。为了这个道理，朱元璋只好派特使去整顿军风军纪了。

---

1. 王世贞《弇山堂别集》卷八六《诏令杂考二》。

五　皇权的轮子——新官僚机构

由于历史包袱的继承，皇权的逐步提高，隋唐以来的官僚机构，以巩固皇权为目的的三省制度——中书省出命令，门下省掌封驳，尚书省主施行——中书官和皇帝最亲近，接触机会最多，权也最重。宋代后期，门下省不能执行审核诏令的任务，尚书省官只能平决庶务，不能与闻国政，三省事实上只是一省当权。到元代索性取消门下省，把尚书省的官属六部也归并到中书，成为一省执政的局面。地方则分设行中书省，总揽军民大政。其下有路、府、州、县，管理军民。

三省制的形成有它的历史背景和原因，就这制度本身而论，把政权分作三份，一个专管决策，一个负责执行，而又另有一个纠核的机构，驳正违误，防止皇权的滥用和官僚的缺失，从巩固皇权、维持现状的意义上说，是很有用的。可是，事实上，官僚政治本身破坏并导致了这个官僚机构的瘫痪，皇权和相权的冲突，更有目的地摧毁了这个官僚机构。

官僚政治特征之一是做官不做事，重床叠屋，衙门愈多，事情愈办不好，拿薪水的官僚愈多，负责做事的人愈少。例如从唐以来，往往因事设官：尚书省原有户部，专管户口财政，在国计困难时，政府要张罗财帛，供应军需，大张旗鼓，特设监铁使、户部使、租庸使、国计使等官，由宰相或大臣兼任，意思是要提高搜刮的效率，可是这样一来，户部位低权轻，职守都为诸使所夺，便变成闲曹了。兵部专管军政，从五代设了枢密使以后，兵部又无事可做了。礼部专掌礼仪，宋代却又另有礼院。几套性质相同的衙门，新创的抢了旧衙门的职司，本衙门的官照例做和本衙门不相干的事，或者索性不做事。千头万绪，名实不符，十个官僚有九个不知道自己的职司。冗官日多，要官更多，行政效率也就日益低落。[1] 到元代又添上蒙古的部族政治机构，衙门越发多，越发庞大，混乱复杂，臃肿不灵，瘫痪的病象在显露了。

而且就官僚的服务名义说，也有官、职、差遣之分。官是表明等级、分别薪俸的标志，职以待文学侍从之臣，只有差遣是“治内外之事”的。皇家的赏功酬庸，又有阶、勋、爵、食邑、功臣号等名目。以差遣而论，又有行、守、试、判、知、权知、权发遣的不同，其实除差遣以外，其他都是不大相干的。[2]

皇权和相权的矛盾，例如宋太宗讨厌中书的政权太重，分中书吏房置审官院，刑房置审刑院。[3] 为了分权而添置衙门，

1.《宋史·职官志一》。

2. 司马光《司马文正公传家集》卷二一《乞分十二等以进退群臣上殿札子》，钱大昕《潜研堂集》卷三四《答袁简斋书》。

3. 司马光《涑水纪闻》卷三，李攸《宋朝事实》卷九，李焘《续资治通鉴长编》卷一二五。

其实是夺相权归之于皇帝。皇帝的诏令照规矩是必须经过中书门下，才算合法，所谓“不经凤阁鸾台，何谓之敕？”[1]用意是防止皇权的滥用。但是，这规矩只是官僚集团的规矩，官僚的任免生杀之权在皇帝，升沉荣辱甚至诛废的利害超过了制度的坚持，私人的利害超过了集团的利害。唐武后以来的墨敕斜封（手令），也就破坏了这个官僚制度，摧毁了相权，走上了独裁的道路。

朱元璋继承历代皇权走向独裁的趋势，对官僚机构大加改革，使之更得心应手地为皇家服务。

元代的行中书省是从中书省分出去的，职权太重，到后期鞭长莫及，几乎没法子控制了。朱元璋要造成绝对的中央集权，洪武九年（公元 1376 年）改行中书省为承宣布政使司，设左右布政使各一人，掌一区的政令。布政使是朝廷派驻地方的代表、使臣，秉承朝廷，宣扬政令。全国分浙江、江西、福建、北平、广西、四川、山东、广东、河南、陕西、湖广、山西十二布政使司，十五年增置云南布政使司。[2]布政使司的分区，大体上继承元朝的行省，布政使的职权却只掌民政财政，和元朝行中书省的无所不统，轻重大不相同了。而且就地位论，行省是以都省的机构分设于地方，布政使则是朝廷派驻的使臣，前者是中央分权于地方，后者是地方集权于中

1.《新唐书》卷一一七《刘祎之传》。

2. 明成祖永乐元年（公元 1403 年）以北平布政使司为北京，五年置交趾布政使司，十一年置贵州布政使司。宣德三年（公元 1428 年）罢交趾布政使司，除两京外定为十三布政使司。

央，意义也完全不同。此外，地方掌管司法行政的另有提刑按察使司，长官为按察使，主管一区刑名按察之事。布、按二司和掌军政的都指挥使司合称三司，是朝廷派遣到地方的三个特派员衙门，民政、司法、军政三种治权分别独立，直接由朝廷指挥，为的是便于控制，便于统治。布政使司之下，真正的地方政府分两级，第一级是府，长官为知府；有直隶州，即直隶于布政使司的州，长官是知州。第二级是县，长官是知县；有州，长官是知州。州县是直接临民的政治单位。[1]

中央统治机构的改革，稍晚于地方。洪武十三年（公元1380年）胡惟庸案发后[2]，废中书省，仿周官六卿之制，提高六部地位；吏、户、礼、兵、刑、工每部设尚书一人，侍郎（分左右）二人。吏部掌全国官吏选授、封勋、考课，甄别人才。户部掌户口、田赋、商税。礼部掌礼仪、祭祀、僧道、宴飨、教育及贡举（考试）和外交。兵部掌卫所官军选授、检练和军令。刑部掌刑名。工部掌工程造作（武器、货币等）、水利、交通。都直接对皇帝负责，奉行政令。

统军机关则改枢密院为大都督府，节制中外诸军。洪武十三年分大都督府为中、左、右、前、后五军都督府，每府以左右都督为长官，各领所属都司卫所，和兵部互相表里。都督府长官虽管军籍军政，却不直接统带军队，在有战事时，才奉令出为将军总兵官，指挥作战。战争结束，便得交还将印，

1.《明史·职官志》。
2.《明史·胡惟庸传》，《燕京学报》十五期吴晗《胡惟庸党案考》。

回原职办事。[1]

监察机关原来是御史台，洪武十五年改为都察院，长官是左右都御史，下有监察御史一百一十人，分掌十二道（按照布政使司政区分道）。职权是纠劾百司，辨明冤枉，凡大臣奸邪、小人构党作威福乱政、百官猥茸贪污舞弊、学术不正，和变乱祖宗制度的，都可随时举发弹劾。这衙门的官被皇帝看作是耳目，替皇帝听，替皇帝看，有对皇权不利的随时报告。也被皇帝看作是鹰犬，替皇帝追踪、搏击一切不忠于皇帝的官民，是替皇帝监视官僚的衙门，是替皇帝检举反动思想、保持传统纲纪的衙门。监察御史在朝监视各个不同的官僚机构，派到地方的，有巡按、清军、提督学校、巡监、茶马、监军等职务，其中巡按御史算是代皇帝巡狩，按临所部，大事奏裁，小事立断，是最威武的一个差使。

行政、军事、监察三种治权分别独立，由皇帝亲身总其成。官吏内外互用，其地位以品级规定。从九品到正一品，九品十八级，官和品一致，升迁调用都有一定的法度。百官分治，个别对皇帝负责，系统分明，职权清楚，法令详密，组织严紧。而在整套统治机构中，互相钳制，以监察官来监视一切臣僚，以特务组织来镇压威制一切官民。都督府管军不管民，六部管民不管军。大将在平时不指挥军队，动员复员之权属于兵部，供给粮秣的是户部，供给武器的是工部，决定战略的是皇帝。六部分别负责，决定政策的是皇帝。在

1. 宋濂《洪武圣政记·肃军政第四》。

过去，政事由三省分别处理，取决于皇帝，皇帝是帝国的首领。在这新统治机构下，六部府院直接隶属于皇帝，皇帝不但是帝国的首领，而且是这统治机构的负责人和执行人：历史上的君权和相权到此合一了，皇帝兼理宰相的职务，皇权由之达于极峰。[1]

历史的教训使朱元璋深切地明白宦官和外戚对于政治的祸害。他以为汉朝、唐朝的祸乱都是宦官作的孽。这种人在宫廷里是少不了的，只能做奴隶使唤，洒扫奔走，人数不可过多，也不可用作耳目心腹；做耳目，耳目坏，做心腹，心腹病。对付的办法，要使之守法，守法自然不会做坏事；不要让他们有功劳，一有功劳就难于管束了。立下规矩，凡是内臣都不许读书识字。又铸铁牌立在宫门，上面刻着："内臣不得干预政事，犯者斩。"又规定内臣不许兼外朝的文武官衔，不许穿外朝官员的服装；做内廷官不能过四品，每月领一石米，穿衣吃饭官家管。并且，外朝各衙门不许和内官监有公文往来。这几条规定着着针对着历史上所曾发生的弊端，使内侍名副其实地做宫廷的仆役。[2]对外戚干政的对策，是不许后妃干政，洪武元年三月即命儒臣修女诫，纂集古代贤德妇女和后妃的故事，刊刻成书，来教育宫人，要她们学样。又立下规程，皇后只能管宫中嫔妇的事，宫门之外不得干预。宫人不许和外间通信，犯者处死，以断绝外朝和内廷的来往

1.《明史·职官志》。

2. 宋濂《洪武圣政记》,《明史》卷七四《职官志》。

以至通信，使之和政治隔离。外朝臣僚命妇按例于每月初一、十五朝见皇后，其他时间，没有特殊缘由，不许进宫。皇帝不接见外朝命妇，皇族婚姻选配良家子女，有私进女口的不许接受。元璋的母族和妻族都绝后，没有外家，后代帝王也都遵守祖训，后妃必选自民家。外戚只是高爵厚禄，做大地主，住大房子，绝对不许与闻政事。[1]在洪武一朝三十多年中，内臣小心守法，宫廷和外朝隔绝，和前代相比，算是家法最严的了。

其次，元代以吏治国，法令极烦冗，档案堆成山，吏就从中舞弊，无法根究。而且，正因为公文条例过于琐细，不费一两年工夫，无从通晓，办公文、办公事成为专门技术，掌印正官弄不清楚，只好由吏做主张，结果治国治民的都是吏，不是官。小吏们唯利是图，毫不顾及全盘局面，政治（其实是吏治）自然愈闹愈坏。远在吴元年，朱元璋便已注意到法令和吏治的关系，指令台省官立法要简要严，选用深通法律的学者编定律令。经过缜密的商定，去烦减重，花了三十年工夫，更改删定了四五次，编成《大明律》，条例简于唐律，精神严于宋律，是中国法律史上极重要的一部法典。又为简化公文起见，于洪武十二年立案牍减烦式颁示各衙门，使公文明白好懂，文吏无法舞弊弄权。从此吏员在政治上被斥为杂流，不能做官。官和吏完全分开，官主行政，吏主事务，

1.《明史》卷一〇八《外戚恩泽侯表序》、卷一一三《后妃列传序》、卷三〇〇《外戚传序》。

和元代的情形完全不同了。[1]

和上述相关的是文章的格式。唐宋以来的政府文字，从上而下的制诰，从下达上的表奏，照习惯是骈骊四六文。尽管有多少人主张复古，提倡改革，所谓古文运动，在民间是成功了，政府却仍然用老套头。同一时代用的是两种文字，庙堂是骈偶文，民间是古文。朱元璋很不以为然，以为古人做文章，讲道理，说世务，经典上的话，都明白好懂，像诸葛亮的《出师表》，又何尝雕琢、立意写文章？可是有感情，有血有肉，到如今读了还使人感动，怀想他的忠义。近来的文士，文字虽然艰深，用意却很浅近，即使写得和司马相如、扬雄一样好，别人不懂，又中什么用？以此他要秘书——翰林——作文字，只要说明白道理，讲得通世务就行，不许用浮辞藻饰。[2]到洪武六年，又下令禁止对偶四六文辞，选唐柳宗元《代柳公绰谢表》和韩愈《贺雨表》作为笺表法式。[3]这一改革不但使政府文字简单、明白，把庙堂和民间打通，现代人写现代文，就文学的影响也可以说很大，韩愈、柳宗元以后，朱元璋是提倡古文最有成绩的一个人。他自己所做的文章，写得不好，有时不通顺，倒容易懂。信札多用口语，比文章好得多，想来是受蒙古白话圣旨的影响，也许是没有念过什么书，中旧式文体的毒比较轻的缘故吧。

唐宋两代还有一样坏风气，朝廷任官令发表以后，被任

1.《明太祖实录》卷二六、一二六，《明史》卷七一《选举志》。
2.《明太祖实录》卷三九。
3.《明太祖实录》卷八五。

用的官照例要辞官，上辞官表，一辞再辞甚至辞让到六七次，皇帝也照例拒绝，下诏敦劝，一劝再劝甚至六七次劝，到这人上任上谢表才算罢休。辞的不是真辞，劝的也不是真劝，大家肚子里明白，是在玩文字的把戏，误时误事，白费纸墨。朱元璋认为这种做作太无聊，也把它废止了。

六　建都和国防

自称为淮右布衣，出身于平民而做皇帝的朱元璋，在拥兵扩土、称帝建国之后，最惹其操心的问题，第一是怎样建立一个有力量的政治中心，即建都，建在何处？第二是用什么来维持皇家万世一系的独占统治？

远在初渡江克太平时（公元 1355 年），陶安便建议先取金陵，据形势以临四方。[1] 冯国用劝定都金陵，以为根本。[2] 叶兑上书请定都金陵，然后拓地江广，进则越两淮以北征，退则划长江以自守。[3] 谋臣策士一致主张定都应天，经过长期研究以后，龙凤十二年（元至正二十六年，公元 1366 年）六月，扩大应天旧城，建筑新宫于钟山之南，到次年九月完工，这是吴王时代的都城。

洪武元年称帝，北伐南征，着着胜利，到洪武二十年辽东归附，全国统一。在这二十年中，个人的地位由王而帝，

1.《明史》卷一三六《陶安传》。
2.《明史》卷一二九《冯胜传》，孙承泽《春明梦馀录》卷一。
3.《明史》卷一三五《叶兑传》。

所统辖的疆域由东南一角落，扩大为大明帝国，局面大不相同。吴王时代的都城是否可以适应这扩大以后的局面，便大成问题。而且，元帝虽然北走沙漠，仍然是蒙古大汗，保有强大的军力，时刻有南下恢复的企图。同时沿海倭寇的侵扰，也是国防上重大的问题。因此国都的重建和国防计划的确立，是当时朝野最关心的两件大事。

基于自然环境的限制，从辽东到广东，沿海几千里海岸线的暴露，时时处处都有被倭寇侵掠的危险。东北和西北方面呢？长城以外便是蒙古人的势力，如不在险要处屯驻重兵，则铁骑奔驰，黄河以北便不可守。可是防边要用重兵，如把边境军权托付诸将，又怕尾大不掉，有造成藩镇跋扈的危险。如以重兵直隶中央，则国都必须扼驻国防前线，才能收统辖指挥的功效。东南是全国的经济中心，北方为了国防的安全，又必须成为全国的军事中心。国都如建设在东南，依附经济中心，则北边空虚，无法堵住蒙古人的南侵。如建立在北边，和军事中心合一，则粮食仍须靠东南供给，运输费用太大，极不经济。

帝国都城问题以外，还有帝国制度问题。是郡县制呢，还是封建制呢？就历史经验论，秦汉唐宋之亡，没有强大的藩国支持藩卫，是衰亡的原因之一。可是周代封建藩国，又闹得枝强干弱，威令不行。这两个制度的折中办法是西汉初期的郡国制，一面立郡县，设官分治，集大权于朝廷，一面又置藩国，封建子弟，使为皇家捍御。把帝国建都和制度问题一起解决，设国都于东南财富之区，封子弟于北边国防据点，在经济上，在军事上，在皇家统治权的永久维持上，都圆满解决了。

明初定都应天的重要理由是经济。第一因为江浙富庶，不但有长江三角洲的大谷仓，而且是丝织工业、盐业的中心，应天是这些物资的集散地，所谓“财赋出于东南，而金陵为其会”。[1]第二是吴王时代所奠定的宫阙，不愿轻易放弃，且如另建都城，则又得重加一番劳费。第三从龙将相都是江淮子弟，道地南方人，不大愿意离开乡土。可是在照应北方军事的观点看，这个都城的地理位置是不大合适的。洪武元年取下汴梁后，朱元璋曾亲自去视察，觉得虽然位置适中，但是无险可守，四面受敌，论形势还不如应天。[2]为了西北未定，要运饷和补充军力，不能不有一个军事上的补给基地，于是模仿古代两京之制，八月以应天为南京，开封（汴梁）为北京。次年八月陕西平定，北方全入版图，形势改变，帝都重建问题再度提出。廷臣中有主张关中险固，金城天府之国；有人主张洛阳为全国中心，四方朝贡距离一样；也有人提议开封是宋朝旧都，漕运方便；又有人指出北平（元大都）宫室完备，建都可省营造费用。七嘴八舌，引经据典。朱元璋批判这些建议都有片面的理由，都不适应现状。长安、洛阳、开封过去周、秦、汉、魏、唐、宋都曾建都，但就现状来说，打了几十年仗，人民还未休息过来，如重新建都，供给力役都出

1. 邱濬《大学衍义补·都邑之建》。
2. 刘辰《国初事迹》。

于江南，未免过于和百姓过不去。即使是北平吧，旧宫室总得有更动，还是费事。还不如仍旧在南京，据形势之地，长江天堑，龙幡虎踞，可以立国。次之，临濠（今安徽滁州凤阳）前长江后淮水，地势险要，运输方便，也是一个可以建都的地方。[1]遂定以临濠为中都，动工修造城池宫殿，从洪武二年九月起手，到八年四月，经刘基坚决反对，以为凤阳虽是帝乡，但就种种条件说，都不合适于建都，方才停工，放弃了建都的想头。[2]洪武十一年（公元 1378 年）才改南京为京师，踌躇了十年的建都问题，到这时才决心正名定都。[3]

京师虽已奠定，但是为了防御蒙古，控制北边，朱元璋还是有迁都西北的雄心，选定的地点仍是长安和洛阳。洪武二十四年八月，特派皇太子巡视西北，比较两地的形势。太子回朝后，献陕西地图，提出意见。不料第二年四月太子薨逝，迁都大事只好暂时搁下。[4]

京师新宫原来是燕尾湖，填湖建宫，地势南面高、北边低，就堪舆家的说法是不合建造法则的。皇太子死后，老皇帝很伤心，百无聊赖中把太子之死归咎于新宫的风水不好，这年年底亲撰《祭光禄寺灶神文》说：

---

1. 黄光升《昭代典则》。
2.《明史》卷一二八《刘基传》、卷二《太祖本纪二》。
3.《明史·地理志一》。
4.《明史》卷一一五《兴宗孝康皇帝传》、卷一四七《胡广传》，姜清《姜氏秘史》卷一，郑晓《今言》二七四条。

朕经营天下数十年，事事按古有绪。维宫城前昂后洼，形势不称，本欲迁都，今朕年老，精力已倦。又天下新定，不欲劳民。且废兴有数，只得听天。惟愿鉴朕此心，福其子孙。[1]

六十五岁的白发衰翁，失去勇气，只求上天保佑，从此不再谈迁都的话了。

分封诸王的制度，决定于洪武二年（公元 1369 年）四月初编《皇明祖训》的时候。三年四月封皇第二子到第十子为亲王。可是诸王的就藩，却在洪武十一年定鼎京师之后。[2]从封王到就藩前后相隔九年，原因是诸子未成年和都城未定，牵连到立国的制度也不能决定。到京师奠定后，第二子秦王建国西安，三子晋王建国太原；十三年，四子燕王建国北平，分王在沿长城的国防前线；十四年五子周王建国开封，六子楚王出藩武昌；十五年七子齐王建国青州；十八年潭王到长沙，鲁王在兖州。以后其他幼王逐一成年，先后就国，星罗棋布，分驻在全国各军略要地。

就军事形势而论，诸王国的建立分作第一线和第二线，或者说是前方和后方，第一线诸王的任务在防止蒙古入侵，凭借天然险要，建立军事据点，有塞王之称。诸塞王沿长城线立国，又可分作外内二线：外线东渡榆关，跨辽东，南制朝鲜，北联开原（今辽宁铁岭开原），控扼东北诸夷，以广

1. 顾炎武《天下郡国利病书》卷一三《江南一》。
2.《明史·太祖本纪二》。

宁（今辽宁锦州北镇）为中心，建辽国；经渔阳（今天津市蓟州）、卢龙（今河北秦皇岛卢龙），出喜峰口，切断蒙古南侵道路，以大宁（治所在今内蒙古宁城西）为中心，包括今朝阳、赤峰一带，建宁国；北平天险，是元朝故都，建燕国；出居庸，蔽雁门，以谷王驻宣府（今河北省张家口市宣化），代王驻大同；逾河而西，北保宁夏，倚贺兰山，以庆王守宁夏；又西控河西走廊，扃（jiōng）嘉峪，护西域诸国，建肃国，从开原到瓜沙，连成一气。内线是太原的晋国和西安的秦国。后方诸名城则开封有周王，武昌有楚王，青州有齐王，长沙有潭王，兖州有鲁王，成都有蜀王，荆州有湘王等国。[1]

诸王在其封地建立王府，设置官属。亲王的冕服车旗仅下皇帝一等，公侯大臣见王要俯首拜谒，不许钧礼。地位虽然极高极贵，却没有土地，更没有人民，不能干预民政，王府以外，便归朝廷所任命的各级官吏统治，每年有一万石的俸米和其他赏赐。唯一的特权是军权。每王府设亲王护卫指挥使司，有三护卫，护卫甲士少者三千人，多的到一万九千人。[2]塞王的兵力尤其雄厚，如宁王所部带甲八万，革车六千，所属朵颜三卫骑兵，骁勇善战。[3]秦、晋、燕三王的护卫特别经朝廷补充，兵力也最强。[4]《皇明祖训》规定："凡王国有守镇兵，有护卫兵。其守镇兵有常选指挥掌之，其护

1. 何乔远《名山藏·分藩记一》。
2.《明史·兵志二》《明史·诸王传序》。
3.《明史·宁王传》。
4.《明史·太祖本纪·洪武十年》。

卫兵从王调遣。如本国是险要之地，遇有警急，其守镇兵、护卫兵并从王调遣。”而且守镇兵的调发，除御宝文书外，并须得王令旨方得发兵：“凡朝廷调兵，须有御宝文书与王，并有御宝文书与守镇官。守镇官既得御宝文书，又得王令旨，方许发兵。无王令旨，不得发兵。”[1]这规定使亲王成为地方守军的监视人，是皇帝在地方的军权代表。平时以护卫军监视地方守军，单独可以应变；战时指挥两军，军权托付给亲王儿子，可以放心高枕了。诸塞王每年秋天勒兵巡边，远到塞外，把蒙古部族赶得远远的，叫作肃清沙漠。[2]凡塞王都参与军务，内中晋、燕二王屡次受命将兵出塞和筑城屯田，大将如宋国公冯胜、颍国公傅友德都受其节制，军中小事专决，大事才请示朝廷，军权独重，立功也最多。[3]

以亲王守边，专决军务，内地各大都会，也以皇子出镇，星罗棋布，尽屏藩皇室、翼卫朝廷的任务。国都虽然远在东南，也安如磐石，内安外攘，不会发生什么问题了。

1.《皇明祖训·兵卫章》。

2.《明史·兵志三·边防》，祝允明《九朝野记》。

3.《明史·晋王传》。《明史·太祖本纪三》：“二十六年三月，诏二王军务大者始以闻。”本节参看《清华学报》十卷四期吴晗《明代靖难之役与国都北迁》。

七　大一统和分化政策

朱元璋以洪武元年称帝建立新皇朝，但是大一统事业的完成，却还须等待二十年。

元顺帝北走以后，元朝残留在内地的军力还有两大支：一支是云南的梁王，一支是东北的纳哈出。都用元朝年号，雄踞一方。云南和蒙古本部隔绝，势力孤单，朱元璋的注意力先集中在西南，从洪武四年（公元 1371 年）消灭了割据四川的夏国以后，便着手经营，打算用和平的方式使云南自动归附，先后派遣使臣王祎、吴云招降，都被梁王所杀。到洪武十四年，决意用武力占领，派出傅友德、沐英、蓝玉三将军分两路进攻。

这时云南在政治上和地理上分作三个系统：第一是直属蒙古大汗，以昆明为中心的梁王。第二是在政治上隶属于蒙古政府，享有自治权利，以大理为中心的土酋段氏。以上所属的地域都被区分为路、府、州、县。第三是不在上述两系统下和南部（今思普一带）的非汉族诸部族，就是明代叫作土司的地域。汉化程度以第一为最深，第二次之，第三最浅，或竟未汉化。现代贵州的西部，在元代属于云南行省，其东部则另设八番顺元诸军民宣慰使司，管理罗罗族（今彝族）及苗族各土司。元至正二十四年（公元 1364 年），朱元璋平定湖南、湖北，和湖南接界的贵州土人头目思南宣慰，和思州（今贵州东部及湖南凤凰地区）宣抚先后降附。到平定夏国后，四川全境都入版图，和四川接境的贵州其他土司大为恐慌，贵州宣尉和普定府总管即于第二年自动归附。贵州的土司大部分归顺明朝，云南在东、北两面便失去屏蔽了。

明兵从云南的东、北两面进攻，一路由四川南下取乌撒（今云南昭通镇雄、贵州毕节威宁等地）。这区域是四川、云南、贵州三省接壤处，犬牙突出，在军事战略上可以和在昆明的梁王主力军呼应，并且是罗罗族的主要根据地。一路由湖南西取普定（今贵州安顺），进攻昆明。从明军动员那天算起，不过一百多天的工夫，明东路军便已直抵昆明，梁王兵败自杀。明兵再回师和北路军会攻乌撒，把蒙古军消灭了。附近东川（今云南曲靖会泽）、乌蒙（今云南昭通）、芒部（今云南昭通镇雄）诸罗罗族完全降服，昆明附近诸路也都依次归顺。洪武十五年二月置贵州都指挥使司和云南都指挥使司，建立了军事统治的中心，闰二月又置云南布政使司，建立了政治中心。[1] 分别派官开筑道路，宽十丈，以六十里为一驿，把川、滇、黔三省的交通联系起来，建立军卫，“令那处蛮

1.《明史》卷一二四《把匝剌瓦尔密传》、卷一二九《傅友德传》、卷一二六《沐英传》、卷一三二《蓝玉传》。

人供给军食”，控扼粮运。[1]布置好了，再以大军向西攻下大理，经略西北和西南部诸地，招降摩些、罗罗、掸、僰（bó）诸族，分兵勘定各土司。分云南为五十二府、六十三州、五十四县。云南边外的缅国和八百媳妇（今缅甸掸邦东部萨尔温江以东，湄公河以西地区）着了慌，派使臣内附，又置缅中、缅甸和老挝、八百诸宣慰司。因为云南太远，不放心，又特派义子西平侯沐英统兵镇守。沐家世代出人才，在云南三百年，竟和明朝的国运相始终。

纳哈出是元朝世将，太平失守被俘获，放遣北还。元亡后拥兵虎踞金山（在开原西北，辽河北岸），养精蓄锐，等候机会南下，和蒙古大汗的中路军、扩廓帖木儿的西路军互相呼应，形成三路钳制明军的局面。在东北，除金山纳哈出军以外，辽阳、沈阳、开原一带都有蒙古军屯聚。洪武四年（公元 1371 年）元辽阳守将刘益来降，建辽东指挥使司，接着又立辽东都指挥使司，总辖辽东军马，依次征服沈阳、开原等地。同时又从河北、陕西、山西各地出兵大举深入蒙古，击破扩廓的主力军（元顺帝已于前一年死去，子爱猷识里达腊继立，年号宣光，庙号昭宗），并进攻应昌（今内蒙古自治区克什克腾旗西达来诺尔西侧），元主远遁漠北。到洪武八年扩廓死后，蒙古西路和中路的军队日渐衰困，不敢再深入到内地侵掠。朱元璋乘机经营甘肃、宁夏一带，招抚西部各羌族和回族部落，给以土司名义或王号，使其分化，个别内向，不

1. 张纮《云南机务钞黄》洪武十五年闰二月廿五日敕。

能合力入寇，并利用诸部的军力，抵抗蒙军的入侵。在长城以北今内蒙古地方，则就各要害地方建立军事据点，逐步推进，用军力压迫蒙古人退到漠北，不使靠近边塞。西北问题完全解决了，再转回头来收拾东北。

洪武二十年冯胜、傅友德、蓝玉诸大将奉命北征纳哈出。大军出长城松亭关，筑大宁（今内蒙古自治区宁城）、宽河（今河北承德宽城）、会州（今河北承德平泉）、富峪（今河北承德平泉之北）四城。储粮供应前方，留兵屯守，切断纳哈出和蒙古中路军的呼应。再东向以主力军由北面包围，纳哈出势穷力蹙，孤军无援，只好投降，辽东全部平定。[1]于是立北平行都司于大宁，东和辽阳、西和大同应援，作为国防前线的三大要塞。又西面和开平卫（今内蒙古自治区多伦）、兴和千户所（今河北张家口张北）、东胜城（今内蒙古自治区托克托县及茂明安旗）诸据点，连成长城以外的第一道国防线，从辽河以西几千里的地方，设卫置所，建立了军事上的保卫长城的长城。[2]两年后，蒙古大汗脱古思帖木儿被弑，部属分散。以后经过不断的政变、篡立、叛乱，实力逐渐衰弱，明帝国北边的边防，也因之而获得几十年的安宁。

东北的蒙古军虽然降服，还有女真族的问题亟待解决。女真这一部族原是金人的后裔，依地理分布，大致为建州、

---

1. 钱谦益《国初群雄事略》卷一一，《明史》卷一二九《冯胜传》、卷一二五《常遇春传》、卷一三二《蓝玉传》。
2.《明史·兵志三》，严从简《殊域周咨录》卷一七《鞑靼》，方孔炤《全边略记》卷三，黄道周《博物典汇》卷一九。

海西、野人三种。过去两属于蒙古和高丽，部落分散，不时纠合向内地侵掠，夺取物资，边境军队防不胜防，非常头痛。朱元璋所采取的对策，军事上封韩王于开原、宁王于大宁，控扼辽河两头，封辽王于广宁（今辽宁锦州北镇），作为阻止蒙古和女真内犯的重镇。政治上采取分化政策，把辽河以东诸女真部族，个别用金帛招抚（收买），分立为若干羁縻式的卫所，使其个别的自成单位，给予各酋长以卫所军官职衔，并指定住处，许其秉承朝命世袭，各给玺书作为进贡和互市的凭证，满足他们物资交换的经济要求，破坏部族间的团结，无力单独进攻。[1]到明成祖时代，越发积极推行这一政策，大量地、全面地收买，拓地到现在的黑龙江口，增置的卫所连旧设的共有一百八十四卫，立奴儿干都司以统之。现在俄领的库页岛和东海滨省都是当年奴儿干都司的辖地。[2]

辽东平定后，大一统的事业完全成功了。和前代一样，这大一统的帝国领有属国和许多藩国。从东面算起，洪武二十五年高丽发生政变，大将李成桂推翻亲元的王朝，自立为王，改国号为朝鲜，成为大明帝国最忠顺的属国。藩国东南有琉球国，西南有安南、真腊、占城、暹罗和南洋群岛诸岛国。内地和边疆则有许多羁縻（mí）的部族和土司。

藩属和帝国的关系缔结，照历代传统办法，在帝国方面，派遣使臣宣告新朝建立，藩国必须缴还前朝颁赐的印绶册诰，

1. 孟森《明元清系通纪》《清朝前纪》。
2.《北平图书馆馆刊》四卷六期内藤虎次郎《明奴儿干都司永宁寺碑考》。

解除旧的臣属关系。相对地重新颁赐新朝的印绶册诰，藩王受新朝册封，成为新朝的藩国。再逐年颁赐大统历，使之尊奉新朝的正朔，永做藩臣。在藩国方面则必须遣使称臣入贡，新王即位，必须请求帝国承认册封。所享受的权利，是通商和皇帝的优渥赏赐；和其他国家发生纠纷，或被攻击时，得请求帝国调解和援助。至于藩国的内政，则可完全自主，帝国从来不加干涉。帝国在沿海特别开放三个通商口岸，主持通商和招待蕃舶的衙门是市舶司：宁波市舶司指定为日本的通商口岸，泉州市舶司通琉球，广州市舶司通占城、暹罗、南洋诸国。

朱元璋接受了元代用兵海外失败的经验，打定主意，不向海洋发展，要子孙遵循大陆政策，特别在《皇明祖训》中郑重告诫说：

四方诸夷皆限山隔海，僻在一隅，得其地不足以供给，得其民不足以使令。若其不自揣量，来扰我边，则彼为不祥。彼既不为中国患，而我兴兵轻犯，亦不祥也。吾恐后世子孙倚中国富强，贪一时战功，无故兴兵，致伤人命，切记不可。但胡戎（指蒙古）与中国边境互相密迩，累世战争，必选将练兵，时谨备之。

今将不征诸夷国名列于后：

东北：朝鲜国

正东偏北：日本国（虽朝实诈，暗通奸臣胡惟庸谋为不轨，故绝之）

正南偏东：大琉球国　小琉球国

西南：安南国　真腊国　暹罗国　占城国　苏门答剌国　西洋国　爪哇国　湓（pén）亨国　白花国　三弗齐国　渤泥国[1]

中国是农业国，工商业不发达，不需要海外市场；版图大，用不着殖民地；人口多，更不缺少劳动力。向海外诸国侵掠，“得其地不足以供给，得其民不足以使令”，从经济的观点看，是没有什么好处的；从利害的观点看，打仗要花一大笔钱，占领又得费事，不幸打败仗越发划不来，还是和平相处，保境安民，多一事不如少一事。这样一打算盘，主意就打定了。[2]

属国和藩国的不同处，在于属国和帝国的关系更密切。在许多场合，属国的内政也经常被过问，经济上的联系也比较强。

内地的土司也和藩属一样，要定期进贡，酋长继承要得帝国许可，内政也可自主。所不同的是藩国使臣的接待衙门是礼部主客司，册封承袭都用诏旨，部族土司则领兵的直属兵部，土府、土县属吏部，体统不同。平时有纳税、开辟并保养驿路，战时有调兵从征的义务。内部发生纠纷，或反抗朝廷被平后，往往被收回治权，直属朝廷，即所谓“改土归流”。

1.《皇明祖训·箴戒章》。

2. 参看《清华学报》十一卷一期吴晗《十六世纪前之中国与南洋》。

土司衙门有宣慰司、宣抚司、招讨司、安抚司、长官司、土府、土县等名目，长官都是世袭，有一定的辖地和土民，总称土司。土司和朝廷的关系，在土司说，是借朝廷所给予的官位威权，震慑部下百姓，肆意奴役搜括；在朝廷说，是用空头的官爵，牢笼有实力的酋长，使其倾心内向，维持地方安宁，可以说是互相为用的。

大概说来，明代西南部各小民族的分布，在湖南、四川、贵州三省交界处是苗族活动的中心，向南发展到了贵州；广西则是瑶族（在东部）、壮族（在西部）的根据地；四川、云南、贵州三省交界处则是罗罗族的大本营；四川西部和云南西北部则有摩些族；云南南部有僰（bó）族（即摆夷）；四川北部和青海、甘肃、宁夏有羌族（番人）。

在上述各区域中，除纯粹由土官治理的土司外，还有一种参用流官的制度。流官即朝廷所任命的有一定任期而非世袭的地方官。大致是以土官为主，派遣流官为辅，事实上是执行监督的任务。和这情形相反，在设立流官的州县，境内也有不同部族的土司存在。以此，在同一布政使司治下，有流官的州县，有土官的土司，有土流合治的州县，也有土官的州县；即在同一流官治理的州县内，也有汉人和非汉人杂处的情形。民族问题错综复杂，最容易引起纷乱以至战争。汉人凭借高度的生产技术和政治的优越感，用武力、用其他方法占取土民的土地物资，土民有的被迫迁徙到山头，过极度艰苦的日子；有的被屠杀消灭；有的不甘心，组织起来以武力反抗，爆发地方性的甚至大规模的战争。朝廷的治边原则，在极边是放任的愚民政策，只要土司肯听话，便听任其作威作福,世世相承,不加干涉。在内地则取积极的同化政策，如派遣流官助理，开设道路驿站，选拔土司子弟到国子监读书，从而使其完粮纳税，应服军役，一步步加强统治，最后是改建为直接治理的州县，扩大皇朝的疆土。[1]

治理西北羌族的办法分两种：一种是用其酋长为卫所长官，世世承袭；一种因其土俗，建设寺院并赐番僧封号，利用宗教来统治边民。羌族的力量分化，兵力分散，西边的国防就可高枕无忧了。[2]现在的西藏和西康（今四川西部）当时叫作乌斯藏和朵甘，是喇嘛教的中心地区，僧侣兼管政事。明廷因仍元制，封其长老为国师法王，令其抚安番民，定期朝贡。又以番民肉食，对茶叶特别爱好，在边境建立茶课司，用茶叶和番民换马，入贡的赏赐也用茶和布匹代替。西边诸族国的酋长、僧侣贪图入贡和通商的利益，得保持世代袭官和受封的权利，都服服帖帖，不敢反抗。明朝三百年，西边比较平静，没有发生什么大的变乱，当然，也说不上开发。从任何方面来说，这一广大地区比之几百年前，没有任何进步或改变。

1.《明史·土司传》。

2.《明史·西域传》。

第五章　恐怖政治

一　大屠杀

洪武二十八年（公元 1395 年）正式颁布《皇明祖训》。这一年，朱元璋已是六十八岁的衰翁了。

在这一年之前，桀骜不驯的元勋、宿将杀光了，主意多端的文臣杀绝了，不归顺的地方巨室杀得差不多了。连光会掉书袋子搬弄文字的文人也大杀特杀，杀得无人敢说话，无人敢出一口大气了。杀，杀，杀！杀了一辈子，两手都涂满了鲜血的白头刽子手，踌躇满志，以为从此可以高枕无忧，皇基永固，子子孙孙吃碗现成饭，不必再操心了。

这年五月，朱元璋特别下一道手令说："朕自起兵至今四十余年，亲理天下庶务，人情善恶真伪，无不涉历。其中奸顽刁诈之徒，情犯深重，灼然无疑者，特令法外加刑，意在使人知所警惧，不敢轻易犯法。然此特权时措置，顿挫奸顽，非守成之君所用长法。以后嗣君统理天下，止守《律》与《大诰》，并不许用黥、刺、剕（fèi）、劓（yì）、阉、割之刑。臣下敢有奏用此刑者，文武群臣即时劾奏，处以重刑。”[1]

其实明初的酷刑，黥、刺、剕、劓、阉、割还算是平常的，最惨的是凌迟。凡是凌迟处死的罪人，照例要杀三千三百五十七刀，每十刀一歇一吆喝，慢慢地折磨，硬要被杀的人受长时间的痛苦。[2]

其次有刷洗，把犯人光身子放在铁床上，浇开水，用铁刷刷去皮肉。有枭令，用铁钩钩住脊骨，横挂在竿上。有称竿，犯人缚在竿上，另一头挂石头对称。有抽肠，也是挂在竿上，用铁钩钩入肛门把肠子钩出。有剥皮，贪官污吏的皮放在衙门公座上，让新官看了发抖。此外，还有挑膝盖、锡蛇游种种名目。[3]也有同一罪犯，加以墨面、文身、挑筋、去膝盖、剁指，并具五刑的。[4]据说在上朝时，老皇帝的脾气好坏很容易看出来，要是这一天他的玉带高高地贴在胸前，大概脾气好，杀人不会多。要是揿玉带到肚皮底下，便是暴风雨来了，满朝的官员都吓得脸无人色，个个发抖，准有大批人应这劫数。[5]这些朝官，照规矩每天得上朝，天不亮起身梳洗穿戴，在出门以前，和妻子诀别，吩咐后事，要是居然活

1.《明太祖实录》卷二三九。

2. 邓之诚《骨董续记》卷二十“磔”条引《张文宁年谱》，计六奇《明季北略》记郑鄤事。

3. 吕毖《明朝小史》卷一《国初重刑》。

4.《大诰・奸吏建言第三三》《大诰・刑余攒典盗粮第六九》《大诰续编・相验囚尸不实第四二》《大诰三编・逃囚第十六》。

5. 徐祯卿《翦胜野闻》。

着回家，便大小互相庆贺，算是又多活一天了。[1]

四十年中，据朱元璋自己的著作《大诰》《大诰续编》《大诰三编》和《大诰武臣》的统计，所列凌迟、枭示、种诛有几千案，弃市（杀头）以下有一万多案。三编所定算是最宽容的了。“进士监生三百六十四人，愈见奸贪，终不从命，三犯四犯而至杀身者三人，三犯而诽谤杀身者又三人，姑容戴斩、绞、徒流罪在职者三十人，一犯戴死罪、徒流罪办事者三百二十八人。”[2]有御史戴死罪，戴着脚镣，坐堂审案的；有挨了八十棍回衙门做官的。其中最大的案件有胡惟庸案、蓝玉案、空印案和郭桓案，前两案株连被杀的四万人，后两案合计有七八万人。[3]所杀的人，从开国元勋到列侯裨将、部院大臣、诸司官吏到州县胥役、进士监生、经生儒士、富人地主、僧道屠沽，以至亲侄儿、亲外甥，无人不杀，无人不可杀，一个个地杀，一家家地杀，有罪的杀，无罪的也杀，“大戮官民，不分臧否”。[4]早在洪武七年，便有人控诉，说是杀得太多了，“才能之士，数年来幸存者百无一二”。[5]到洪武九年，单是官吏犯笞以上罪，谪戍到凤阳屯田的便有一万多

1. 赵翼《廿二史札记》卷三二《明祖晚年去严刑》条引叶子奇《草木子》。
2.《明史》卷九四《刑法志》,《大诰三编·进士监生不悛第二》。
3.《明史》卷九四《刑法志》。
4.《明史》卷一三九《周敬心传》:“洪武二十五年，上疏极谏：洪武四年录天下官吏，十三年连坐胡党，十九年逮官吏积年为民害者，二十三年罪妄言者，大戮官民，不分臧否。”
5.《明史》卷一三九《茹太素传》。

人。[1]十八年九月朱元璋在给萧安石子孙符上自己也承认："朕自即位以来，法古命官，列布华夷，岂期擢用之时，并效忠贞，任用既久，俱系奸贪！朕乃明以宪章，而刑责有不可恕。以至内外官僚，守职维艰，善能终是者寡，身家诛戮者多。"[2]郭桓案发后，他又说："其贪婪之徒，闻桓之奸，如水之趋下，半年间弊若蜂起，杀身亡家者，人不计其数。出五刑以治之，挑筋、剁指、刖足、髡发、文身，罪之甚者欤？"[3]

政权的维持建立在流血屠杀、酷刑暴行的基础上，这个时代，这种政治，确确实实是名副其实的恐怖政治。

胡惟庸案发于洪武十三年，蓝玉案发于洪武二十六年，前后相隔十四年。主犯虽然是两个，其实是一个案子。

胡惟庸是初起兵占领和州时的帅府旧僚，和李善长同乡，又结了亲。因李善长的举荐，逐渐发达，洪武三年拜中书省参知政事，六年七月拜右丞相。

中书省综掌全国大政，丞相对一切庶务有专决的权力，统率百官，只对皇帝负责。这制度对一个平庸的，唯唯诺诺、阿附取容的"三旨相公"型的人物，或者对手是一个只顾嬉游逸乐不理国事的皇帝，也许不会引起严重的冲突。或者一个性情谦和容忍，一个刚决果断，柔刚互济倒也不致坏事。但是胡惟庸干练有为，有魄力，有野心，在中书省年代久了，大权在手，威福随心，兼之十年宰相，门下故旧僚友也隐隐

1.《明史》卷一三九《韩宜可传》。
2. 吕毖《明朝小史》卷二。
3.《大诰三编·逃囚第十六》。

结成一个庞大的力量，这个力量是靠胡惟庸做核心的。拿惯了权的人，怎么也不肯放下。朱元璋呢，赤手空拳建立的基业，苦战了几十年，拼上命得到的大权，平白被人分去了一大半，真是倒持太阿，授人以柄，想想又怎么能甘心！困难的是皇帝和丞相的职权，从来不曾有过清楚的界限，理论上丞相是辅佐皇帝治理天下的，相权是皇权的代表，两者是二而一的，不应该有冲突。事实上假如一切庶政都由丞相处分，皇帝没事做，只能签字画可，高拱无为。反之，如皇帝躬亲庶务，大小事情一概过问，那么，这个宰相除了伴食画诺以外，又有什么可做？

这两个人性格相同，都刚愎，都固执，都喜欢独裁，好揽权，谁都不肯相让。许多年的争执、摩擦，相权和皇权相对立，最后，冲突表面化了。朱元璋有军队，有特务，失败的当然是文官。在胡惟庸以前，第一任丞相李善长小心怕事，徐达经常统兵在外，和朱元璋的冲突还不太明显、严重（刘基自己知道性子太刚，一定合作不了，坚决不干）。接着是汪广洋，碰了几次大钉子，末了还是赐死。中书官有权的如杨宪，也是被杀的。胡惟庸是任期最长，冲突最厉害的一个。被杀后，索性取消中书省，由皇帝兼行相权，皇权和相权合二为一。洪武二十八年手令："自古三公论道，六卿分职，自秦始置丞相，不旋踵而亡。汉、唐、宋因之，虽有贤相，然其间所用者多有小人，专权乱政。我朝罢相，设五府、六部、都察院、通政司、大理寺等衙门，分理天下庶务，彼此颉颃，不敢相压，事皆朝廷总之，所以稳当。以后嗣君并不许立丞相，臣下敢有奏请设立者，文武群臣即时劾奏，处以重刑。”[1]这里所说的“事皆朝廷总之”的朝廷，指的便是朱元璋自己。胡惟庸被杀在政治制度史上的意义，是治权的变质，也就是从官僚和皇家共治的阶段，转变为官僚成奴才、皇帝独裁的阶段。

胡惟庸之死只是这件大屠杀案的一个引子，公布的罪状是擅权枉法。以后朱元璋要杀不顺眼的文武臣僚，便拿胡案做底子，随时加进新罪状，把它放大、发展。一放为私通日本，再放为私通蒙古。日本和蒙古，“南倭北虏”，是当时两大敌人，通敌当然是谋反。三放又发展为串通李善长谋逆，最后成为蓝玉谋逆案。罪状愈多，牵连的罪人也愈多。由甲连到乙，乙攀到丙，转弯抹角像瓜蔓一样四处伸出去，一网打尽，名为株连。被杀的都以家族做单位，杀一人也就是杀一家。

坐胡案死的著名人物有御史大夫陈宁、中丞涂节、太师韩国公李善长、延安侯唐胜宗、吉安侯陆仲亨、平凉侯费聚、南雄侯赵庸、荥阳侯郑遇春、宜春侯黄彬、河南侯陆聚、宣德侯金朝兴、靖宁侯叶升、申国公邓镇、济宁侯顾敬、临江侯陈镛、营阳侯杨通、淮安侯华中，高级军官毛骧、李伯升、丁玉和宋濂的孙子宋慎。宋濂也被牵连，贬死茂州。坐蓝党死的除大将凉国公蓝玉以外，有吏部尚书詹徽、侍郎傅友文、开国公常升、景川侯曹震、鹤庆侯张翼、舳舻侯朱寿、东莞伯何荣、普定侯陈桓、宣宁侯曹泰、会宁侯张温、怀远侯曹兴、西凉侯濮玙（yú）、东平侯韩勋、全宁侯孙恪、沈阳侯

1.《明太祖实录》卷二三九。

察罕、徽先伯桑敬和都督黄辂、汤泉等。胡案有《昭示奸党录》，蓝案有《逆臣录》，把口供和判案详细记录公布，让全国人都知道这些“奸党”的“罪状”。[1]被杀公侯中，东莞伯何荣是何真的儿子，何真死于洪武二十一年，被帐下旧校捏告生前党胡惟庸，勒索两千两银子。何家子弟到御前分辩，朱元璋大怒说:“我的法，这厮把作买卖！”把旧校绑来处死。到二十三年何荣弟崇祖回广东时：

兄把袂连声:弟弟，今居官祸福顷刻，汝归难料再会日。到家达知伯叔兄弟，勿犯违法事，保护祖宗，是所愿望!

可是，逃过了胡党，还是逃不过蓝党。何家是岭南大族，何真在元明之际保障过一方秩序，威望极高，如何放得过？据何崇祖自述：

洪武二十六年，族诛凉国公蓝玉，扳指公侯文武家，名蓝党，无有分别。自京及天下，赤族不知几万户。长兄四兄宏维暨老幼咸丧。三月二十日夜鸡鸣时，家人彭康寿叩门，吾床中闻知祸事，出问故，云：“昨晚申时，内官数员带官军到卫，城门皆闭。是晚有公差出城，私言今夜抄提员头山何族，因此奔回。”……军来甚众，吾忙呼妻封氏各自逃生。

1. 参看钱谦益《太祖实录辨证》，潘柽章《国史考异》，《燕京学报》十五期吴晗《胡惟庸党案考》。

崇祖一房从此山居岛宿，潜形匿迹，一直到三十一年新帝登极大赦，才敢回家安居。[1]

李善长死时已经七十七岁了。帅府元僚，开国首相，替主子办了三十九年事，儿子做驸马，本身封国公，富极贵极，到末了却落得全家诛戮。一年后，有人上疏喊冤说：

善长与陛下同心，出万死以取天下，勋臣第一，生封公，死封王，男尚公主，亲戚拜官，人臣之分极矣。借今欲自图不轨，尚未可知。而今谓其欲佐胡惟庸者，则大谬不然。人情爱其子，必甚于兄弟之子（善长弟存义子佑是胡惟庸的从女婿），安享万全之富贵者，必不侥幸万一之富贵。善长与惟庸，犹子之亲耳，于陛下则亲子女也。使善长佐惟庸成，不过勋臣第一而已矣，太师国公封王而已矣，尚主纳妃而已矣，宁复有加于今日？且善长岂不知天下之不可幸取？当元之季，欲为此者何限，莫不身为齑粉，覆宗绝祀，能保首领者几何人哉！善长胡乃身见之，而以衰倦之年身蹈之也？凡为此者，必有深仇激变，大不得已。父子之间，或至相挟以求脱祸，今善长之子祺，备陛下骨肉亲，无纤芥嫌，何苦而忽为此？若谓天象告变，大臣当灾，杀之以应天象，则尤不可。臣恐天下闻之，谓功如善长且如此，四方因之解体也。今善长已死，言之无益，所愿陛下作戒将来耳。

1. 何崇祖《庐江郡何氏家记》（“玄览堂丛书续集”本）。

说得句句有理，字字有理，朱元璋无话可驳，也就算了。[1]

二案以外，开国功臣被杀的，还有谋杀小明王的凶手德庆侯廖永忠，洪武八年以僭用龙凤不法等事赐死；永嘉侯朱亮祖父子于十三年被鞭死；临川侯胡美于十七年犯禁伏诛；江夏侯周德兴于二十五年以帷薄不修、暧昧的罪状被杀；二十七年，杀定远侯王弼、永平侯谢成、颍国公傅友德；二十八年杀宋国公冯胜。周德兴是朱元璋儿时放牛的伙伴，傅友德、冯胜功最高，突然被杀，根本不说有什么罪过，正合着古人说的“飞鸟尽，良弓藏；狡兔死，走狗烹”的话。[2]

不但列将依次诛夷，甚至坚守南昌七十五日，力拒陈友谅，造成鄱阳湖大捷，奠定王业的功臣，义子亲侄朱文正也以“亲近儒生，胸怀怨望”被鞭死。[3]义子亲甥李文忠，十几岁便在军中，南征北伐，立下大功，也因为左右多儒生，礼贤下士，有政治野心被毒死。[4]刘基是幕府智囊，运谋决策，不只有定天下的大功，并且是奠定帝国规模的主要人物，因为主意多，看得准，看得远，被猜忌最深，洪武元年便被休致回家，[5]又怕隔得太远会出事，硬拉回南京，终于被毒死。[6]徐达为开国功臣第一，小心谨慎，也逃不过。洪武十八年病了，生背疽，

1.《明史》卷一二七《李善长传》。
2. 王世贞《史乘考误》，钱谦益《太祖实录辨证》，潘柽章《国史考异》。
3. 刘辰《国初事迹》，孙宜《洞庭集·大明初略三》，王世贞《史乘考误》卷一。
4. 王世贞《史乘考误》卷一，钱谦益《太祖实录辨证》卷五，潘柽章《国史考异》卷二。
5. 刘辰《国初事迹》。
6.《明史》卷三〇八《胡惟庸传》、卷一二八《刘基传》，刘璟《遇恩录》。

据说这病最忌吃蒸鹅，病重时皇帝却特赐蒸鹅，没办法，流着眼泪当着使臣的面吃，不多日就死了。[1]这两个元勋的特别被注意、被防范，满朝文武全知道，给事中陈汶辉曾经上疏公开指出：“今勋旧耆德，咸思辞禄去位，如刘基、徐达之见猜，李善长、周德兴之被谤，视萧何、韩信其危疑相去几何哉！”[2]

武臣之外，文官被杀的也着实不少。有记载可考的有宋思颜、夏煜、高见贤、凌说、孔克仁，这几人都是初起事时的幕府僚属。宋思颜在幕府里的地位仅次于李善长。夏煜是诗人，和高见贤、杨宪、凌说一伙，专替朱元璋“伺察搏击”，尽鹰犬的任务，告密栽赃，什么事全干，到末了也被人告密，先后送了命。[3]朝官中有礼部侍郎朱同、张衡，户部尚书赵勉，吏部尚书余熂（xì），工部尚书薛祥、秦逵，刑部尚书李质、开济，户部尚书茹太素，春官王本，祭酒许存仁，左都御史杨靖，大理寺卿李仕鲁，少卿陈汶辉，御史王朴、纪善、白信蹈等。[4]外官有苏州知府魏观，济宁知府方克勤，番禺知县道同，训导叶伯巨，晋王府左相陶凯等。[5]茹太素是个刚性人，爱说老实话，几次因为话不投机被廷杖、降官，甚至镣足治事。一

1. 徐祯卿《翦胜野闻》。
2.《明史》卷一三九《李仕鲁传》附《陈汶辉传》。
3.《明史》卷一三五《宋思颜传》。
4.《明史》卷一三六《朱升传》，卷一三七《刘三吾传》《宋讷传》《安然传》，卷一三八《陈修传》《周祯传》《杨靖传》《薛祥传》，卷一三九《茹太素传》《李仕鲁传》《周敬心传》。
5.《明史》卷一四〇《魏观传》、卷二八一《方克勤传》、卷一四〇《道同传》、卷一三九《叶伯巨传》、卷一三六《陶凯传》。

天，在便殿赐宴，朱元璋赐诗说：“金杯同汝饮，白刃不相饶。”太素磕了头，续韵吟道：“丹诚图报国，不避圣心焦！”元璋听了倒也很感动。不多时还是被杀。李仕鲁是朱熹学派的学者，劝皇帝不要太尊崇和尚道士，想学韩文公辟佛，来发扬朱学。料想着朱熹和皇帝是本家，这着棋准下得不错，不料皇帝竟不买朱夫子的账，全不理会。仕鲁急了，闹起迂脾气，当面交还朝笏，要告休回家。元璋大怒，叫武士把他掼死在阶下。陶凯是御用文人，一时诏令、封册、歌颂、碑志多出其手，做过礼部尚书，制定军礼和科举制度，只为了起一个别号叫“耐久道人”，犯了忌讳被杀。员外郎张来硕谏止娶已许配的少女做宫人，说“于理未当”，被碎肉而死。参议李饮冰被割乳而死。[1]叶伯巨在洪武九年以星变上书，论用刑太苛说：

臣观历代开国之君，未有不以仁德结民心，以任刑失民心者，国祚长短，悉由于此。议者曰宋元中叶，专事姑息，赏罚无章，以致亡灭。主上痛惩其弊，故制不宥之刑，权神变之法，使人知惧而莫测其端也。臣又以为不然。开基之主，垂范百世，一动一静，必使子孙有所持守，况刑者国之司命，可不慎欤！夫笞、杖、徒、流、死，今之五刑也。用此五刑，既无假贷，一出乎大公至正可也。而用刑之际，多裁自圣衷，遂使治狱之吏，务趋求意志，深刻者多功，平反者得罪，欲求治狱之平，岂易得哉！近者特旨杂犯死罪，免死充军，又

1. 刘辰《国初事迹》。

删定旧律诸则，减宥有差矣。然未闻有戒饬治狱者，务从平恕之条，是以法司犹循故例，虽闻宽宥之名，未见宽宥之实。所谓实者，诚在主上，不在臣下也。故必有罪疑惟轻之意，而后好生之德洽于民心，此非可以浅浅期也。何以明其然也？古之为士者以登仕为荣，以罢职为辱，今之为士者以溷迹无闻为福，以受玷不录为幸，以屯田工役为必获之罪，以鞭笞捶楚为寻常之辱。其始也，朝廷取天下之士，网罗捃摭，务无余逸，有司敦迫上道，如捕重囚。比到京师，而除官多以貌选，所学或非其所用，所用或非其所学。洎乎居官，一有差跌，苟免诛戮，则必在屯田工役之科，率是为常，不少顾惜。此岂陛下所乐为哉！诚欲人之惧而不敢犯也。窃见数年以来，诛杀亦可谓不少矣，而犯者相踵，良由激劝不明，善恶无别，议贤议能之法既废，人不自励而为善者怠也。有人于此，廉如夷、齐，智如良、平，少戾于法，上将录长弃短而用之乎？将舍其所长苛其所短而置之法乎？苟取其长而舍其短，则中庸之材争自奋于廉智；倘苛其短而弃其长，则为善之人皆曰某廉若是，某智若是，朝廷不少贷之，吾属何所容其身乎？致使朝不谋夕，弃其廉耻，或事掊克，以备屯田工役之资者，率皆是也。若是非用刑之烦者乎！汉尝徙大族于山陵矣，未闻实之以罪人也，今凤阳皇陵所在，龙兴之地，而率以罪人居之，怨嗟愁苦之声，充斥园邑，殆非所以恭承宗庙意也。

朱元璋看了气极，连声音都发抖了，连声说这小子敢如此！快逮来！我要亲手射死他！隔了些日子，中书省官趁他高兴的时候，奏请把叶伯巨下刑部狱，不久死在狱中。[1]

照规定，每年各布政使司和府州县都得派上计吏到户部，核算钱粮军需等账目，数目琐碎奇零，必须府合省，省合部，一层层上去，一直到部里审核报销，才算手续完备。钱谷数字有分毫升合不符合，整个报销册便被驳回，得重新填造。布政使司离京师远的六七千里，近的也是三四千里，册子重造不打紧，要有衙门的印才算合法，为了盖这颗印，来回时间就得一年半载。为了免得部里挑剔，减除来回奔走的麻烦，上计吏照例都带有预先备好的空印文书，遇有部驳，随时填用。到洪武十五年，朱元璋忽然发觉这事，以为一定有弊病，大发雷霆，下令地方各衙门的长官主印者一律处死，佐贰官杖一百充军边地。其实上计吏所预备的空印文书是骑缝印，不能作为别用，也不一定用得着，全国各衙门都明白这道理，连户部官员也是照例默认的，算是一条不成文法律。可是案发后，朝廷上谁也不敢说明详情，有一个不怕死的老百姓，拼着命上书把这事解释明白，也不中用，还是把地方长吏一杀而空。当时最有名的好官济宁知府方克勤（建文朝大臣方孝孺的父亲）也死在这案内，上书人也被罚充军。[2]

郭桓是户部侍郎。洪武十八年，有人告发北平二司官吏和郭桓通同舞弊，从六部左右侍郎以下都处死刑，追赃七百万。供词牵连到各直省官吏，死的又是几万人。追赃又

1.《明史》卷一三九《叶伯巨传》。
2.《明史》卷九四《刑法志》、卷一三九《郑士利传》。

牵连到全国各地，中产之家差不多全被这案子搞得倾家荡产，财破人亡。这案子惊动了整个社会，也大伤了中产阶级和中下级官僚的心，大家都指斥、攻击告发此案的御史和审判官，议论沸腾，情势严重。朱元璋一看不对，赶紧下手诏条列郭桓等罪状，说是：

户部官郭桓等收受浙西秋粮，合上仓四百五十万石，其郭桓等止收六十万石上仓，钞八十万锭入库，以当时折算，可抵二百万石，余有一百九十万石未曾上仓。其桓等受要浙西等府钞五十万贯，致使府州县官黄文等通同刁顽人吏沈原等作弊，各分入己。

其应天等五府州县数十万没官田地，夏秋税粮，官吏张钦等通同作弊，并无一粒上仓，与同户部官郭桓等尽行分受。

其所盗仓粮，以军卫言之，三年所积卖空。前者榜上若欲尽写，恐民不信，但略写七百万耳。若将其余仓分并十二布政司通同盗卖见在仓粮，及接受浙西等府钞五十万张卖米一百九十万不上仓，通算诸色课程鱼盐等项，及通同承运库官范朝宗偷盗金银，广惠库官张裕妄支钞六百万张，除盗库见在金银宝钞不算外，其卖在仓税粮及未上仓该收税粮及鱼盐诸色等项，共折米算，所废（吞没）者二千四百余万（石）精粮。

其应天等五府州县数十万没官田地夏秋税粮，官吏张钦等通同作弊，并无一粒上仓，与同户部官吏官郭桓等尽行分授。

意思是追赃七百万还是圣恩宽容，认真算起来该有两千四百万，这几万人死得绝不委屈。话虽如此说，到底觉得有些不妥，只好借审刑官的头来平众怒，把原审官杀了一批，再三申说，求人民的谅解。[1]一年后，他又特别指出："自开国以来，惟两浙、江西、两广、福建所设有司官，未尝任满一人，往往未及终考，自不免于赃贪。"[2]可见杀这些贪官污吏是不错的，是千该万该的。不过，倒过来说，杀了二十年的贪官污吏，而贪官污吏还是那么多，沿海比较富饶区域的地方官，二十年来甚至没有一个能够做满任期，都在中途犯了赃贪罪，由此可见专制独裁的统治，官僚政治和贪污根本分不开，单用严刑重罚、恐怖屠杀去根绝贪污，是不可能有什么效果的。

在鞭笞、苦工、剥皮、抽筋以至抄家灭族的威胁空气中，凡是做官的，不论大官小官、近臣远官，随时随地都会有不测之祸，人人都在提心吊胆、战战兢兢地过日子。这日子过得太紧张了，太可怕了，有的人实在受不了，只好辞官，回家当老百姓。不料又犯了皇帝的忌讳，说是不肯帮朝廷做事："奸贪无福小人，故行诽谤，皆说朝廷官难做。"[3]大不敬，非杀不可。没有做过官的儒士，怕极了，躲在乡间不敢出来应考做官，他又下令地方官用种种方法逼他们出来，"有司敦

1.《明史》卷九四《刑法志》，《大诰·郭桓卖放浙西秋粮第二十三》、《大诰·郭桓盗官粮第四十九》。

2.《大诰续编》。

3.《大诰·奸贪诽谤第六十四》。

迫上道，如捕重囚”。还立下一条法令，说是：“率土之滨，莫非王臣，寰中士大夫不为君用，是自外其教者，诛其身而没其家，不为之过。”[1]贵溪儒士夏伯启叔侄各剁去左手大指，立誓不做官，被拿赴京师面审。元璋气呼呼地发问：“昔世乱居何处？”回说：“红寇乱时，避居于福建、江西两界间。”不料“红寇”这名词正刺着皇帝的痛处：“朕知伯启心怀忿怒，将以为朕取天下非其道也。”特谓伯启曰：“尔伯启言红寇乱时，意有他忿。今去指不为朕用，宜枭令籍没其家，以绝狂愚夫仿效之风。”特派法司押回原籍处决。[2]苏州人才姚润、王谟被征不肯做官，也都被处死，全家籍没。[3]

洪武朝朝臣幸免于屠杀的，只有几个例子：一个是大将信国公汤和，原是朱元璋同村子人，一块儿长大的看牛伙伴，比元璋大三岁。起兵以后，诸将地位和元璋不相上下的，都闹别扭，不听使唤，只有汤和规规矩矩，小心听话，服从命令。到晚年，徐达、李文忠已死多年，汤和宿将功高，明白老伙伴脾气，对于诸大将兵权在握心里老大不愿意，苦的是嘴里说不出。他便首先告老交出兵权，元璋大喜，立刻派官给他在凤阳盖府第，赏赐礼遇，特别优厚，算是侥幸老死在床上。[4]一个是外戚郭德成，郭宁妃的哥哥。一天他陪朱元璋在后苑喝酒，醉了趴在地上去冠磕头谢恩，露出稀稀的几根头发。

1.《大诰三编·苏州人才第十三》。
2.《大诰三编·秀才剁指第十》，《明史》卷九四《刑法志》。
3.《大诰三编·苏州人才第十三》，《明史》卷九四《刑法志》。
4.《明史》卷一二六《汤和传》。

元璋笑着说："醉疯汉，头发秃到这样，可不是酒喝多了。"德成仰头说："这几根还嫌多呢，剃光了才痛快。"元璋不作声。德成酒醒，才知道闯了大祸，怕得要死，索性装疯，剃光了头，穿上和尚衣，成天念佛。元璋信以为真，告诉宁妃说："原以为你哥哥说笑话，如今真个如此，真是疯汉。"不再在意。党案起后，德成居然漏网。[1] 一个是御史袁凯。有一次朱元璋要杀许多人，叫袁凯把案卷送给皇太子复讯，皇太子主张从宽。袁凯回报，元璋问："我要杀人，皇太子却要宽减，你看谁对？"袁凯不好说话，只好回答："陛下要杀是守法，东宫要赦免是慈心。"元璋大怒，以为袁凯两头讨好，脚踏两头船，老滑头，要不得。袁凯大惧，假装疯癫。元璋说疯子不怕痛，叫人拿木钻来刺他的皮肤。袁凯咬紧牙齿，忍住不喊痛。回家后，自己拿铁链锁住脖子，蓬头垢面，满口疯话。元璋还是不放心，派使者去召他做官。袁凯瞪眼对使者唱月儿高曲，趴在篱笆边吃狗屎。使者回报果然疯了，才不追究。这一次朱元璋却受了骗，原来袁凯预先叫人用炒面拌砂糖，捏成段段，散在篱笆下，趴着吃了，救了一条命，朱元璋哪里会知道？[2]

吴人严德珉由御史升左佥都御史，因病辞官，犯了忌讳，被黥面充军南丹（今广西），遇赦放还。布衣徒步做老百姓，谁也不知道他曾做过官，到宣德时还很健朗。一天因事被御

1.《明史》卷一三一《郭兴传》。

2.《明史》卷二八五《袁凯传》，徐祯卿《翦胜野闻》，陆深《金台纪闻》。

史所逮，跪在堂下，供说也曾在台勾当公事，颇晓三尺法度。御史问是何官，回说洪武中台长严德珉（mín）便是老夫。御史大惊谢罪，第二天去拜访，他却早已挑着铺盖走了。有一个教授和他喝酒，见他脸上刺字，头戴破帽，问老人家犯什么罪过。德珉说了详情，并说先时国法极严，做官的多半保不住脑袋。说时还北面拱手，嘴里连说："圣恩！圣恩！"[1]

元璋有一天出去私访。到一破寺，里边没有一个人，墙上画一布袋和尚，有诗一首："大千世界浩茫茫，收拾都将一袋藏。毕竟有收还有放，放宽些子又何妨。"墨迹还新鲜，是刚画刚写的，赶紧使人去搜索，已经不见了。[2]这个故事不一定是真实的，不过，所代表的当时人的情绪却是真实的。

1.《明史》卷一三八《周祯传》。
2. 徐祯卿《翦胜野闻》。

二　文字狱

虽然在《大明律》上并没有这一条，说是对皇帝的文字有许多禁忌，违犯了就得杀头，但是，在明初，百无是处的文人，却为了几个方块字，不知道被屠杀了多少人，被毁灭了多少家族。

所谓禁忌，含义是非常广泛的。例如朱元璋从小穷苦，当过和尚，和尚的特征是光头，没有头发，因之不但“光”“秃”这一类字犯忌讳，就连“僧”这个字也被讨厌，推而广之，连和“僧”字同音的“生”字也不喜欢。又如他早年是红军的小兵，红军在元朝政府和地主官僚士大夫的口头上、文字上，是被叫作“红贼”“红寇”的，做过贼的最恨人提起“贼”字，不管说的是谁，总以为骂的是他，推而广之，连和“贼”读音相像的“则”字也看着心虚了。这一类低能的护短的禁忌心理，在平常人，最多是骂一场、打一架，可是皇帝就不同了，严重了，一张嘴，一个条子，就是砍头、抄家、灭族。法律、刑章，不过为对付老百姓用的，皇帝在法律之上，在法律之外，而且，还可以为自己的方便，临时添进一两款，弄得名正言顺；

要不然，做皇帝图的是什么？

大明帝国的第一代皇帝，从小失学，虽然曾经在皇觉寺混了一些日子，从佛经里生吞活剥认了几个字，后来在行伍里和读书人搞在一起，死命记，刻苦学，到发迹了，索性请了许多文人学者来讲学，更明白往古还有许多大道理。可是，到底根基差，认字不太多，学问不到家，许多字认不真，加上心虚护短的自卑心理，凭着有百万大军的威风，滥用权力，就随随便便糊里糊涂杀了无数文人，造成明初的文字狱。

他的自卑心理，另一现象就是卖弄身份。论出身，既不是像周文王那样的王子王孙，也不是隋文帝那样的世代将门；论祖先，既搬不出尧子舜孙那一套，也不会像唐朝拉李耳、宋朝造赵玄朗那玩意；父亲、祖父是佃农，外祖是巫师，没什么值得夸耀的。为了怕人讪笑，索性强调自己是无根基的、没来头的，不是靠祖宗先人基业起家的。在口头上，在文字上，甚至在正式的诏书上，一张嘴，一动笔，总要插进“朕本淮右布衣”，或者“江左布衣”，以及“匹夫”“起自田亩”“出身寒微”一类的话；尤其是“布衣”这一名词，仔细研究他的诏书，差不多很难找出不提这两个字的。强烈的自卑感表现为自尊，自尊为同符汉高祖，原来历史上的汉高祖也和他一样，是个平民出身的大皇帝。不断地数说，成为卖弄，卖弄他赤手空拳，每一寸地打出来的天下。可是，尽管他左一个“布衣”，右一个“布衣”，以至“寒微”之类，一套口头禅，像是说得很利落，却绝不许人家如此说，一说就以为是挖苦他的根基，又是一场血案。

其实，他又何尝不想攀一个显赫知名的人做祖宗，只是被人点破，不好意思而已。据说，当他和一批文臣商量修玉牒（家谱）的时候，原来打算拉宋朝的朱熹做祖先的。恰好一个徽州人姓朱做典史的来朝见，他打算拉本家，就问："你是朱文公的子孙吗？"这人不明底细，又怕撒谎会闯祸，只好回说不是。他一想，区区的典史尚且不肯冒认别人做祖宗，堂堂大皇帝又怎么可以？而且几代以前也从没有听说和徽州有过瓜葛，万一硬连上，白给人做子孙倒不打紧，被识破了落一个话柄，如何值得？只好打消了这念头，不做名儒的后代，却向他的同志汉高祖去看齐了。[1]

文字狱的经过如此：

地方三司官和知府、知县、卫所官，逢年过节和皇帝生日以及皇家喜庆所上的表笺，照例委托学校教官代作。虽然都是陈词滥调刻板一套颂圣的话，朱元璋偏喜欢仔细阅读，挑出恭维话来愉悦自己。他当然也知道这些话只是文字的堆砌，没有真感情，不过，总算综合了文字上的好字眼来歌颂，看了也不由得肌肉发松，轻飘飘有飞上云雾里的快感，紧绷绷的脸腮上有时候也不免浮出一丝丝的笑意来。不料看多了，便出问题：怎么全是说我好的？被屠宰的猪羊会对屠夫讨好感谢？推敲又推敲，总觉得有些字在纸上跳动，在说你这个暴君、这个屠户、穷和尚、小叫花、反贼、强盗，一些不愉快的往事在苦恼他的心灵。

1. 吕毖《明朝小史》卷一。

他原来不是使小心眼的人，更不会挑剔文字。从渡江以后，很得到文人的帮忙。开国以后，朝仪制度、军卫、户籍、学校等典章规程又多出于文人的计划，使他越发看重文人，以为治国非用文人不可。百战功高的勋臣们很感觉不平，以为我们流血百战，却让这些瘟书生来当权，多少次向皇帝诉说，都不理会。商量多时，生出主意，一天又向皇帝告状，元璋还是那一套老话，说是世乱用武，世治宜文，马上可以得天下，不能治天下，总之，治天下是非文人不可的。有人就说："不过文人也不能过于相信，太相信了会上当的。一般的文人好挖苦毁谤，拿话刺人，譬如张九四一辈子宠待儒生，好房子，大薪水，三日一小宴，五日一大宴，把文人捧上天。做了王爷后，要起一个官名，有人取为士诚。"元璋说："不错啊，这名字不错。"那人说："不然，上大当了。《孟子》上有'士，诚小人也'。把这句话连起来，割裂起来念，就读成'士诚，小人也'，骂他是小人，他哪里懂得，给人叫了半辈子小人，到死还不明白，真是可怜。"[1]元璋听了这番话，正中痛处，从此加意读表笺，果然满纸都是和尚贼盗，句句都是对着他骂的，有的成语转弯抹角揣摩了半天，也是损他的，一怒之下，叫把这些做文字的文人，一概拿来杀了。

文字狱的著名例子，如浙江府学教授林元亮替海门卫作《谢增俸表》，有"作则垂宪"一句话，北平府学训导赵伯宁为都司作《贺万寿表》，有"垂子孙而作则"一语，福州府

1. 黄溥《闲中今古录》。

学训导林伯璟为按察使撰《贺冬至表》的“仪则天下”，桂林府学训导蒋质为布政使、按察使作《正旦贺表》的“建中作则”，澧州学正孟清为本府作《贺冬至表》的“圣德作则”，他把所有的“则”都念成“贼”。常州府学训导蒋镇为本府作《正旦贺表》，有“睿性生知”，“生”字被读作“僧”。怀庆府学训导吕睿为本府作《谢赐马表》，“遥瞻帝扉”中“帝扉”被读成“帝非”。祥符县学教谕贾翥（zhù）为本县作《正旦贺表》的“取法象魏”，“取法”读作“去发”。亳州训导林云为本府作《谢东宫赐宴笺》有“式君父以班爵禄”，“式君父”硬被念成“失君父”，说是诅咒。尉氏县教谕许元为本府作《万寿贺表》：“体乾法坤，藻饰太平。”更严重了，“法坤”是“发髡（kūn）”，“藻饰太平”是“早失太平”。德安府县训导吴宪为本府作《贺立太孙表》：“永绍亿年，天下有道，望拜青门。”“有道”变成“有盗”，“青门”当然是和尚庙了。都一概处死。甚至陈州府学训导周冕为本州作《贺万寿表》的“寿域千秋”，念不出花样来的也是被杀。[1]

象山县教谕蒋景高以表笺误被逮赴京师斩于市。[2]杭州教授徐一夔贺表有“光天之下，天生圣人，为世作则”。元璋读了大怒说：“‘生’者僧也，骂我当过和尚。‘光’是剃发，说我是秃子。‘则’音近贼，骂我做过贼！”立刻逮来杀了。吓得礼部官魂不附体，求皇帝降一道表式，使臣民有所遵守。[3]

---

1. 赵翼《廿二史札记》卷三二《明初文字之祸》引《朝野异闻录》。
2. 黄溥《闲中今古录》。
3. 徐祯卿《翦胜野闻》。

洪武二十九年七月特派翰林院学士刘三吾、右春坊右赞善王俊华撰庆贺谢恩表笺成式，颁布天下诸司，以后凡遇庆贺谢恩，如式录进。[1]

文字狱从洪武十七年到二十九年（公元1384—1396年），前后经过十三年。[2]唯一幸免的文人是翰林编修张某，此人在翰林院时说话太直，被贬作山西蒲州学正，照例作庆贺表。元璋特别记得这人名字，看表词里有“天下有道”“万寿无疆”，发怒说：“这老头还骂我是强盗！”差人逮来面讯，说是：“把你送法司，更有何话可说？”张某说：“只有一句话，说了再死也不迟。陛下不是说过表文不许杜撰，都要出自经典，要有根有据的话吗？‘天下有道’是孔子的格言，‘万寿无疆’是《诗经》里的成语，说臣诽谤，不过如此。”元璋无话可说，想了半天，才说：“这老头还嘴犟，放掉吧！”左右侍从私下谈论：“几年来才见容了这一个人！”[3]

有一个和尚叫来复，巴结皇帝，作一首谢恩诗，有“殊域”和“自惭无德颂陶唐”之句。元璋大生气，以为“殊”字分为“歹朱”，明明骂我，又说“无德颂陶唐”，是说我无德，虽欲以陶唐颂我而不能，又把这乱讨好的和尚斩首。[4]

在戡乱建国声中，文人作反战诗也是犯罪的。佥事陈养

1. 此据《明太祖实录》卷二四六。赵翼《廿二史札记》卷三二《明初文字之祸》作“帝乃自为之，播天下”，是错的。
2. 黄溥《闲中今古录》。
3. 李贤《古穰杂录》。
4. 赵翼《廿二史札记》卷三二《明初文字之祸》。

浩有诗云："城南有嫠（lí）妇，夜夜哭征夫。"元璋恨他动摇士气，取到湖广，投在水里淹死。[1]甚至作一首宫词，也会被借题处死。翰林编修高启作《题宫女图》诗，有云："小犬隔花空吠影，夜深宫禁有谁来？"元璋以为是讽刺他的，恨在心头。苏州知府魏观改修府治被杀后，元璋知道《上梁文》又是高启写的，旧仇新罪都发，把高启腰斩。[2]地方官报告就本身职务有所陈请，一字之嫌，也会送命。卢熊做兖州知州，具奏州印"兖"字误类"衮"字，请求改正。元璋极不高兴，说："秀才无理，便道我兖哩！"原来又把"兖"字缠作"滚"字了。不久，卢熊终于以党案被诛。[3]

从个人的避忌进一步便发展为广义的避忌了。洪武三年禁止小民取名用天、国、君、臣、圣、神、尧、舜、禹、汤、文、武、周、汉、晋、唐等字。洪武二十六年榜文禁止百姓取名太祖、圣孙、龙孙、黄孙、王孙、太叔、太兄、太弟、太师、太傅、太保、大夫、待诏、博士、太医、太监、大官、郎中字样，并禁止民间久已习惯的称呼，如医生只许称医士、医人、医者，不许称太医、大夫、郎中；梳头人只许称梳篦人或称整容，不许称待诏；官员之家火者，只许称阍者，不许称太监，违者都处重刑。[4]

不只是文字，甚至口语也有避忌。传说有一次他便装出

1. 刘辰《国初事迹》。
2. 朱彝尊《静志居诗话》，《明史》卷二八五《高启传》。
3. 叶盛《水东日记摘钞》卷二。
4.《明太祖实录》卷五二，顾起元《客座赘语》卷十《国初榜文》。

外察访，有一老婆子和人谈话，提起上位（明初人对皇帝的私下称呼）时，左一个老头儿，右一个老头儿。当时不好发作，走到徐达家，绕着屋子踱来踱去，气得发抖，后来打定主意，传令五城兵马司带队到那老婆子住的地方，把那一带民家都给抄没了。回报时他还哑着嗓子说："张士诚占据东南，吴人到现在还叫他张王，我做了皇帝，这地方的老百姓居然叫我老头儿，真气死人，气死人！"[1]

其他文人被杀的如处州教授苏伯衡以表笺误论死；太常丞张羽曾代撰《滁阳王庙碑》，坐事投江死；河南左布政使徐贲下狱死；苏州经历孙蕡坐曾为蓝玉题画，泰安州知州王蒙尝谒胡惟庸，在胡家看画，王行曾做蓝玉家馆客，都以党案论死。苏伯衡和王行都连两个儿子同命，一家杀绝。郭奎曾参朱文正大都督府军事，文正被杀，奎也论死。王彝曾修《元史》，坐魏观案和高启同死。同修《元史》的山东副使张孟兼、博野知县傅恕和福建佥事谢肃，都坐事死。何真幕府里的人物，岭南五先生之一的赵介，死在被逮途中。初定金华时，罗致幕中讲述经史的戴良，坚决不肯做官，得罪自杀。不死的，如曾修《元史》的张宣，谪徙濠梁；杨基被谪罚做苦工，一直到死；乌斯道谪役定远；唐肃谪佃濠梁；顾德辉父子在吴平后，并徙濠梁，都算是万分侥幸的了。[2]

1. 徐祯卿《翦胜野闻》。

2.《明史》卷二八五《苏伯衡传》《高启传》,《王冕传》附《郭奎传》,《孙传》《王蒙传》《赵壎传》,《陶宗仪传》附《顾德辉传》；赵翼《廿二史札记》卷三二《明初文人多不仕》。

明初的著名诗人吴中四杰：高启、杨基、张羽、徐贲，没有一个是善终的。

元璋晚年时，所最喜欢的青年才子解缙，奉命说老实话，上万言书说：

臣闻令数改则民疑，刑太繁则民玩。国初至今将二十载，无几时不变之法，无一日无过之人。尝闻陛下震怒，锄根剪蔓，诛其奸逆矣，未闻褒一大善，赏延于世，复及其乡，终始如一者也。

陛下进人不择贤否，授职不量重轻。建“不为君用”之法，所谓取之尽锱铢；置“朋奸倚法”之条，所谓用之如泥沙。监生进士经明行修，而多屈于下僚；孝廉人材冥蹈瞽趋，而或布于朝省。椎埋嚚悍之夫，阘（tà）茸下愚之辈，朝捐刀镊，暮拥冠裳；左弃筐箧，右绾组符。是故贤者羞为之等列，庸人悉习其风流，以贪婪苟免为得计，以廉洁受刑为饰辞。出于吏部者无贤否之分，入于刑部者无枉直之判。天下皆谓陛下任喜怒为生杀，而不知皆臣下之乏忠良也。

夫罪人不孥，罚弗及嗣，连坐起于秦法，孥戮本于伪书。今之为善者妻子未必蒙荣，有过者里胥必陷其罪，况律以人伦为重，而有给配之条，听之于不义，则又何取夫节义哉！此风化之所由也。

所说全是事实。迫文人做官则取之尽锱铢，做了官再屠杀，简直像泥沙一样，毫不动心；稍不如意便下刑部，一进刑部是没有冤枉可诉的。而且，不但罚延及嗣，连儿子一起杀，甚至妻女也不免受辱，听凭官家给配。真是“任喜怒为生杀”，和“臣下乏忠良”何干？解缙这么说，只是行文技巧，不给上位太难堪而已。元璋读了，连说：“才子！才子！”可见他自己也是心服的。[1]

网罗布置好了，包围圈逐渐缩小了，苍鹰在天上盘旋，猎犬在追逐，一片号角声、呐喊声、呼鹰唤狗声。已入网的文人一个个断脰（dòu）破胸，呻吟在血泊中。在网外、围外的在战栗，在恐惧，在逃避，在伪装。前朝老文学家杨铁崖（维桢）被征，婉辞谢绝，说快死的老太婆不能再嫁人了，赋《老客妇谣》明志，抵死不肯做官，被迫勉强到南京打一转，请求还山。宋濂赠诗说：“不受君王五色诏，白衣宣至白衣还。”[2]胡翰、赵壎（xūn）、陈基修《元史》成后，即刻回家。张昱被征，元璋看他老态龙钟，说是回去吧，可以闲一闲了，因自号为可闲老人。王逢是张士诚的馆客，吴亡，隐居不起。洪武十五年被征，地方官押送上路，亏得儿子做通事司令的，向皇帝磕头苦求，才放回去。高则诚（明）以老疾辞官，张宪隐姓埋名，寄食僧寺，丁鹤年学佛庐墓，都得逍遥网外，终其天年。[3]开国谋臣秦从龙避乱镇江，元璋先嘱徐达访求，又特派朱文正、李文忠到门延聘，亲自到龙湾迎接，

1.《明史》卷一四七《解缙传》。
2.《明史》卷二八五《杨维桢传》。
3.《明史》卷二八五《胡翰传》《赵壎传》，《赵捴谦传》附《张昱传》，《戴良传》附《王逢传》，《丁鹤年传》，《陶宗仪传》附《高明传》。

事无大小，都和他商量，称为先生而不名，有时用竹板写字问答，连左右侍从都不知道他们说的是什么。儒臣中礼遇优厚，没人能比得上。陈遇在幕中被比作伊、吕、诸葛，最为亲信。元璋做吴王，辞做供奉司丞，称帝后，三次辞翰林学士，又辞中书左丞，辞礼部侍郎兼弘文馆大学士，辞太常少卿，最后又辞做礼部尚书。元璋无法，要派他儿子做官，还是不肯。他在左右劝少杀人，替得罪臣僚说好话，密谋秘计，外人无法与闻。他越是不肯做官，元璋对他越敬重，见面称先生或君子，宠礼在勋戚大臣之上。这两人都不做官，都为元璋所信任尊重，都能平安老死，和刘基那样被猜毒死，宋濂那样暮年谪死，真是不可同日而语了。[1]

元璋渡江以前幕府里的主要人物，还有一人名田兴，金陵下后便隐遁江湖，元璋多方设法寻访都不肯回来。洪武三年又派专使以手书敦劝说：

元璋见弃于兄长，不下十年，地角天涯，未知云游之处，何尝暂时忘也。近闻打虎留江北，为之喜不可仰。两次诏请，更不得以勉强相屈。文臣好弄笔墨，所拟词意，不能尽人心中所欲言，特自作书，略表一二，愿兄长听之：

昔者龙凤之僭，兄长劝我自为计，又复辛苦跋涉，参谋行军。一旦金陵下，告遇春曰：大业已定，天下有主，从此浪迹江湖，安享太平之福，不复再来多事矣。我故以为戏言，

1. 陆深《豫章漫钞》《玉堂漫笔》,《明史》卷一三五《陈遇传》。

不意真绝迹也。皇天厌乱，使我灭南盗，驱北贼，无才无德，岂敢妄自尊大，天下遽推戴之，陈友谅有知，徒为所笑耳。三年在此位，访求山林贤人，日不暇给。兄长移家南来，离京甚近，非但避我，且又拒我。昨由去使传信，令人闻之汗下。虽然，人之相知，莫如兄弟，我二人者不同父母，甚于手足。昔之忧患，与今之安乐，所处各当其事，而平生交谊，不为时势变也。世未有兄因弟贵，惟是闭门逾垣以为得计者也。皇帝自是皇帝，元璋自是元璋，元璋不过偶然做皇帝，并非做皇帝便改头换面，不是朱元璋也。本来我有兄长，并非做皇帝便视兄长如臣民也。愿念兄弟之情，莫问君臣之礼，至于明朝事业，兄长能助则助之，否则，听其自便。只叙兄弟之情，断不谈国家之事。美不美，江中水，清者自清，浊者自浊，再不过江，不是脚色。[1]

情辞恳切到家，还是不理。此人神龙见首不见尾，如实有其人，可说是第一流人物，也是最了解他小兄弟性格的一个人物。

1. 方觉慧《明太祖革命武功记》。

三　特务网

专制独裁的政权，根本是反人民的，靠吮吸人民的血汗，奴役人民的劳力而存在。为了利益的独占和持续，甚至对他自己的工具或者仆役——官僚和武将，也非加以监视和侦查不可。虽然在对人民的剥削掠夺这一共同基础上，皇权和士大夫军官是一致的，但是，官僚武将过分的膨胀，又必然会和皇权产生内部冲突。

皇帝站在金字塔的尖端，在尊严的、神圣的宝座下面，是一座火山。有广大的愤怒的人民，有两头拿巧的官僚，有强悍跋扈的武将，在酝酿力量，在组织力量。

推翻元朝统治的不就是蚩蚩粥粥，老实得说不出话，扛竹竿锄头的农民？使张九四终于不能成事的，不就是那些专为自己打算，贪污舞弊的文士和带歌儿舞女上阵的将军？历史上，曹操、司马懿、刘裕一个吃一个，篡位的是士大夫，帮凶的又何尝不是士大夫？至于赵匡胤陈桥兵变，黄袍加身，那更用不着说了。这位子谁不想坐？“彼可取而代之也！”谁不想做皇帝？

没有做皇帝之先，用阴谋，用武力，使尽一切可能的力量去破坏，从而取得政权。做了皇帝之后，用阴谋，用武力，使尽一切可能的力量来不许破坏，镇压异己，维持既得利益。一句话，绝对禁止别人企图做皇帝，或对他不忠。

要严密做到镇压“异图”“不忠”，巩固已得地位，光是公开的军队和法庭，光是公布的律例和刑章是不够用的。可能军队里、法庭里，就有对现状不满的分子；可能军队里、法庭里，就有痛恨这种统治方式的人们。得有另外一套，得有一批经过挑选训练的特种侦探，得有经过严格组织的特种“机构”和特种监狱，用秘密的方法，侦伺，搜查，逮捕，审讯，处刑。在军队里，学校里，政府衙门中，在民间集会场所，私人住宅，交通孔道，大街小巷，处处都有一些特殊人物在活动。执行这些任务的特种组织和人物，在汉有“诏狱”和“大谁何”，三国时有“校事”，唐有“丽竟门”和“不良人”，五代有“侍卫司狱”，宋有“诏狱”和“内军巡院”，明初有“检校”和“锦衣卫”。

检校的职务是“专主察听在京大小衙门官吏不公不法及风闻之事，无不奉闻”。最著名的头子之一叫高见贤，和佥（qiān）事夏煜、杨宪、凌说，成天做告发人阴私的勾当，“伺察搏击”。兵马指挥丁光眼巡街生事，凡是没有路引的，都捉拿充军。元璋尝时说：“有这几个人，譬如人家养了恶犬，则人怕。”[1]杨宪曾经以左右司郎中参赞浙江行省左丞李文忠军事，元璋

1. 刘辰《国初事迹》，孙宜《洞庭集·大明初略四》，《明史》卷一三五《宋思颜传》。

嘱咐："李文忠是我外甥，年轻未历练，地方事由你做主张，如有差失，罪只归你。"后来杨宪就告讦李文忠用儒士屠性、孙履、许元、王天锡、王袆干预公事，屠性、孙履被诛，其余三人被罚发充书写。杨宪因之得宠，历升到中书左丞。元璋有意要他做宰相，杨宪就和凌说、高见贤、夏煜在元璋面前诉说李善长不是做宰相的材料。胡惟庸急了，告诉李善长："杨宪若做相，我们两淮人就不得做大官了。"杨宪使人劾奏右丞汪广洋流放海南，淮人也合力反攻杨宪："排陷大臣，放肆为奸。"到底淮帮力量大，杨宪以告讦发迹，也以被告讦诛死。[1]高见贤建议："在京犯赃经断官吏，不无怨望，岂容辇毂之下住之？该和在外犯赃官吏发去江北和州、无为开垦荒田。"后来他自己也被杨宪举劾受赃，发和州种田。先前在江北种田的都指着骂："此路是你开，你也来了，真是报应！"不久被杀。夏煜、丁光眼也犯法，先后被杀。[2]

亲卫军官做检校的，有金吾后卫知事靳谦，元璋数说他的罪状："朕以为必然至诚，托以心腹，虽有机密事务，亦曾使令究焉。"[3]有何必聚，龙凤五年派帐下卫士何必聚往探江西袁州守将欧平章动静，以断欧平章家门前二石狮尾为证，占袁州后，查果然不错。[4]有小先锋张焕，远在初克婺州时，就做元璋的亲随伴当从行先锋。一晚，元璋出去私访，遇到

---

1. 刘辰《国初事迹》，《明史》卷一二七《汪广洋传》。
2. 刘辰《国初事迹》，孙宜《洞庭集·大明初略四》。
3.《大诰·沈匿卷宗第六〇》。
4. 钱谦益《国初群雄事略》卷四引俞本《皇明纪事录》。

巡军拦阻，喝问是谁，张焕说："是大夫。"巡军发怒："我不知道大夫是什么人，但是犯夜的就逮住。"解说了半晌才弄清楚。乐人张良才说平话，擅自写省委教坊司帖子，贴市门柱上，被人告发。元璋发怒说："贱人小辈，不宜宠用！"叫小先锋张焕捆住乐人，丢在水里。龙凤十二年以后，经常作特使到前方军中传达命令。[1]有毛骧和耿忠，毛骧是早期幕僚毛骐的儿子，以舍人做亲随，用作心腹亲信，和耿忠奉命到江浙等处访察官吏，问民疾苦。毛骧从管军千户积功做到都督佥事，掌锦衣卫事，典诏狱，被牵入胡惟庸党案伏诛。耿忠做到大同卫指挥，也以贪污案处死。[2]

除文官武将做检校以外，和尚也有被选拔做这个工作的。吴印、华克勤等人，都还俗做了大官，替皇帝做耳目，报告外间私人动止。大理寺卿李仕鲁[3]上疏力争，以为"自古帝王以来，未闻缙绅缁流杂居同事而可以共济者也。今勋旧耆德，咸思辞禄去位，而缁流夫乃益以谗间"，并具体指出刘基、徐达、李善长、周德兴的被猜疑、被谗谤，都是这批出家检校造的孽。[4]

检校的足迹是无处不到的，元璋曾派人去察听将官家，有女僧诱引华高、胡大海妻敬奉西僧，行"金天教"法。元

---

1. 刘辰《国初事迹》，孙宜《洞庭集 · 大明初略四》，王世贞《弇山堂别集 · 诏令杂考二》。
2. 刘辰《国初事迹》，《明史》卷一三五《郭景祥传》附《毛骐传》。
3. 编者注：四版作陈汶辉。
4.《明史》卷一三九《李仕鲁传》。

璋大怒，把两家妇人连同女僧一起丢在水里。[1]

吴元年得到报告，要前方总兵官把“一个摩泥（摩尼教徒）取来”。洪武四年手令：“如今北平都卫里及承宣布政司里快行，多是彼土人民为之。又北平城内有个黑和尚出入各官门下，时常与各官说些笑话，好生不防他。又一名和尚系是江西人，秀才出身，前元应举不中，就做了和尚，见在城中与各官说话。又火者一姓名崔，系总兵官庄人，本人随别下泼皮高丽黑哄陇间，又有隐下的高丽不知数。遣文书到时，可将遣人都教来，及那北平、永平、密云、蓟州、遵化、真定等处乡市，旧有僧尼，尽数起来。都卫快行承宣布政司快行，尽数发来。一名太医江西人，前元提举，即目在各官处用事。又指挥孙苍处有两个回回，金有让孛家奴也教发来。”[2]调查得十分清楚。

傅友德出征赐宴，派叶国珍作陪，拨与朝妓十余人。正饮宴间，有内官觇视，说是国珍令妓妇脱去皂帽褙（bèi）子，穿华丽衣服混坐。元璋大怒，令壮士拘执叶国珍，与妓妇连锁于马坊，妓妇劓去鼻尖。国珍说：“死则死，何得与贱人同锁？”元璋说:“正为你不分贵贱,才这样对你。”鞭讫数十，发瓜州做坝夫。[3]

钱宰被征编《孟子节文》，罢朝吟诗:“四鼓冬冬起着衣，午门朝见尚嫌迟。何时得遂田园乐？睡到人间饭熟时。”有

---

1. 刘辰《国初事迹》。
2. 王世贞《弇山堂别集·诏令杂考二》。
3. 刘辰《国初事迹》。

人给打报告了。第二天元璋对他说："昨天作的好诗，不过我并没嫌呵，改作忧字如何？"钱宰吓得磕头谢罪。[1]

宋濂性格最为诚谨，有一天请客喝酒，也被皇帝注意了，使人侦视。第二天当面发问，昨天喝酒了没有，请了哪些客，备了什么菜？宋濂老老实实地回答，元璋才笑说："全对，没有骗我。"[2]

吴琳以吏部尚书告老回黄冈，元璋不放心，派人去察看，远远见一农人坐小杌（wù）上，起来插秧，样子很端谨。使者前问："此地有吴尚书这人不？"农人叉手回答："琳便是。"使者复命，元璋很高兴。[3]

又如南京各部皂隶都戴漆巾，只有礼部例外，各衙门都有门额，只有兵部没有，据说这也是锦衣卫逻卒干的事。原来各衙门都有人在暗地里侦查，一天礼部皂隶睡午觉，被取去漆巾；兵部有一晚没人守夜，门额给人抬走了，发觉后不敢作声，也就作为典故了。[4]

朱元璋不但有一个特务网，派专人侦查一切场所、一切官民，他自己也是喜欢搞这一套的。例如罗复仁官为弘文馆学士，说一口江西话，质直朴素，元璋叫他作老实罗。一天，忽然动了念头，要调查老实罗是真老实还是假老实，出其不意一人跑到罗家。罗家在城外边一个小胡同里，破破烂烂、

---

1. 叶盛《水东日记摘钞卷二》。
2.《明史》卷一二八《宋濂传》。
3.《明史》卷一三八《陈修传》附《吴琳传》。
4. 陆容《菽园杂记》，祝允明《野记一》。

东倒西歪的几间房子，老实罗正扒在梯子上粉刷墙壁，一见皇帝来，着了慌，赶紧叫他女人抱一个小杌子请皇帝坐下。元璋见他实在穷得可以，老大不过意，说："好秀才怎能住这样烂房子！"即刻赏城里一所大邸宅。[1]

检校是文官，元璋譬喻为恶狗。到洪武十五年还嫌恶狗不济事，另找一批虎狼来执行大规模的屠杀，把侦伺处刑之权交给武官，特设一个机构叫锦衣卫。

锦衣卫的前身是吴元年设立的拱卫司；洪武三年改亲军都尉府，府统中、左、右、前、后五卫和仪鸾司，掌侍卫、法驾、卤簿；十五年改为锦衣卫。

锦衣卫有指挥使一人，正三品。同知二人，从三品。佥事三人，四品。镇抚二人，五品。十四所千户十四人，五品；副千户从五品；百户六品。所统有将军、力士、校尉，掌直驾、侍卫、巡察、缉捕。镇抚司分南北，北镇抚司专理诏狱。

直驾、侍卫是锦衣卫形式上的职务，巡察、缉捕才是工作的重心，对象是"不轨妖言"，不轨指政治上的反对者或党派，妖言指要求改革现状的宗教集团，如弥勒教、白莲教和明教等。

朱元璋从红军出身，当年也喊过"弥勒降生""明王出世"的口号，他明白这些传说的号召作用，也清楚聚众结社对现政权的威胁。他也在担心，这一批并肩百战、骁悍不驯的将军，这一群出身豪室的文臣，有地方势力，有社会声望，

1.《明史》卷一三七《罗复仁传》。

主意多，要是自己一朝咽气，忠厚柔仁的皇太子怎么对付得了？到太子死后，太孙不但年轻，还比他父亲更不中用，成天和腐儒们读古书，讲三王的道理，断不是制驭枭雄的角色。他要替儿孙斩除荆棘，要保证自己死后安心，便有目的地大动杀手，犯法的杀，不犯法的也杀，无理的杀，有理的也杀。锦衣卫的建立，为的便是有计划地栽赃告密，有系统地诬告攀连，有目标地灵活运用，更方便地在法外用刑。各地犯重罪的都解到京师下北镇抚司狱，备有诸般刑具，罪状早已安排好，口供也已预备好，不容分析，不许申诉，犯人唯一的权利是受苦刑后画字招认。不管是谁，进了这头门，是不会有活着出来的奇迹的。

洪武二十年，他以为该杀的人已经杀得差不多了，下令焚毁锦衣卫刑具，把犯人移交刑部，表示要实行法治了。又把锦衣卫指挥使也杀了，卸脱了多年屠杀的责任。六年后，胡党、蓝党都已杀完，松了一口气，又下令以后一切案件都由朝廷法司处理，内外刑狱公事不再经由锦衣卫。签发这道手令之后，摸摸花白胡子，以为天下从此太平，皇基永固了。[1]

和锦衣卫有密切关联的一件恶政是廷杖。锦衣卫学前朝的诏狱，廷杖则是学元朝的办法。

在元朝以前，君臣的距离还不太悬绝，三公坐而论道，和皇帝是师友。宋代虽然臣僚在殿廷无坐处，礼貌上到底还有几分客气。蒙古人可不同了，起自马上，生活在马上，政

1. 王世贞《锦衣志》，《明史》卷八九《兵志》、卷九五《刑法志》。

府臣僚也就是军中将校，一有过失，随时杖责，打完照旧办事，甚至中书大臣都有殿廷被杖的故事。朱元璋事事复古，要“复汉官之威仪”，只有打人，尤其是在殿廷杖责大臣这一桩，却不嫌弃是胡俗，习惯地继承下来。著名的例子，亲族被鞭死的有朱文正，勋臣被鞭死的有永嘉侯朱亮祖父子，大臣被杖死的有工部尚书薛祥，部曹被廷杖的有茹太素。从此成为故事，士大夫不但可杀，而且可辱，君臣间的距离有如天上地下，“天皇圣明，臣罪当诛”。礼貌固然谈不到，连主奴间一点起码的恩意，也被板子、鞭子打得干干净净了。[1]

1.《明史·刑法志三》。

四　皇权的极峰

就整个历史的演进说，皇帝的权力到朱元璋可以说是达到了极峰。

研究皇权的极权化发展，应该从两方面来看，一是士大夫地位的下降，二是巩固皇权的诸多约束被摧毁。至于人民，向来只有被统治、被剥削、被屠杀的义务，和治权是丝毫沾搭不上的。

在明以前，士大夫是和皇家共存共治的。

具体的先从君臣的礼貌来说吧。在宋以前有三公坐而论道的说法，贾谊和汉文帝谈话，不觉膝之前席，可见不但三公，连小官见皇帝都是坐着的。唐初的裴寂甚至和唐高祖共坐御榻，十八学士在唐太宗面前也都有坐处。到宋朝便不然了。从太祖以后，大臣上朝在皇帝面前无坐处，一坐群站，三公群卿立而奏事了。到明代，不但不许坐，站着都不行，得跪着说话了。从坐而站而跪，说明了三个时期的君臣之间的关系，也说明了士大夫地位的下降。

从形式再说到本质：

坐的时期的典型例子是魏晋六朝的门阀制度。

汉代的若干世家宦族，如关西杨氏、汝南袁氏之类，四世三公，有数不尽的庄园，算不清的奴仆，门生故吏遍天下，本身有雄厚的独立的经济、社会和政治力量。

在黄巾动乱时代，地方豪族如孙策、马腾、许褚、张辽、曹操之类，为了保持土地和特殊权益，组织地主军保卫乡里，有部曲，有防区，拥有军事力量。小军阀抗不了大股黄巾，投靠大军阀，大军阀又互相吞并，结果是三分天下，建立三个皇朝，原来两类家族——世族和豪族也都占据高位，变成公卿将帅，成为高级官僚了。这些家族原是共建皇业的股东，和皇家利害共同，休戚一致，在九品中正的选举制度下，"上品无寒门，下品无势族"，大官位全为这些家族分子所独占。东晋南渡，司马家和王、谢等家到了建康，东吴旧族顾、陆、朱、张等家族虽然是本地高门，因为是亡国之余，就吃了亏，在政治地位上屈居第二等。这些高门，世执国政，王、谢子弟更平步以至公卿（北方的崔、卢、李、郑、王等家族也是一样）。到刘裕以田舍翁做皇帝，陈霸先更是寒人，在世族眼光里，皇家只是暴发户，无根基，没派头，朝代尽管改换，好官我自为之，士大夫集团有其传统的政治、社会、经济和文化地位，非皇权所能动摇，士大夫虽然在为皇权服务——因为皇帝有军队——目的却在以皇权来发展并保障士大夫的已有权益。在这种情况下，士大夫是和皇家共存，共享治权的。皇家的利益虽然大体上和士大夫一致，但是在许多场合，发生了尖锐的冲突，例如世族的荫蔽人口，霸占农田水利以至山林湖沼等，经隋代两帝有意识的打击摧毁，如取消九品中正制度，取消长官辟举僚属办法，并设立进士科，用公开的考试制度，用文字的优劣来代替血统门望高下，来选任官僚。但是，文字教育还是要钱买的，大家族有优越的经济地位、人事关系，因之，唐朝三百年间的宰相，还是被二十个左右家族所包办。

门阀制度下的士大夫，有历史的传统，有庄园的经济基础，有包办选举的制度，甚至有依门第高下任官的成文法，有依族姓高下缔婚的风气，高门华阀由此种种便成为一个利害共同的集团，并且，公卿子弟熟习典章制度，治国（办例行公事）也非他们不可。在这诸多特殊情势之下，士大夫是和皇家共存的，只有双方合作才能两利。而且，皇帝人人可做，只要有强大的军力能夺取政权便行，士大夫却不然，寒人役门要成为士大夫，等于骆驼穿针孔，即使有皇帝手令强制，也还是办不到。何事非君？士大夫只要不损害他们的权益，可以侍候任何一姓的皇权。一个拥有大军的统帅，如得不到士大夫的支持，绝对做不了皇帝的。

考试制度代替了门阀制度，真正发挥作用是十世纪以后的事。

经过唐代前期则天大帝有意援用新人，任命进士做高官，打击世族。经过后期甘露之祸（太和九年，公元 835 年）、白马之祸（天祐二年，公元 905 年）和藩镇的摧残，多数的著名家族被屠杀。经过长期的军阀混战，五代乱离，幸存的世族失去了庄园，流徙各地，到唐庄宗做皇帝，要选懂朝廷典故的世族子弟做宰相都很不容易。宋太祖、太宗只好扩大进士科名额（唐代每科平均不过三十人，宋代多至千人以至几千人），用进士来办事，名额宽，考取容易，平民出身的进士在数量上压倒了残存的世族，一发榜立刻做官。进士出身的官僚绅士和皇家的关系，正如伙计和老板，是雇用的而不是合股的。老板要买卖做得好，得靠伙计忠心卖力气，宋朝家法优礼士大夫就是这个道理。用宋朝人的话说是共治，著名的例子是文彦博和宋神宗的对话。

文彦博：王安石胡乱主张，要改变法度。其实祖宗朝的法制就很好，不要胡改，以致失掉人心。

宋神宗：更改法制，对士大夫也许有些吃亏，可是，老百姓是喜欢的。

文彦博：这话不对，皇家是和士大夫治天下的，和老百姓何干？

宋神宗：就是士大夫也不全反对，也有人赞成改革的。

这是熙宁四年（公元 1071 年）三月间的事。

和前一时期不同的是，前期的世族子弟有了庄园，才能中进士做官，再去扩大庄园。这时期呢？中进士做了官才能购置庄园。名臣范仲淹年轻时吃冷粥，过穷苦日子，到做了大官就置苏州义庄，派儿子讨租子，得几船粮食，便是好例子。前一时期的世族，庄园是中进士的本钱，后一时期的官僚，庄园是做官的利息，意义上不相同，政治地位自然也因之不同。

更应该注意的是印刷术发明了，得书比较容易，书籍的流通比较普遍。国立学校学生入学资格必须父祖曾做几品以上官的规定取消了，而且，还有许多私人创立的书院，知识和受教育的机会不为少数家族所囤积独占，平民参加考试的机会大大地增加了。读书成为做官的手段，“遗金满籯(yíng)，不如教子一经”。念书，考进士，做官，发财：“万般皆下品，惟有读书高。”为帝王做仆役服务——“天子重英豪，文章教尔曹。”政府的提倡，社会的鼓励，做官做绅士得从科举出身，竭一生的聪明才智去适应科举，“天下英雄入我彀中”，皇权由之巩固。官爵恩泽，都是皇帝所赐，士大夫以忠顺服从[1]换取皇家的恩宠。皇家是士大夫的衣食父母，非用全力支持不可。士大夫是皇家的管家干事，俸禄优厚，有福同享。前期的共存之局到此就变成共治之局了。君臣间的距离恰像店东和伙计，主佣间的恩惠是密切照顾到的。

士大夫从共存到共治，由股东降作伙计，已经江河日下了。到明代，又猛然一跌，跌作卖身的奴隶，士大夫成为皇家的奴役了。

明初的士大夫，既不是像汉、魏世族那样有威势，又没有魏晋隋唐以来世族的庄园基础，中举做官得懂君主的窍，揣摩迎合，以君主的意志为意志、是非为是非、喜怒为喜怒，从办公事上分一点残羹冷炙，建立自己的基业。一有不是，便丧身破家，挨鞭子、棍子是日常享受，充军做苦工是从宽

1. 李焘《续资治通鉴长编》卷二二一。

发落，不但礼貌谈不上，连生命都时刻在死亡的威胁中。偶尔也有被宠用的特务头子，虽然威风，可是在朱元璋的心目中，甚至口头上，只把这些人当恶狗，养着咬人。皇帝越威风，士大夫越下贱，反过来也可以说是士大夫越被制抑，皇帝就越尊贵，君臣的关系一变而为主奴。奴化教育所造成的新士大夫，体贴入微地逢迎阿谀，把皇权抬上了有史以来的极峰。[1]

巩固皇权的诸多约束被摧毁，是皇权极权化的另一面。

隋唐以来的三省制度，中书省决策，门下省封驳，尚书省执行，把政权分作三部分。在形式上、在理论上防止臣下擅权，分而治之，各机构互相钳制，同时也防止做皇帝的滥用权力，危害根本，是消极地巩固皇权的一种政治制度。实际执行政务的六部，在尚书都省之下，地位很低。凡百政务推行，名义上由政府首长负其责任，事情做错或做坏了，一起推到宰相身上，免官降黜甚至赐死。皇帝对国事不但不是直接领导，并且是不负法律责任的。例如有天灾人祸等重大事变，开明一点的皇帝最多也不过是素服减膳避殿，下诏求直言，或进一步自我检讨一下，下诏罪己，闹一通也就算了。因为皇帝不能做错事，要认错，要受罚，也只能对上天负责。三省制度的建立，正是为了使皇帝不负行政责任，用臣下做赎罪羔羊的办法。到元朝合三省作一省，洪武十三年杀胡惟庸以后，又废去中书省，提高六部的地位，使其直接向皇帝负责，根本取消了千多年来的相权。皇帝除了是国家元首之

1.《时与文》三卷四期吴晗《论绅权》。

外，又是事实上的政府首长，直接领导并推进庶务，皇权和相权合一，加上军队的指挥权、立法权、司法权和任意加税或减税权，以及超法律的任意处分权，人类所能运用、所能想到的一切权力，都集中在一人之手，不对任何个人或团体负责。这种局面可以说是前所未有的。

单独就门下省的封驳权而说，是约束皇权滥用的一种成文法制。其实，封驳权不限于门下省，中书省的中书舍人也有这个权。中书舍人掌起草诏令，中书省长官在得皇帝所同意的事项或命令以后，交词头（原则或具体措施）给中书舍人起草诏敕，舍人如不同意，可以交还词头，拒绝起草。皇帝如坚持原来主意，也可以再度命令执行，但是舍人仍可以再次三次拒绝，除非职务被罢免，或是把这任务交给另外一个舍人。门下省有给事中专掌封驳，封是原封退回，驳是驳正诏敕的违失，凡制敕宣行，重大事件要复奏然后施行，小事签署颁下。有违碍的可以涂窜奏还，叫作涂归，又叫作批敕。这制度规定皇帝所颁诏令，得经过两次同意，第一次是起草的中书舍人，第二次是签名副署的给事中，最后才行下到尚书省施行，所谓“不经凤阁（中书）鸾台（门下），何谓之敕？”[1]如两省官都能尽职，便可以防止皇帝的过举以及政治上的失态行为，对于巩固皇权是有极大作用的。当然，历代帝王很多不遵守这约束，往往不经中书门下，以手令直接交尚书施行，这种情形，史书上叫作墨敕斜封，虽然被执行了，但在

1.《新唐书》卷一一七《刘祎之传》。

理论上是非法的。元朝废门下省，给事中并入中书省，到明初废中书省后，中书舍人成为抄录文件的书记，给事中无所隶属，兼领谏职和稽查六部百司之事。两道约束被清除，皇帝的意志和命令就是法律，直接颁下，任何人都得遵守，不能批评，更不容许反对，造成了朕即国家的局面。皇权跳出官僚机构的牵制，超乎一切之上，这也是前所未有的。

其次，在明以前，守法在理论上是皇帝的美德，无论是成文法典或是习俗相沿的传统。为了维持一个集团的共同利益，以至皇家的优越地位，守法是做皇帝的最好最有利的统治方法。

皇帝地位虽高，权力虽大，也不应以喜怒爱憎的个人感情来毁法、坏法，即使有特殊情形，也必须先经法的制裁，然后用皇帝的特赦权或特权来补救。著名的例子如汉文帝的幸臣邓通，在殿廷不守礼节，丞相申屠嘉大发脾气，说是朝廷礼节给破坏了，下朝回府，发檄传邓通审问，拒传就处死。邓通急了，向皇帝求赦，皇帝只好叫他去。到府后去冠光脚跪伏谢罪，丞相厉声说："小臣戏殿上，大不敬！"叫长史把他拖出去杀了。邓通在下面磕头讨饶，额角都碰出血来了。文帝才派特使向丞相说情，说这人是我的弄臣，请特别赦免。邓通回去见皇帝，哭着撒娇说丞相几乎杀了我，见不到面了。申屠嘉是列侯，是元老重臣，代表重臣集团执行法纪，重臣集团和皇家利害一致，汉文帝便不敢也不能不守这个法。[1]又

1.《汉书》卷四二《申屠嘉传》。

如宋太祖时有臣僚该升官，太祖向来讨厌这个人，不批准，宰相赵普非照规矩办不可，太祖生气了，说："我偏不升他官，看怎么办？"赵普说："刑以惩恶，赏以酬功，是古今来的通道。而且刑赏是天下的刑赏，不是陛下的刑赏，怎么可以用个人的喜怒来破坏？"太祖气极，竟自走开。赵普一直跟到宫门口，不肯走，太祖拗不过道理，只好答应了。这例子说明赵普和宋太祖都能守法。[1]不过重要的是赵普不只是宰相，还是皇家旧人，他的利害也是和皇家一致的。

到朱元璋便不理会这个传统了，朝廷里没有像汉初那样的元老重臣集团，有地位、有力量可以说话做事，也没有像宋初那样的家庭旧人，有胆子、有分量敢于说话做事。相反，他的利害是和朝廷的勋贵大臣对立的，成日成夜怕人对他不忠，不怀好意，一面制定法典，叫人民遵守，犯法的必死，他自己却法外用刑，在《大诰》里所处分的十种死罪和酷刑，都出于法典之外，而且全凭喜怒杀人，根本不依法律程序。在政治上的措施，擢用布衣儒士做尚书九卿以至方面大官，也是不依成法的。他的性格、权力，加上古所未有的地位，使得没有人敢拿法来约束，甚至劝告。自己决不守法，在法律之上，在法律之外，却强迫全国人守他的法，一点不许有差池，这正是暴君、独夫、民贼的典型人物。

他用残酷的恐怖的屠杀手段，推翻八百年来的传统政治制度，组织新的分部负责政府，自己综揽大权，造成专制的

1.《宋史》卷二五六《赵普传》。

残暴的独裁政治。接连不断制造大狱，杀了十几万社会上层的领袖人物，利用检校和锦衣卫侦伺官民，应用里甲制度布成全国性的特务网，用廷杖挫损士大夫的气节，立“寰中士大夫不为君用”之法，强迫知识分子服役。在三十年为一世的长期统治下，开国功臣被杀光了，谋臣策士一个个被消除了，豪绅地主成群成批被淘汰掉了，全国上下各阶层的人吓得胆战心惊，诚惶诚恐，束手服从。他不但是国家的元首，也是政府的当局，也是国军的最高统帅，是最高的立法人和审判官，又是法律的破坏者，具有无限制的货币发行权和财政支配权。用学校和考试制度造就忠顺的干部，用里甲轮役的方法动员全部人力。他收复了沦陷于外族四百三十年的疆域，他建立了中华民族自主的大帝国，是大明帝国的主人，也是几十个属国和藩国的共主，他被后代人称为“民族英雄”，也是有史以来权力最大、地位最高、最专制、最独裁、最强暴、最缺少人性的大皇帝。

对官僚地主士大夫，朱元璋用一副恶狠狠的面孔，青面獠牙，无人不怕。对平民百姓，有另外一副面孔，白胡子的老公公，满脸慈悲相，满口和气话。如果不看他的真面目，也许是人民多年来所梦想的有道明君呢！

经常挂在嘴上的话是：“四民之中，农民最劳最苦。春天鸡一叫就起床，赶牛下田耕种，插下秧子，得除草，得施肥，大太阳里晒得汗直流，劳碌得不成人样。好容易巴到收割了，完租纳税之外，剩不了一丁点儿。万一碰上水旱虫蝗灾荒，全家着急，毫无办法。可是国家的赋税全是农民出的，当差作工也是农民的事，要使国家富强，必得农民安居乐业才办得到。”[1]这套话的主要意思，是要吃鸡蛋得喂饱鸡，要不然，也不能让鸡饿死。

使农民安居乐业的办法，不外乎上代人常做的，积极地为农民兴利，消极地为农民除害。

兴利的事业主要是增加生产。建国以后，下令凡民田五亩到十亩的，栽桑麻木棉各半亩，十亩以上的加倍。到晚年又令户部劝谕民间，凡是有空地的都种植桑枣，由官家教授种植方法。加种棉花的免除租税。[2]棉花的种植从此遍布全国，过去平民常穿的麻衣，逐渐为棉布所替代，衣的问题算是解决了。其次是水利，鼓励人民一切对于水利的建议，特别吩咐工部官员，凡是陂塘湖堰可以蓄水防备水旱灾的，根据地势一一修治，并派遣国子生和人才到各地督修水利，统计开塘堰四万零九百八十七处。再就是劝导农民合作，用里甲作基础，户部劝谕，一里之内，有婚姻死丧，疾病患难，有钱的助钱，有力气的出力气。春耕秋收的时候，一家无力，百家帮忙。每乡里备有木铎，选出老人每月六次持铎游行宣讲。每里有一鼓，农桑时日，清早击鼓催人起床做工，有懒惰的由里老督责，里老不管事的处罚。[3]

1.《明太祖实录》卷二二、卷二五〇。

2.《明史》卷七八《食货志二・赋役》、卷一三八《杨思义传》，谷应泰《明史纪事本末》卷一四《开国规模》。

3.《明太祖实录》卷三五五，《明史・太祖本纪》洪武二十八年，吕毖《明朝小史》卷一，《明史纪事本末》卷一四《开国规模》。

除害指的是赈灾和肃清贪官污吏。

照规定，凡各地闹水旱灾歉收的，蠲（juān）免赋税。丰年无灾伤，也择地瘠民贫的地方特别优免。灾重的免交二税之外，还由官府贷米，或者是赈米、施布、给钞。各地设预备仓，由地方耆老经管，准备大批粮食救灾。灾场州县，如地方官不报告的，特许耆民申诉，处地方官以死刑。洪武二十六年又手令户部，地方官有权在饥荒年头，先发库存米粮赈济，事后呈报，立为永制。三十多年来，赏赐民间的布钞数百万、米百多万石，蠲免租税无数。[1]

凡地方官贪酷害民的，许人民到京师陈诉，《大诰》说：

今后所在布政司府州县，若有廉能官吏，切切为民造福者，所在人民必知其详。若被不才官吏同寮人等捏词排陷，一时不能明其公心，远在数千里，情不能上达，许本处城市乡村耆宿赴京面奏，以凭保全。自今以后，若欲尽除民间祸患，无若乡里年高有德等，或百人，或五六十人，或三五百人，或千余人，岁终议赴京师面奏，本境为民患者几人，造民福者几人，朕必凭其奏，善者旌之，恶者移之，甚者罪之。呜呼！所在城市乡村耆民智人等皆依朕言，必举此行，即岁天下太平矣。民间若不亲发露其奸顽，明彰有德，朕一时难知，所以嘱民助我为此也。若城市乡村有等起灭词讼，把持官府，或拨置官吏害民者，若有此等，许四邻及阖郡人民指实赴京

1.《明史》卷七八《食货志二·赋役》。

面奏，以凭祛除，以安吾民。[1]

甚至鼓励人民把贪污吏役和土豪绑赴京师：

今后布政司府州县在役之吏、在闲之吏，城市乡村老奸巨猾顽民，专一起灭词讼，教唆陷人，通同官吏，害及州里之间者，许城市乡村贤民方正豪杰之士，有能为民除患者，合议城市乡村，将老奸巨猾及在役之吏、在闲之吏，绑缚赴京，罪除民患，以安良民，敢有邀截阻挡者枭令。赴京之时，关津渡口毋得阻挡。[2]

官吏贪赃到钞六十两以上的枭首示众，仍处以剥皮之刑。府州县衙门左首的土地庙，就是剥皮的刑场，也叫皮场庙。各衙门公座旁照例摆一张人皮，里面是稻草，叫做官的触目惊心，不敢做坏事。[3]地方官上任赏给路费，家属赐衣料。考绩以农桑和学校的成绩作标准。来朝时又特别告诫，说是“天下新定，百姓财力都困乏，像鸟儿刚学飞，和新栽的树木，拔不得毛，也动不得根”。[4]求他们暂时不要狠心剥削，危害皇家的安全。

话说得很多，手令面谕，告诫申斥，翻来覆去地要官吏

1.《大诰·耆民奏有司善恶第四五》。
2.《大诰·乡民除患第四九》。
3. 赵翼《廿二史札记》卷三三《重惩贪吏》条引叶子奇《草木子》。
4.《明史》卷二八一《循吏传序》。

替农民着想，替政府的租税和人力动员着想。成效如何呢？洪武九年叶伯巨上书说：

今之守令，以户口、钱粮、狱讼为急务，至于农桑、学校，王政之本，乃视为虚文而置之，将何以教养斯民哉！

以农桑言之，方春，州县下一白帖，里甲回申文状而已，守令未尝亲视种艺次第、旱涝戒备之道也。

以学校言之，廪膳诸生，国家资之以取人才之地也。今四方师生缺员甚多，纵使具员，守令亦鲜有以礼让之实，作其成器者。

朝廷切切于社学，屡行取勘师生姓名，所习课业。乃今社镇城郭，或但置立门牌，远村僻处则又徒存其名，守令不过具文案、备照刷而已。上官分部按临，亦但循习故常，依纸上照刷，未尝巡行点视也。

兴废之实，上下视为虚文，小民不知孝弟忠信为何物，而礼义廉耻扫地矣。

官僚政治的任何作为，都是纸面上的、文字上的，和实际情形全不符合。弄得“民俗浇漓，人不知惧，法出而奸生，令下而诈起。故或朝信而暮猜者有之，昨日所进，今日被戮者有之。乃至令下而寻改，既赦而复收，天下臣民，莫之适从！”[1]十二年后，解缙奉诏上万言书，也说：

1.《明史》卷一三九《叶伯巨传》。

臣观地有盛衰，物有盈虚，而商税之征，率皆定额，是使其或盈也，奸黠得以侵欺；其歉也，良善困于补纳。夏税一也，而茶椒有粮，果丝有税。既税于所产之地，又税于所过之津，何其夺民之利至于如此之密也？且多贫下之家，不免抛荒之咎。今日之土地无前日之生殖，而今日之征聚有前日之税粮。或卖产以供税，产去而税存；或赔办以当役，役重而民困。土田之高下不均，起科之轻重无别，膏腴而税反轻，瘠卤而税反重。[1]

也可见他的治绩只是纸面上的。苛捐杂敛，弄得贫民卖产赔纳；徭役繁重，弄得贫民困苦逃避。尽管杀的人多，处的刑重，贪污的空气还是照旧，用他自己的话来证明吧：

浙西所在有司，凡征收害民之奸，甚如虎狼。且如折收秋粮，府州县官发放，每米一石，官折钞二贯，巧立名色，取要水脚钱一百文，车脚钱三百文，口食钱一百文。库子又要辨验钱一百文，蒲篓钱一百文，竹篓钱一百文，沿江神佛钱一百文。害民如此，罪可宥乎？[2]

急得跺脚，说："我欲除贪赃官吏，奈何朝杀而暮犯？今后犯赃的，不分轻重都杀了！"[3]结果还是"国初至今将

1.《明史》卷一四七《解缙传》。
2.《大诰·折粮科敛第四一》。
3. 刘辰《国初事迹》。

二十载，无几时不变之法，无一日无过之人”。[1]

陆容（成化时人）曾经用具体的事实，分析洪武朝官僚政治的效果说：

国初惩元之弊，用重典以新天下，故令行禁止，若风草然。然有面从于一时而心违于身后者数事：如洪武钱、大明宝钞、《大诰》、洪武韵是已。洪武钱民间全不行，予幼时尝见有之，今不复见一文，盖销毁为器矣。宝钞今虽官府行之，然一贯（一千文）仅值银三厘，钱二文，民间得之，置之无用。《大诰》惟法司拟罪云“有《大诰》减一等”云尔，民间实未之见，况复有讲读者乎？洪武韵分并唐韵，最近人情，然今惟奏本内依其笔画而已。至于作诗，无间朝野，仍用唐韵。[2]

1.《明史》卷一四七《解缙传》。
2.《菽园杂记摘钞》卷五。

第六章　家庭生活

一　马皇后

元璋的大老婆马氏，原是红军元帅郭子兴的养女（第二章第一节）。后来元璋做了镇抚、总管、元帅、丞相、吴国公、吴王，一直做到皇帝，马氏妇以夫贵，从夫人做到皇后。但是，在开头，情形相反，元璋是夫以妻贵的，做了元帅养婿以后，军中才称为朱公子。[1]

马皇后的生父马公，宿州人，犯了杀人罪，逃亡到定远，把小女儿托好朋友郭子兴抚养。马公的名字无人知道。[2]女儿的名字也从来不见有人说起过。在郭家的时候，也许叫春香、秋香，嫁了人成为朱八嫂，做了皇后成为马皇后，死后被谥为孝慈高皇后。

这一对夫妇真说得上门当户对。男方的祖父是逃亡的淘金户，父亲是佃农，外祖是巫师，家世微贱。女方除父亲是

1. 谈迁《国榷》。
2.《明史》卷三〇〇《外戚传・马公传》。

个亡命之徒之外，无可查考。一个是亲兵，一个是养女，元至正十二年(公元 1352 年),郭元帅和次妻小张夫人商量停当，替两口子择日成婚，两个都是元帅家里体己人，对女的说是终身有了着落，男的平白做了元帅的干女婿，平地登天，好不得意。这一年男的二十五岁，女的二十一岁，照那时的习俗都已过了结婚的年龄了。

女人读书识字，在从前只有世代书香的官宦人家才有偶然的例子，马皇后从小是孤女，自然没有这福气。那时代的女人，尤其是上层社会的，饭来张口，衣来伸手，用不着自己做活，照例都裹了小脚，显得尊贵，也以为美丽。马皇后却是一双大脚，因为淮西地方苦，百姓穷，乡下妇女得下田工作，做了养女以后，洗衣做饭，倒茶扫地，没爹娘照顾，长大了也就只好算了。为了这双脚，又闹了一次血案：南京市居民有一桩拿手本领，好用隐语挖苦人，对皇帝怕惹事就拿皇后开玩笑。有一年元宵节，出来一张漫画，一个大脚女人，赤脚，怀里抱一个西瓜，到处传看起哄。恰好朱元璋化装出来察访，一见大怒，认得是讥讽皇后的——“淮西妇人好大脚！”一时查不出是谁干的，下手令把这条街的人全杀了。[1]

马皇后虽然没有受过教育，长得不十分好看，却是一个好妻子、贤内助。

郭子兴是粗人，直性子，容不下人，耳朵软，好听闲话，做事迟疑没决断。朱元璋精细，有野心，说一不二，会

1. 徐祯卿《翦胜野闻》。

千方百计买人的好。两人性格不相合，又有人在中间播弄是非，郭子兴对这干女婿越发不放心，成天挑错处，没有好脸色。军情紧急的时候，无法摆布，把元璋呼来唤去，一刻也离不开，比对亲儿子还亲热。到事情过去，可以过安逸日子了，脸孔又拉长了，干女婿变成了童养媳，成天得看脸色、受气。元璋身边几个能干的亲信将校和参谋，一个接着一个被调走，带的军队也换了指挥官。元璋知道中了暗算，越发小心谨慎，加意侍候，逆来顺受。马皇后着急，出主意巴结小张夫人，把私房钱帛和将士分的彩头扫数送礼，求在子兴面前替丈夫说好话。[1]一天，子兴发怒把元璋禁闭在空屋里，不许送茶饭进去。马皇后背着人偷刚出炉的炊饼给他，把胸口都烫焦了。平时总准备些干粮腌肉，宁愿自己挨饿，也得想法让丈夫吃饱。[2]渡江时领着将士家眷留守和州，看着老家，有人质在身边，不怕前方将士变心。打下了集庆以后，连年苦战，她带着妇女们替战士缝战衣、做鞋子。陈友谅兵临城下，应天（集庆）的官员居民乱作一团，有的打算逃难，有的窖藏金宝，有的在囤积粮食。她一点不着急，反而拿出宫中金宝布帛，犒劳有功将士。[3]到洪武元年朱元璋即皇帝位后，她被册封为皇后。

在军中见有文书就求人教认字，暗地里照样子描写；做了皇后，让女官按天教读书，记得许多历史上有名妇女的故

1.《明太祖实录》卷一，《皇朝本纪》。
2.《明史》卷一一三《孝慈高皇后传》。
3.《明太祖实录》卷一四七。

事。元璋每天随时随地，即使在用饭的时候，想起什么该办的，什么事该怎样办，用纸片记录下来，到了晚上往往塞得一口袋全是。马皇后细心整理，等查问时，立刻拣出应用，省了元璋不少精力。[1]元璋常常对臣下称述皇后的贤德，提起当年的炊饼，比之为芜蒌豆粥、滹（hū）沱麦饭，又比之为唐太宗的长孙皇后。回宫后当家常提起，她说："我怎敢比长孙皇后，常听说夫妇相保容易，君臣相保就难了。陛下不忘和我贫贱时过的日子，也愿不忘记和群臣过的艰苦日子，有始有终，才是好事呢！"[2]

她心地仁慈，总是替人求情说好话。元璋在前殿办事，闹脾气要杀人，回宫后随时解说，婉转疏劝。元璋虽然残酷到极点，被左说右说，拗不过道理，有时候也敷衍一下，救活了不少的人命。朱文正被猜忌得罪，幕僚多人被处死，部下随从行事头目五十多人割断脚筋。元璋当面讯问明白，要杀文正，她苦劝说："这孩子纵然娇惯坏了，看在渡江以来，取太平，破陈也先，下建康，有多少战功。尤其是坚守江西，挡着陈友谅强兵，功劳最大。况且只有这一个亲侄儿，纵然做错事，也该看在骨肉面上，饶他一次。"文正虽然免死，禁不住发牢骚，又被告发，她又劝说："文正只是性刚、嘴直，造反是绝不会的。她母亲苦一辈子，指望着他！"元璋口头答应，派文正到濠州祭祀，随从人员里有皇帝派的检校，一

1.《明太祖实录》卷一四七，徐祯卿《翦胜野闻》。
2.《明太祖实录》卷一四七。

举一动都有报告，回京后瞒着皇后，还是把他鞭死。[1]

李文忠守严州，杨宪诬告他不法，元璋要立时召回。皇后以为严州和敌人接境，轻易调换守将，怕不大好，况且文忠向来小心谨慎，杨宪的话不可轻信。学士宋濂的孙子宋慎被举发是胡党，宋濂连带被逮捕处死刑，她又求情说："百姓家替子弟请先生，对待极恭敬，好来好去，何况是皇帝家馆的师傅？而且宋濂一向住在原籍，也一定不知情。"元璋不许，到用餐时，发觉皇后不喝酒，也不吃，惊问："你不舒服吗？还是不对口味？"回说是心里难过，替宋先生修福。元璋也伤感了，放下筷子，第二天特赦宋濂，免死安置茂州（今四川阿坝藏族羌族自治州茂县）。吴兴财主沈万三（秀）是全国第一名富户，有数不清的钱财产业，为着保身家，自动捐献家财修建南京城三分之一，城修好了，还是不得安稳，检校们三天两头来寻是非；忍着痛，又请求捐献财物替皇帝犒劳全国军队。不料这样反而触了忌讳，平民百姓出钱犒劳全军，图的是什么来？这般乱民不杀，还杀谁？其实这也不过面子话，骨子里还是要吃沈万三的全份家当。皇后以为平民富可敌国，不是好事，法律只能治犯罪的，上天自然会降祸给沈家，不必人主操心。沈万三充军云南虽然留了一条命，果然上天降祸，家产全变成皇家的财富了。[2]诸王师傅李希颜脾气古怪，教乡下蒙童惯了，诸王有顽皮不听话的，常用体

1. 刘辰《国初事迹》。
2.《明史》卷一三《孝慈高皇后传》。

罚惩治。一次，打了一个小王爷的额角，手重了，起一个大包，小王爷哭着向父亲告状。元璋一面用手摸孩子，变了脸色要发作，她又劝解："师傅拿圣人的道理管教我们的孩子，怎么可以生气？"元璋才释然，不把这事放在心上。[1]

她平时劝丈夫不要以一时喜怒来赏功罚罪，消极的赈灾不如多贮存粮食，得宝货不如得贤才，又说："骄纵生于奢侈，危亡起于细微。""法屡更必弊，法弊则奸生。民数扰必困，民困则乱生。"朝官上朝后在殿廷中会餐，菜饭都不可口，告诉皇帝申饬光禄寺改善。马皇后替国子生立红板仓，积粮赡养学生家眷。她对人事事周到体贴，自己却非常节省，穿洗过的衣服，到破都不肯换新的。亲自料理丈夫的膳食，对妃嫔不妒忌，对诸子不偏爱。元璋要访求她的同族人做官，力辞以为朝廷爵禄不可以私外家，可是每次提到父母早死，都忍不住伤心流泪。[2]

洪武十五年八月，马皇后病死，年五十一岁。病时怕连累医生得罪，不肯服药，临死还劝元璋求贤才，听直言，慎终如始。元璋恸哭，不再立皇后。义子沐英镇守云南，得到消息，哭得吐血。[3]宫人追念她的慈爱，作歌追颂道：

我后圣慈，化行家邦。抚我育我，怀德难忘！

怀德难忘，于斯万年。毖彼下泉，悠悠苍天。[4]

1.《明史》卷一三七《桂彦良传》附《李希颜传》。

2.《明史》卷一一三《孝慈高皇后传》。

3.《明史》卷一二六《沐英传》。

4.《明史》卷一一三《孝慈高皇后传》。

二　皇子皇孙

旧时代的旧习俗，多妻是贵族官僚地主们应有的特权，皇帝的配偶除正妻为皇后外，有无数的妾，依地位高下，封为贵妃、妃、嫔等职位。

朱元璋有数不清的妃嫔，生有二十六个儿子、十六个女儿，孙、曾孙一辈连他本人也说不明白。

后宫的妃嫔，就种族论，有高丽人[1]、蒙古人[2]，汉人更不用说。就来源而论，有抢来的，有从元宫接收来的，有陈友谅的妃嫔，有即位后用法令征选的。内中胡妃是濠州人，守寡在家，元璋要娶，胡妃的母亲不肯，隔了一些时候，打听明白胡家避兵在淮安，下令平章赵君用，叫把母女二人一起送来。[3]娶青军马元帅的过房女儿孙妃，远在龙凤元年（元至

1.《明史》卷一二一《公主传》："含山公主，母高丽妃韩氏。"严从简《殊域周咨录·朝鲜》："初元主尝索女子于高丽，得周谊女，纳之宫中，后为我朝中使携归。时宫中美人有号高丽妃者。"

2.《清华学报》十卷三期吴晗《明成祖生母考》。

3. 刘辰《国初事迹》。

正十五年，公元 1355 年）打下太平的时候。这一年元璋才二十八岁，太平被元军围攻，孙妃还出主意拿府中金银赏给将士，大败敌兵，生擒陈也先。[1]同时又抢占郭元帅的女儿，小张夫人生的，做妾（后封为郭惠妃），原来子兴死后，军队被元璋并过来，孤女也连同占有，伺候几年前她家的亲兵和养女了。[2]关于陈友谅的妃子，他在《大诰》中曾经自白：

朕当未定之时，攻城略地，与群雄并驱十有四年余，军中未尝妄将一妇人女子。惟亲下武昌，怒陈友谅擅以兵入境，既破武昌，故有伊妾而归。朕忽然自疑，于斯之为，果色乎？豪乎？智者监之。[3]

其实全是谎话。渡江以后，至少在军中有孙妃、胡妃、郭惠妃三个妇人女子。这一件史实不久便衍变成另一种传说，说是陈友谅妻阇氏入宫后不久，生遗腹子潭王，到成人封国时，阇氏哭着吩咐："儿父是陈友谅，儿父被杀，国被灭，我被俘辱，忍死待儿成年，儿他日当为父报仇，为母雪耻。"后来潭王果然起兵造反，元璋派太傅徐达之子统军讨伐，潭王紧闭城门，在铜牌上写着："宁见阎王，不见贼王！"掷于城外，举火阖宫自焚，抱着小儿子投隍堑而死。其实这故事是捏造的，因为第一，潭王是达定妃所生，和齐王同胞，

1. 刘辰《国初事迹》，钱谦益《国初群雄事略》卷二引俞本《皇明纪事录》。
2.《天潢玉牒》，《滁阳王庙碑》，俞本《皇明纪事录》。
3.《大诰·论官无作非为第四三》。

生母并非阇氏；第二，陈友谅死于至正二十三年（公元 1363 年），潭王生于洪武二年（公元 1369 年），前后相隔六年；第三，潭王因妃父於显被攀入胡党处死，奉诏入朝，疑惧自杀，和陈友谅全不相干。[1]

另一关于代王生母的故事，说代王的母亲是邳人，元璋战败，逃到民家躲避，这家的女人问："你是朱某人吗？人家说你要做皇帝。"留住了一晚。第二天临别时说："将来有孩子怎样办？"元璋留下一旧梳子做凭证，她也拿手饰赠行。到元璋即位后，这女人带着长成的男孩和木梳来认夫认父，元璋叫工部替她另盖木头房子，不让进宫；代王出封后，带生母一同就国。这故事也绝对无稽，因为代王的生母是郭惠妃，生于洪武七年，这一年元璋已做了七年皇帝了，从何战败落荒逃走？[2]

诸妃中蒙古妃和高丽妃都生有子女，传说明成祖即蒙古妃所生。[3] 元璋子孙中有蒙古的、高丽的血统，是毫无问题的。

元璋自己从小没有受到好教育，到发迹以后，对诸子的教育特别看重，在宫中特建大本堂，贮藏古今图籍。征聘四方名儒教育太子和诸王，轮班讲授。挑选才俊青年伴读，时时赐宴赋诗，谈古说今，讨论文字。师傅中最重要、最著名的人物是宋濂，前后十几年，专负教育皇太子的责任，一言一动都以礼法讽劝，讲到有关政教和前代兴亡事迹，拱手剀

1. 皇甫录《近峰闻略》，王世贞《史乘考误》卷一。
2. 徐祯卿《翦胜野闻》，王世贞《史乘考误》卷一。
3.《清华学报》十卷三期吴晗《明成祖生母考》。

切说明，指出某事该这样做，不该那样。皇太子也尽心受教，言必称师傅。[1]博士孔克仁奉命为诸王子讲授经书，诸功臣子弟奉诏入学。[2]元璋特地对儒臣指出皇子们的教育方针说："有一块精金，得找高手匠人打造；有一块美玉，一定要有好玉匠才会使它成器。人家有好子弟，不求明师，岂不是爱子弟不如爱金玉？好师傅要做学生模范，因材施教，培养出人才来。我的孩子们将来是要治国管事的，诸功臣子弟也要当差做事。教的方法，要紧是正心，心一正万事都办得了，心不正，诸欲交攻，大大的要不得。你每（们）要用实学教导，用不着学一般文士，光是记诵辞章，一无好处。"[3]

学问要紧，德行尤其要紧，皇太子左右除了儒生经师以外，又选了一批有德行的端人正士，做太子宾客和太子谕德，职务是把"帝王之道，礼乐之教，和往古成败之迹，民间稼穑之事，朝夕讲说"。[4]

到皇太子成年后，温文儒雅，俨然是个儒生。接着第三步的教育是政事实习。洪武十年令自今政事，并启太子处分，然后奏闻。面谕太子："从古开基创业的君主，吃尽苦头，通达人情，明白世故，办事自然妥当。守成的君主，生长于富贵，锦衣玉食，如非平时学习练达，办事怎能不错？我所以派你每日和群臣见面，听断批阅各衙门报告。练习办

1.《明史》卷一二八《宋濂传》。

2.《明史》卷一三五《孔克仁传》。

3.《明太祖实录》卷四〇，黄佐《南雍志》卷一。

4.《明太祖实录》卷三一。

事，要记得几个原则：一是仁，能仁才不会失于疏暴；一是明，能明才不会惑于邪佞；一是勤，勤勤恳恳，才不会溺于安逸；一是断，有决断，便不致牵于文法。这四个字的运用，决于一心。我从有天下以来，没有偷过懒，一切事务，唯恐有毫发不妥当，有负上天付托。天不亮就起床，到半夜才得安息，这是你天天看见的。你能够学我，照着办，才能太平无事。”[1]

因为元代不立太子，以致引起无穷尽的政变、残杀，元璋在做吴王的时候便立长子为世子，即皇帝位后又立为太子。因为前代的太子官僚自成系统，和廷臣容易闹意见，甚至宫府对立，便以朝廷重臣兼任东宫臣僚。[2]一心一意，用尽心机，要训练出理想的继承人、能干的皇帝，保有这份好不容易挣来的大家当。

洪武二十五年四月，太子病死，九月立太子第二子允炆为皇太孙。对太孙的教育还是老办法，学问德行并重，批阅公事，平决政事，学习如何做皇帝。

诸子中除第九子和第二十六子早死，第四子燕王棣后来起兵靖难篡位，做了明代第三代皇帝，谥为明成祖以外，其他二十三子都封王建国。

由于对平时的家庭教育的注意，诸王成年以后都很能干，会办事。洪武二十六年以后，元勋宿将杀完了，北边对蒙古的军事任务，就不能不交给第二子秦王、第三子晋

1.《明史》卷一一五《兴宗孝康皇帝传》。
2. 宋濂《洪武圣政记·正大本第二》。

王、第四子燕王指挥。其他封在边境的几个小王也领兵跟着几位长兄巡逻斥候，校猎沙漠。[1]在文学方面有成就的更多，如第五子周王好学能词赋，著《元宫词》百章；又研究草类，选其可以救饥的四百多种，画为图谱，加以疏解，著成《救荒本草》一书，对植物学很有贡献。[2]十七子宁王撰《通鉴博论》《汉唐秘史》《史断》《文谱》《诗谱》等著作数十种。八子潭王、十子鲁王、十一子蜀王、十六子庆王都好学礼士，对文学有兴趣。十二子湘王，尤为杰出，文武全才，读书时常到半夜，膂力过人，善弓马刀槊，驰马若飞；在藩开景元阁，招纳文士，校雠（chóu）图籍，行军时还带着大批图书阅读，到山水胜处，往往徘徊终日；喜欢道家那一套，自号紫虚子，风度襟怀，俨然是个名士。

不争气的也有两个。一个是十三子代王，早年做了许多蠢事不必说了，到晚年头发花白了，还带着几个肖子，窄衣秃帽，游行市中，袖锤斧杀伤人，干些犯法害理的勾当。末子伊王封在洛阳，年少失教，喜欢使棒弄刀，不肯待在宫里，成天挟弹露剑，怒马驰逐郊外，人民逃避不及的被其亲手斫击，毫无顾忌。又喜欢把平民男女剥得精光，看着人家的窘样子，高兴发笑。

元璋对诸子期望大，管教严，不姑息。做皇帝久了，君臣的身份竟超过父子的感情。二子秦王多过失，屡次受训责，

1.《明史》卷一一六《晋王㭎传》。
2.《明史》卷一一六《周王橚传》。

皇太子多方救解，才免废黜；死后亲自定谥为“愍”，谥册文说：“哀痛者父子之情，追谥者天下之公。朕封建诸子，以尔年长，首封于秦，期永绥禄位，以藩屏帝室。夫何不良于德，竟殒厥身，其谥曰愍。”十子鲁王服金石药求长生，毒发伤目，元璋很不喜欢，死后追谥为“荒”。[1]

皇族的禄饷一律由政府支给。

洪武九年定诸王、公主年俸：亲王米五万石，钞二万五千贯，锦四十匹，纻丝三百匹，纱罗各百匹，绢五百匹，冬夏布各千匹，绵二千两，盐二百引，茶千斤，马料草月支五十匹；公主已受封，赐庄田一所，每年收粮一千五百石，并给钞二千贯；郡王米六千石；郡主米千石；以下比例递减。[2]亲王嫡长子年及十岁，立为王世子，长孙立为世孙，世代承袭。诸子封郡王。郡王嫡长子承袭，诸子封镇国将军，孙封辅国将军，曾孙奉国将军，四世孙镇国中尉，五世孙辅国中尉，六世以下为奉国中尉。帝女封公主，亲王女封郡主。公主婿号驸马，郡主、县主婿号仪宾。凡皇族出身，由礼部命名，成人后由皇家主婚，一生的生活到死后的丧葬全由政府负担。[3]

到洪武二十八年，皇族人数日益增加，政府财力困难，负担不了，改定为亲王年俸万石，郡王二千石，镇国将军千石，到镇国中尉四百石，奉国中尉二百石。公主和驸马

1. 以上并据《明史·诸王传》。
2.《明史》卷八二《食货志·俸饷》。
3.《明史》卷一一六《诸王传序》。

二千石，郡主和仪宾八百石，县主、郡君、县君、乡君等递减。不到两百年工夫，皇族滋生繁殖到五万多口，[1]政府的租赋，竟到了不够供给皇族的地步。嘉靖四十一年（公元 1562 年）统计，全国每年供应京师粮四百万石，诸王府禄米则为八百五十三万石，比供应京师的多出一倍。以山西而论，存留地方的粮食一百五十二万石，可是当地的宗室俸禄就要二百一十二万石。以河南而论，地方经费只有八十四万三千石，宗室俸禄却要一百九十二万石。即使把地方经费全数都拿来养活皇族，也还缺少一半，只好打折扣和欠支，郡王以上的底数大，还可过好日子，以下就不免啼饥号寒了。政府无法应付，再就原数裁减，皇族疏远的越发不能过活。[2]

这一群皇家子弟，既不能应科举，做官吏，又不许务农、做工、行商，坏皇家体面。高级的亲王、郡王在地方为非作恶，不但凌虐平民，甚至侮辱官吏；疏远卑下的宗室穷极无聊，欺骗敲诈，无恶不作，扰乱和破坏了社会秩序。[3]而且，人数过多，政府照顾不过来。礼部命名怕重复，用金木水火土做偏旁，随便配上一些怪字，作为赐名，叫人哭笑不得。[4]没钱贿赂礼部官吏的，不但一辈子没有名字，甚至到头发白

---

1. 郑晓《今言》："今宗室凡五万余。"陆楫《蒹葭堂杂著》："我太祖高皇帝生二十四子，传至今百八十年矣，除以事削籍外，尚有十五府及列圣所封，亲支星布海内，共三十三府，今玉牒几十万口。"
2.《明史》卷八二《食货志·俸饷》。
3. 赵翼《廿二史札记》卷三二《明分封宗藩之制》，沈德符《野获编》卷四《废齐之横》《辽王贵烚罪恶》，《明史》卷一一八《韩王松传》。
4.《野获编》卷四《宗室名》。

了还不能婚嫁。[1]一直到末年，政府才明白不是办法，把科举和政治的封锁开放了，皇族可以参加考试，可以做官，自谋出路。[2]可是，太晚了，不久就亡国了。

到明亡时，据不完全统计，朱元璋的直系子孙有十几万人。[3]

1.《明史》卷二五一《何如宠传》。

2. 沈德符《野获编》卷四《郡王建白》《宗室通四民业》,《明史》卷一一九《郑王传》，赵翼《廿二史札记》卷三二《明分封宗藩之制》。

3. 参看 253 页注 1。

三　教养和性格

朱元璋出身穷佃户，做过游方和尚，到处叫化。从军以后和儒生文人接近，沾上书卷气，会谈古论今。又以出身微贱，要故作神奇，神道设教，吓唬老百姓，和道士和尚串通，假造许多神迹。三十多年来，儒生，道士，和尚，三教九流，都被尽量利用，巩固他的皇座。

先从儒家的作用说起。

从渡江到建国，和幕府中的儒生，如范常、陶安、夏煜、孙炎、杨宪、秦从龙、陈遇、孔克仁、范祖干、叶仪、吴沈、许干、叶瓒玉、胡翰、汪仲山、李公常、戴良、刘基、宋濂诸人，朝夕讨论，讲述经史。经过十几年的熏陶，加上不断的努力学习，中年以后，他不但懂得经义，能写通俗的白话文，并且也能作诗，作有韵的文字，能够欣赏、批评文学的优劣了。

在称帝以前，他闲时常和儒生列坐赋诗，范常总是交头卷，元璋笑说："老范诗质朴，极像他的为人。"[1] 初下徽州，

1.《明史》卷一三五《范常传》。

朱升请题字，亲写“梅花初月楼”横匾。[1]和陶安论学术，亲制门帖子赐他：“国朝谋略无双士，翰苑文章第一家。”[2]征陈友谅，过长沙王吴芮祠，见胡闰所题诗，大为爱好，即时召见帐前；到洪武四年胡闰以郡举秀才来见，元璋还记得清楚，说：“这书生，是那年题诗鄱阳庙墙上的。”授官都督府都事。[3]鄱阳湖大胜，设宴庆功，和夏煜等草檄赋诗；[4]宋濂喝不得酒，勉强灌醉了，制楚辞以赐，又赐以良马，亲制《白马歌》。[5]

即位后更加喜欢弄笔墨，毛骐、陶安、安然死，亲写祭文。[6]桂彦良做晋王傅，作文送行。[7]宋讷读书，烤火不小心，烧了衣服伤肋，作文劝诫。张九韶告老回家，又作文赠行。[8]

他会写散文，主张文章应明白显易，通道术，达时务。[9]读曾鲁文后，非常高兴，说：“读陶凯文后，已起人意，鲁又如此，文运其昌乎！”[10]刘三吾主考会试，榜发后以为有弊，亲撰策问复试。[11]他喜欢研究音韵，元末《阴氏韵府》手头常用，以旧韵出江左，命乐韶凤参考中原音韵订定，名《洪

1. 黄瑜《双槐岁钞》。
2.《明史》卷一三六《陶安传》。
3.《明史》卷一四一《胡闰传》。
4.《明史》卷一三五《宋思颜传》附《夏煜传》。
5.《明史》卷一二八《宋濂传》。
6.《明史》卷一三五《郭景祥传》附《毛骐传》、卷一三六《陶安传》、卷一三七《安然传》。
7.《明史》卷一三七《桂彦良传》。
8.《明史》卷一三七《宋讷传》附《张美和传》。
9.《明史》卷一三六《詹同传》。
10.《明史》卷一三六《曾鲁传》。
11.《明史》卷一三七《刘三吾传》。

武正韵》。[1]时常作诗，[2]甚至会作赋，和儒臣欢宴大本堂，自作《时雪赋》。[3]亲撰凤阳《皇陵碑》，粗枝大叶，通篇用韵。也会作骈体文，徐达初封信国公，亲制诰文："从予起兵于濠上，先存捧日之心，来兹定鼎于江南，遂作擎天之柱。"又说："太公韬略，当宏一统之规；邓禹功名，特立诸侯之上。"居然是个四六作家了。[4]

对历史尤其熟，《汉书》《宋史》都是常读的书。吴元年十一月和侍臣讨论："汉高祖以追逐狡兔比武臣，发踪指示比文臣，譬喻虽切，语意毕竟太偏。我以为建立基业，犹之盖大房子，剪伐斩削，要用武官，藻绘粉饰，就非文臣不可。用文而不用武，譬如连墙都未砌好，如何粉饰？用武而不用文，正如只有空间架，粗粗糙糙，不加粉刷彩画，不成体统，两样都不对。治天下的要文武相资，才不会坏事。"[5]不多久，又和太子讨论七国造反的问题，太子以为错在七国，元璋说："不然。这是讲官偏说。景帝做太子时，以博局杀吴王世子，做皇帝后，又听信晁错，黜削诸侯，七国因之造反。"[6]论内官则以为古代宦竖，管的是早晚当差打扫一些宫廷仆役事

1.《明史》卷一四七《解缙传》、卷一三六《乐韶凤传》。

2.《明史》卷一三七《刘三吾传》《桂彦良传》，卷一三八《周祯传》附《李质传》。

3.《明史》卷一一五《兴宗孝康皇帝传》。

4. 赵翼《廿二史札记》卷三二《明祖文义》引《稗史汇编》。

5.《明太祖实录》卷二二。

6.《明太祖实录》卷二五。晗按：这一段话是被歪曲修改过的。明成祖重修《太祖实录》以削藩之罪归给建文帝，把这段史论也给改倒过来了，原来的话一定是错处在七国。

务，从汉邓太后以女主临朝，用阉人做常侍等官，宦官才偷窃政权，作威作福。[1]读《宋史》，到宋太宗改封桩库为内藏库，挖苦说："做皇帝的以四海为家，用全国的财富，供全国之用，何必分公私？太宗算是宋朝的贤君，还这样小家子气，看不开。至如汉灵帝的西园，唐德宗的琼林、大盈库，括政府的钱做私人的蓄积，更不值得责备了。"[2]告诉张信翰林的职务，引唐陆贽、崔群、李绛做例子。[3]教官吴从权说不知民间事务，驳以宋胡瑗教学生，特别看重时事。[4]随时随事，征引历史事实，作为讨论和训话的根据。

对经学，跟宋濂读《春秋左传》，跟陈南宾读《洪范》九畴，读蔡氏书传时，发现所说象纬运行和朱子书传相反，特地征召诸儒订正。讨厌《孟子》里一些和皇权有违碍的话，派刘三吾删节，编为《孟子节文》。著有《御注洪范》，多用陈南宾说。[5]

对佛教，他即位以后，非常崇敬，诏征东南戒德名僧，在蒋山大开法会，和群臣顶礼膜拜。僧徒中有应对称意的，颁赐金襕袈裟衣，召入禁中，赐坐讲论。吴印、华克勤等人都还俗做到大官。元璋以为和尚与尘世绝缘，无所牵涉，寄以心腹，用作耳目，使其检校官民动静，由之僧徒得意横行，

1.《明太祖实录》卷二七、卷六三。
2.《明太祖实录》卷一七九。
3.《明太祖实录》卷二四九。
4.《明史》卷一三九《萧岐传》。
5.《明史》卷一二八《宋濂传》；卷一三七《桂彦良传》附《陈南宾传》,《赵俶传》附《钱宰传》,《刘三吾传》。

文武大臣，都被中伤得罪。又倚仗告发的功劳，请为佛教创立职官，改善世院为僧录司，设左右善世、左右阐教、左右讲经、觉义等官，高其品秩。道教也照样来一套。度僧尼道士数万人。[1]和尚皇帝加上一套和尚职官，在尘世政府里面，又建立了一个空门朝廷。还著有《集注金刚经》一卷。[2]

道士替元璋做工作的有周颠和铁冠子。周颠的事迹，据朱元璋所写的传记说：周颠十四岁上得了癫病，在南昌市讨饭，说话颠三倒四，人家叫他周颠。三十多岁时，正当元朝末年，新官上任，一定去求见，说是“告太平”。元璋带兵去取南昌，疯头疯脑来告太平，又说“婆娘歹”，唱“世上甚么动得人心，只有胭脂胚粉动得婆娘嫂里人”。问是什么缘故，回说：“你只这般，只这般。”元璋烦了，叫人拿铜缸盖住，用猛火蒸。等柴炭烧完，打开缸看时，周颠正在出汗呢。到蒋山寺寄食，和尚来说，颠和小沙弥抢饭吃，闹脾气有半个月不吃东西了。元璋亲自去看，颠来迎接，一点也看不出饿，摆一桌大筵席，请颠大吃一顿。又给关在一间空房子里，一个月不给饭吃，还是不在乎。这故事传开了，诸军将士抢着做主人，请吃酒饭，随吃随吐，只有跟元璋吃饭时，才规规矩矩，像个样子。大家都信服了，以为是仙人。

颠用手画地成圈，指着对元璋说：“你打破桶（统），做一个桶。”

1.《明史》卷一三九《李仕鲁传》。
2.《明史》卷九八《艺文志三·释家》。

元璋西征九江，行前问颠，这次如何？说:“行。”又问:“友谅已称帝，消灭他怕不容易？”颠仰头看天，好一会儿，稽首正容说:“上面无他的。”到安庆舟师出发无风，说:“只管行，只管有风，无胆不行便无风。”果然一会儿大风起来，一口气直驶小孤山。

十多年后，元璋害热症，几乎要死，赤脚僧觉显送药来，说天眼尊者和周颠仙人送的，当晚病好。

有周颠仙人诗一首:“初见圣主合天基，一时风来一时痴。逐片俱来箍一桶，浩大乾坤正此时。人君自此安邦定，齐天洪福谢恩驰。我王感得龙颜喜，大兴佛法当此时。”[1]

铁冠子姓张名中，好戴铁冠，人称为铁冠子。谈祸福多奇中，平章邵荣、参政赵继祖谋叛被杀，是他告密的。征陈友谅时也在军中，算定南昌解围和大捷的时日，用洞元法祭风，舟师直达鄱阳湖。佯狂玩世，和周颠同是元璋有用的工具。[2]

元璋常读的道教经典是《道德经》，著有《御注道德经》二卷。[3]

元璋利用神道设教的狡狯，当时即已被人指出。洪武十一年（公元 1378 年）解缙上万言书说:

> 陛下天资至高，合于道微，神怪诞妄，臣知陛下洞瞩之

1. 沈节甫《纪录汇编》卷六明太祖《御制周颠仙人传》，《明史》卷二九九《方伎传·周颠传》。
2.《明史》卷二九九《方伎传·张中传》。
3.《明史》卷一四七《解缙传》、卷九八《艺文志三·道家》。

矣。然犹不免所谓神道设教者，臣谓必不然也。一统之舆图已定矣，一时之人心已服矣，一切之奸雄已慑矣，天无变灾，民无患害，圣躬康宁，圣子圣孙，继继绳绳，所谓得真符者矣。何必兴师以取宝为名，谕众以神仙为征应者哉！[1]

果然，一切都已不成问题。从此以后，对佛道两教的兴趣突然减低，不再侈谈神异征应了。

元璋以“神仙为征应”这一手法是相当成功的，民间流行着许多神异故事，以为他是真命天子。传说中主要的一个是：天上有二十八宿，轮流下凡做人主，元天历元年（公元1328年）天上娄宿不见，到洪武三十一年（公元1398年）娄宿复明，洪武帝是娄宿下凡。当时不流通的洪武钱，乡下人很看重，孩子们佩在身上，以为可以辟邪。豆棚瓜下，老祖父祖母们对孩子们讲的故事，也多半说的洪武爷放牛时的种种奇迹。

穷措大出身的开国皇帝，对于起居饮食，生活享受，不肯穷奢极侈。[2]至正二十六年营建宫室，管工程的人打好图样，他把雕琢考究的部分都去掉了。[3]完工以后，朴素无装饰，画了许多触目惊心的历史故事和宋儒的《大学衍义》。有个官儿要巴结，说是某处出产一种很美的石头，可以铺地，被痛

1.《明史》卷一四七《解缙传》。
2. 王文禄《龙兴慈记》。
3.《明太祖实录》卷一二。

切教训了一顿，为的是不懂得节俭的大道理。[1]车舆、服用诸物该用金饰的，用铜代替。不但自己讲节俭，对人也是如此。

有一天，看见内侍穿着新靴在雨中走路，另一舍人穿一套值五百贯钞的新衣，都着着实实骂了一顿。[2]司天监把元顺帝费尽心机做成的自动宫漏进献，以为是“不管政务，专干这个，叫做‘作无益害有益’”，把宫漏打毁。[3]陈友谅有一张镂金床，极为考究，江西行省送给皇帝，元璋说：“这和孟昶的七宝溺器有什么两样！”下令打碎。[4]有的官儿说山东有银矿可以开发，有的官儿说西戎有水银坑，磁州有铁矿，挖了都可富国。他一概不理，把说话的骂了一顿，打了一顿，甚至发到边地充军。[5]

屏风上写着唐李山甫《上元怀古》诗，日常吟诵：“南朝天子爱风流，尽守江山不到头。总为战争收拾得，却因歌舞破除休。尧将道德终无敌，秦把金汤可自由！试问繁华何处在？雨花烟草石城秋。”[6]南朝的灭亡坏在歌舞上头，坏在风流上头，也坏在大兴土木上头。立下规矩，朝会时不用女乐，宫廷里不随便添建宫室。[7]也禁止臣下笺文颂美，表章不许用

1.《明太祖实录》卷二〇。
2.《明太祖实录》卷二二五。
3.《明太祖实录》卷三一。
4.《明太祖实录》卷一四。
5.《明太祖实录》卷二七、卷一四四。
6. 姚福《青溪暇笔》。
7.《明太祖实录》卷三四。

四六骈偶文体。[1]

说宗教信仰是谈不上的，周颠、铁冠子之流只用作政治的炫耀，骨子里根本不信有神仙，曾经告诉宋濂："秦始皇、汉武帝好神仙，宠方士，想求长生，末了一场空。假使用这份心思来治国，国怎会不治？依我看来，人君能清心寡欲，做到百姓安于田里，有饭吃，有衣穿，快快活活过日子，也就是神仙了。"[2] 有道士来献长生的法子，他说："我所要的是全国人民的长寿和快乐。"[3] 不肯接受。又有人学宋朝大中祥符年间的办法献天书，证明上位确是真命天子，反而被杀。同样，也不信祥瑞。洪武二年，有献瑞麦一茎三穗和五穗的，群臣称贺。他说："我做皇帝，只要修德行，致太平，寒暑适时，就算国家之瑞，倒不在乎以物为瑞。记得汉武帝获一角兽，产九茎芝，好功生事，使海内空虚。后来宣帝时又有神爵甘露之瑞，却闹得山崩地裂，汉德于是乎衰。由此看来，祥瑞靠不住，灾异却是不可不当心的。"命令今后或有灾异，无论大小，地方官即时报告。[4]

对失败的敌人不肯加以侮辱：洪武三年李文忠克应昌，俘获元主孙买的里八剌，并知元主已死。捷报到南京，百官称贺，元璋命礼部榜示，凡曾经做过元朝官的不必称贺。又

1.《明太祖实录》卷一七、卷八五，祝允明《野记》。
2.《明太祖实录》卷二九。
3.《明太祖实录》卷二三〇。
4.《明太祖实录》卷四〇。

以元主不战北走，谥为顺帝，亲自作文致祭。[1]俘虏到京，礼官请举行献俘典礼，并举唐太宗作例。元璋说："唐太宗是待王世充，如对隋室子孙，不会这样。元人入主中国，百年之内，人口繁殖，家给户足，我的祖先，也曾享过太平的福来。"只令服本俗衣入朝。[2]

对死节的敌人表示尊重：元将石抹宜孙、福寿、余阙、李黼战死，都为其立祠于所守城邑，留下永久纪念。[3]对始终不屈的敌人，尤其衷心钦佩：扩廓帖木儿拥兵反攻，百战不挠，被推许为天下第一奇男子，以不得臣之为恨。[4]相反的一个例子：危素是元朝老臣，文坛宗主，投降后做翰林侍读学士。一天，元璋在东阁办事，忽听得履声橐橐，问是谁，答是"老臣危素"，元璋说："原来是你！我道是文天祥！既是元朝老臣，何不到和州看守余阙庙去？"不到一年，这位老臣便羞愧死了。[5]

执法极严，令出必行。初起兵时，粮食不足，下令禁酒，胡大海统军攻越，其子犯令，王恺请勿杀以安大海心。元璋以为宁可使大海叛我，不可使法不行，亲手执行死刑。[6]赵仲中是起兵时勋旧，奉令守安庆，陈友谅来攻，弃城逃走，

1.《明太祖实录》卷五三。
2.《明太祖实录》卷五三。
3.《明太祖实录》卷二〇、卷二一，《明史》卷一三六《任昂传》。
4. 姚福《青溪暇笔》，《明史》卷一二四《扩廓帖木儿传》。
5.《明史》卷二八五《危素传》，何孟春《余冬序录》。
6.《明史》卷一三三《胡大海传》。

常遇春求情，元璋说：“法不行，无以惩后。”用弓弦缢死。[1]平章邵荣、参政赵继祖因为多年征战，不能和家人团聚，说了气愤话，被告发诛死。[2]冯胜攻高邮，城中诈降，先头部队全军覆没，立时召还，决大杖十下，令步行回高邮，一鼓攻下。[3]末年驸马都尉欧阳伦出使，贩带私茶，违反国法，虽然是自己亲女婿，还是赐死。[4]

他认为理想的模范人物是汉高祖，最早劝他学汉高祖的人是李善长。常时读的书是《汉书》，常时提到的古帝王是汉高祖，随时随地随事都以汉高祖自比。

当灭陈友谅后，兵势日盛，有点像楚汉垓下之战后的情形，和幕僚孔克仁说闲话：“秦政暴虐，汉高祖以布衣起家，以宽大制驭群雄，做了皇帝。而今也是群雄蜂起，可是都不懂修法度、明军政，此其所以成不了事。”意中俨然以汉高祖自居，说完了还叹了几口气。有一次读《汉书》，宋濂和孔克仁在座，元璋问汉治道不纯，何故？克仁以为王道霸道相杂。又问谁应该负责？克仁说责在高祖。元璋说：“不然，高祖初创基业，遭秦灭学之后，百姓困苦已极，气还喘不过来，哪里还有工夫讲礼乐？孝文帝算是好皇帝了，正应该制礼作乐，和三代相比，可惜又不注意，终于只有那丁点成就。做帝王的要抓住时机，三代君主，有时机有人才做得好。汉

1.《明史》卷一二九《廖永忠传》附《赵庸传》。

2. 刘辰《国初事迹》。

3.《明史》卷一二九《冯胜传》。

4.《明太祖实录》卷二五三。

文帝错过了时机，至于周世宗那才苦呢，有决心有魄力，满腔子要做好，只是不得其时，真是可惜！”又问汉高祖以布衣做皇帝，靠的是什么？克仁以为是善于用人，元璋说：“项羽南面称孤，不施仁义，光夸自己能干。高祖知道这毛病，反过来谦逊忍性，不认输，加以宽大容人，所以能够胜利。现在我守住江左，任用贤人，安抚百姓，等候大局变化。假使不如此，单凭军力，硬碰硬，怕也不容易成功吧。”[1]

研究汉高祖的个性和作风到了家，下意识地养成模仿的癖性。举例说，汉高祖在天下未定时，就派萧何营建未央宫，元璋也在南征北伐军出发前，先造金陵宫阙。汉初徙齐楚诸国大族田氏、昭氏、屈氏、景氏、怀氏实关中，元璋也徙江南富人十四万户实中都。汉初分王子弟，明初也恰好建藩国。汉初赐民爵士大夫以上，明初也下诏天下富民年十八以上赐爵里士，九十以上赐爵社士。汉初俎醢（hǎi）韩、彭、英布，明初也大杀功臣，一杀再杀，杀得靖难兵起时无人可用。[2]

相隔一千六百年两位同乡的开国皇帝，竟是一脉渊源的师生！

1.《明太祖实录》卷一四，《明史》卷一三五《孔克仁传》。

2. 赵翼《廿二史札记》卷三二《明祖行事多仿汉高》条。

四　晚年的悲哀

朱元璋的智力极高，长于计谋，看得远，见得大处，当机立断，更善于接受好建议，不自以为是。统一以后，和群臣有一番检讨的话："我生在天下大乱的年头，被迫投军，原不过是为了活命。到渡江以后，看这一群拥兵割据，称王称帝的，打家劫舍，全不成材料。内中张士诚、陈友谅最强大，士诚地方富庶，友谅军力强大，我没有别的可夸，只靠不乱杀百姓，说话算话，刻苦做事，和大家同心一力，挣出这个基业。开头夹在吴、汉两大国之间，士诚尤其逼近，有人主张先向东吴进攻，我的看法是友谅志骄，士诚器小，志骄的好生事，要争取主动，器小的没长远打算，总是被动，所以决定先攻友谅。鄱阳湖这一场决战，士诚果然不能出姑苏一步，和友谅呼应！假使当时先攻士诚，浙西坚守待援，友谅一定空国而来，我便被迫两线作战，腹背受敌了。两个都吃掉以后，举兵北伐，之所以先取山东，次下河洛，止住潼关西进之师，不急攻秦陇，是什么道理呢？因为扩廓帖木儿、李思齐、张思道都是百战之余，决不肯轻易服输，而且，大兵西入，正好促成他们联合，团结抵抗，一时也占不了便宜；不如出其不意，直取大都，根本既除，然后西进，张、李望绝势穷，不战而克。可是，扩廓还是力战到底，费了多少事。假定不取北平，就和关中军决战，又是两线作战形势，胜负就很难说了。”尽量避免两线作战，机动地争取主动，敏捷地利用对方弱点，转变形势，集中兵力使敌人处在被动地位，知己知彼，在战略上是完全成功的。[1]

在另一场合，他又申说：“元朝末年，人君安逸不管事，臣下跋扈不听命，胡乱花钱，想尽主意剥削，水旱灾荒，年年都有，闹得天怒人怨，到处反叛，群雄角逐，割据地方。我没有办法，为了自救，才参加红军；到了兵强地广，才东征西讨，削除群雄，开拓土地，这时候，中国已非元朝所有了。元朝皇帝如能小心不偷懒，不专讲享受，臣下尽心做事，不贪污，不争权夺利，怎么会引起这次革新？又怎会造成割据分裂的局面？由此看来，我取天下于群雄之手，非于元朝之手，是很明白的。”[2]

以后，洪武四年灭夏，十四年定云南，二十年取辽东，事前都由他自己决定战略，制敌决胜，事后的绥靖建置，也完全用手令指示。诸将不过奉行命令，完成任务而已。

大大小小的事务，一定亲自办理，天不亮就起床办公，一直到深夜，没有休息，也没有假期，更谈不到调剂精神的

1.《明史·太祖本纪》。
2.《明太祖实录》卷五三。

娱乐。因为照习惯，一切事务处理，臣僚建议，都用书面的奏章，成天成年看奏章，有时也难免感觉厌倦，尤其是卖弄学问经济、冗长不中肯的报告。洪武八年，刑部主事茹太素上万言书申说事务，元璋懒得看，叫中书郎王敏朗诵，读到“才能之士，数年来幸存者百无一二，今所任率迂儒俗吏”，发了脾气，把太素找来大骂，打了一顿。第二天晚上，又叫宫人读了一遍，仔细想想，也还有点道理，建议的有四款着实可以照办，不由得叹一口气说：“做皇帝难，做臣子也不容易啊！我要听老实话，要听切实情事的，文辞太多，摸不清要点所在。太素所说的要点，有五百字也够说清楚，搞了这一大堆，何苦来？”上朝时，面谕中书，特定奏对式，不许繁文乱听，从此读奏章省了不少精力。[1] 到废中书省以后，六部府院直接对皇帝负责，政务越发繁忙。据洪武十七年九月间的统计，从十四日到二十一日，八天内，内外诸司奏札凡一千六百六十件，计三千三百九十一事，[2] 平均每天要看或听两百多件报告，要处理四百多件事。虽然精力过人，拼着命干，到底是上了年纪的人，有点儿觉得吃力了。

他是赤手空拳起家的，除自身而外，三个哥哥和几个堂房兄弟，都在壬辰那年死去，父系亲属只有亲侄文正一人，真是“门单户薄”。母族绝后，妻族也死绝了。到文正被杀后，诸子幼弱，基业还未稳定，孤零零一个人，高高在上，找遍

1.《明史》卷一三九《茹太素传》。
2.《明太祖实录》卷一六五。

周围，没有一个人可以寄托心腹的，得撑持着，时刻警戒着，提心吊胆，不让别人暗算。正如驶着独木船，水把独木船冲得团团转，几十年到不了岸，看着水是敌人，礁石是敌人，连天空飞的乌鸦也是敌人，谁都要害他，都在讥笑他、讽刺他。从得了大权，做了皇帝之后，害了高度的紧张病、猜疑病、恐惧病。

早年过的是衣食不足的穷苦生活，中年在军队里，在兵火喧天、白刃相接的紧张生活中，抓住了权力，四十岁以后，把全副精力放在处理事务，防备假想敌人上。体力消耗之外，加上无数妃妾的宫廷生活，加上对人对事的极度不安，精神永远集中在怎样保持那份大家当的问题上。他有心跳的病症，宋濂以为应该清心寡欲。[1]时发高热病，做怪梦，幻想在梦中看到天上神仙宫阙。[2]平时喜怒无常，暴怒到失常态。[3]性格变得更加残酷、横暴，寻求刺激，要发泄，为一句话、一个字就打人、杀人，用许多种离奇的刑罚来折磨人、屠杀人。他害的是一种虐待狂的病症，用别人的痛苦来减轻自己的恐惧。

可惊的是虽然精神失常，智力却并不减退。大儿子朱标忠厚仁慈，有点像汉惠帝，接受了当时最好的教育。老皇帝过了五十岁生日之后，精力有点不济事了，让大儿子来帮忙，裁决普通政务，一来是分劳，二来也是训练这下一代皇帝办

1.《明史》卷一二八《宋濂传》。
2.《御制周颠仙人传》,《御制纪梦》。
3. 姚福《青溪暇笔》。

事的能力，指望太子是汉文帝，不是汉惠帝。可惜父子俩性格正好相反，也和他的同乡皇帝父子一样，一个严酷，一个宽大，父子间有时也不免闹冲突。[1]老皇帝眼见得一代不如一代，只好叹一口气，闷在心里，索性自己动手，大兴党狱，杀尽了所有不顺眼的文武官员，斩除荆棘，铺平道路，好让儿子做现成皇帝。

好容易皇太子的学业和政治训练都够满意了，元璋以为托付得人，这份产业牢靠稳当，放得下心了，却又变生意外，太子于洪武二十五年（公元 1392 年）病死。六十五岁的老皇帝受了这致命的打击，糊涂了大半天说不出话，身体一天天虚弱下去，头发胡子全变白了。

太子死后，立太子嫡子允炆为皇太孙，此时，他才十六岁。

皇太孙的性格极像他的父亲，年纪又小，没经过训练。祖父虽然也让跟着办事，终是替他发愁，怕他挑不下这副担子，诸将大臣将来会不服调度。只好又动辣手，借题目大批杀人，杀得将帅一空，连傅友德、冯胜那样仅存的开国元勋，说不出一丝道理，也顺手杀了。想着小孙子不会有人来作难，做祖父的算是用尽了心血了。

他的政治能力，部分从实际经验得来，部分从历史教训得来。他以为皇位继承是维持帝国和平最重要的制度，必须有一个规定得严密的法则，才不会引起宗族间的纠纷、政变。最好的办法是宗法制度下的嫡长承袭。在皇太子正位后，为

1. 徐祯卿《翦胜野闻》。

了要使诸王安分，保护扶持大宗，洪武五年命群臣采汉唐以来藩王善恶可为劝诫的，编作一书，名为《昭鉴录》，颁赐诸王。皇太孙正位以后，用同样的意思编了一书，叫作《永鉴录》。二十八年又颁布《皇明祖训》条章，把一切做皇帝、做藩王和臣下所应遵守的、不该做的事，都详细记载，并定制后代有人要更改祖训的，以奸臣论，杀无赦。希望用教育、用制度，使各藩王忠心服从这未来的小皇帝，朱家的族长。[1]

可惜这一番心思都白用了，第二子秦王、第三子晋王雄武有野心，见太子仁懦，都不肯安分，先后被发觉，要治重罪，太子尽力解救，才得无事。太子死后，二十八年秦王死，三十一年晋王死，都死在老皇帝之前，算是没有闹出大花样。费尽了心机，父子兄弟间还不免钩心斗角，时刻提防着，这对于老皇帝自然也是精神上的打击。

猜疑病、迫害狂，愈来愈重，身体愈衰弱，精神愈不安定，脾气愈坏。体力、精神交互影响，到洪武三十一年（公元 1398 年），他已经七十一岁了，五月间病倒，不能动弹，躺了三十天，告别所手创的帝国，离开继承人和笑容满面的臣民，结束了一生恩怨，安静地死去。

刽子手死后还杀了一批人：侍寝过的宫人一律殉葬，家属由政府养活，叫作朝天女户。[2]

葬在南京城外的孝陵，谥曰高皇帝，庙号太祖。永乐元

1.《明史·太祖本纪》洪武六年、二十六年、二十八年。
2.《今言》三三九条，吕毖《明朝小史》卷三。

年（公元 1403 年），谥神圣文武钦明启运俊德成功统天大孝高皇帝。嘉靖十七年（公元 1538 年）增谥开天行道肇纪立极大圣至神仁文义武俊德成功高皇帝。

遗嘱里有一段话："朕膺天命三十一年，忧危积心，日勤不怠。""忧危积心"四字，说出了这位皇帝一生在恐慌猜疑中过日子，"日勤不怠"说出如何用全副心力来保持这份大家当。[1]

太孙即位后不久，燕王棣果然起兵造反，援引祖训，以靖难为名。建文四年（公元 1402 年）篡位自立，是为明成祖。离老皇帝之死还不到五年。

元璋的相貌不很体面，晚年尤其难看，一脸凶相。曾找了许多画工，画像十分逼真，总不合意。后来有一个聪明人画的像，轮廓有点像，却一脸和气，充满了慈祥的样子，这才对了窍，传写了多本，分赐给诸王。[2]这两种不同的画像，到现在都有传本。

1.《明史·太祖本纪》洪武三十一年。

2. 陆容《菽园杂记》。

附录：朱元璋年表

元天顺帝 公元 1328	天顺元年 1 岁	九月丁丑，元璋生。
元顺帝 公元 1337	至元三年 10 岁	正月，广州增城县民朱光卿起义，称大金国，旋被消灭。 二月，棒胡以烧香聚众，起义于汝宁、信阳，元命河南行省左丞庆童镇压之。己丑，汝宁献所获棒胡弥勒佛小旗及宣敕等。 四月，元禁汉人、南人，不得执持军器，凡有马者拘入官。合州大足县民韩法师起义，称南朝赵王。惠州归善县民聂秀卿、谭景山等造军器，拜戴甲为定光佛，与朱光卿相结起义，元命江西行省左丞沙的捕之。
至元四年 公元 1338	 11 岁	六月，袁州民彭莹玉、周子旺起义，周子旺称周王，不久被捕遇害。漳州路南胜县民李志甫起义，围漳城。
至元五年 公元 1339	 12 岁	四月，元重申汉人、南人不得执军器弓矢之禁。 十一月，开封杞县人范孟反，伪传帝旨，杀河南平章政事月禄等，已而被捕遇害。

至元六年 公元 1340　13 岁	五月，元禁民间藏军器。
元顺帝　至正元年 公元 1341　14 岁	湖广、山东、燕南贫民为“盗”，多至三百余处。
至正四年 公元 1344　17 岁	春，淮北大旱，继以瘟疫，元璋父、母、长兄、次兄皆病死。 秋九月，元璋入皇觉寺为沙弥。一月后，云游淮西颍州一带。 七月，益都县盐徒郭伙你赤起义，上太行，入壶关，至广平，杀兵马指挥，复还益都。
至正五年 公元 1345　18 岁	在淮西游方未归。
至正六年 公元 1346　19 岁	在淮西。 “盗”扼李开务之闸河，劫商旅船，元官兵不能捕。
至正七年 公元 1347　20 岁	在淮西。 四月，临清、广平、滦河、通州等处贫民群起为“盗”。十一月，沿江“盗”起，剽掠无忌，元官莫能禁。
至正八年 公元 1348　21 岁	年底，元璋回皇觉寺。 海宁州、沭阳县等处“盗”起。台州方国珍起义，聚众海上，元命江浙行省参政镇压之。
至正九年 公元 1349　22 岁	冀宁、平遥等县曹七七起义。

至正十年 公元 1350　23 岁	方国珍攻温州。
至正十一年 公元 1351　24 岁	四月，元顺帝诏开黄河故道，命贾鲁以工部尚书为总治河防使，发汴梁、大名等十三路民十五万，庐州等戍十八翼军二万，自黄陵冈南达白茅，放于黄固、哈只等口，又自黄陵西至阳青村，合于故道，凡二百八十里有奇。仍命中书右丞玉枢虎儿吐华、同知枢密院事黑厮以兵镇之。 五月，颍州刘福通起义，以红巾为号，陷颍州。韩山童被捕遇害，其妻杨氏与子韩林儿逃脱。 六月，刘福通占领朱皋，攻破罗山、正阳、确山，遂攻舞阳、叶县等处。江浙左丞孛罗帖木儿为方国珍所败，元顺帝遣使招谕方国珍。 八月，萧县李二及彭大、赵均用等攻陷徐州。李二号芝麻李，亦以烧香聚众起义。蕲州罗田人徐寿辉与黄州麻城人邹普胜等起义，以红巾为号。十月，占领蕲水为国，称帝，国号天完，建元治平。
至正十二年 公元 1352　25 岁	闰三月，元璋投郭子兴部下为兵。 徐寿辉部将陆绩攻破汉阳、兴国府、武昌、安陆府、沔阳府、江州、岳州、袁州、瑞州、徽州、信州、饶州、杭州。 二月，郭子兴等起义于濠州。 元丞相脱脱攻徐州，克之。芝麻李败死，彭大、赵均用奔濠州。 答失八都鲁率军占襄阳，察罕帖木儿、李思齐率军攻起义人民，元政府各授以官。
至正十三年 公元 1353　26 岁	元璋略定远，下滁州。 张士诚起义，攻占泰州、高邮，称诚王，国号大周，建元天祐。

至正十四年 公元 1354　　27 岁		元璋在滁州。 元丞相脱脱大败张士诚于高邮，分兵围六合，元璋率兵赴援。元顺帝削脱脱官爵，安置淮安路，又诏使西行，鸩死于吐蕃境。
至正十五年　宋小明王龙凤元年 公元 1355　　28 岁		正月，元璋克和州，奉郭子兴命总诸将。 四月，常遇春归元璋。 五月，廖永安、俞通海以水军降，元璋遂下采石，取太平。 小明王命郭天叙为都元帅，张天祐、元璋为左右副元帅。 九月，郭、张二帅攻集庆，皆死之，于是子兴部将尽归元璋。 二月，刘福通等迎立韩林儿为皇帝，号小明王，国号宋，建都亳州，建元龙凤。 三月，郭子兴卒。 十二月，答失八都鲁大败刘福通于太康，遂围亳州，小明王奔安丰。
至正十六年　宋龙凤二年 公元 1356　　29 岁		二月，元璋攻集庆，下之，改名应天府。 遣徐达攻镇江，拔之。 六月，元璋部将邓愈克广德。 小明王升元璋为枢密院同佥，不久又升为江南等处行中书省平章。 徐寿辉迁都汉阳。 张士诚攻占平江，以为国都，改名隆平府。 李武、崔德等破潼关。

至正十七年　宋龙凤三年
公元 1357　30 岁

元璋占领长兴、常州、宁国、江阴、常熟、徽州、池州、扬州等地。

二月，刘福通遣毛贵攻破胶州、莱州、益都、滨州。
六月，刘福通攻汴梁。关先生、破头潘、冯长舅、沙刘二、王士诚攻晋冀。白不信、大刀敖、李喜喜攻向关中。
九月，徐寿辉部将倪文俊谋杀其主不果，自汉阳奔黄州，其属下陈友谅袭杀之。友谅自称平章。
元以张士诚为太尉，方国珍为江浙行省参政，使由海道运粮入都。
明玉珍占重庆路。
答失八都鲁死，其子孛罗帖木儿代领其众。

至正十八年　宋龙凤四年
公元 1358　31 岁

二月，元璋以康茂才为营田使。
十二月，自将攻婺州，下之，改为宁越府。

五月，刘福通攻破汴梁，自安丰迎小明王入居之，定为国都。
关先生、破头潘等攻破辽州虎林，又攻破上都，烧元宫阙，转攻辽阳。
陈友谅攻破龙兴路、吉安路。

至正十九年　宋龙凤五年
公元 1359　32 岁

元璋兵克诸暨、衢州、处州等地，命宁越府立郡学。
小明王升元璋为仪同三司江南等处行中书省左丞相。

汴都为察罕帖木儿所破，刘福通奉小明王退保安丰。
陈友谅以江州为都，迎徐寿辉居之，自称汉王。

至正二十年 公元 1360	宋龙凤六年 33 岁	陈友谅攻应天，元璋大败之，遂复太平。徐寿辉旧将以袁州降于元璋。 陈友谅占太平，杀其主徐寿辉自立，国号大汉，改元大义。回驻江州，遣将占辰州。 明玉珍闻徐寿辉被杀，自立为陇蜀王，塞瞿塘，不与友谅通。 孛罗帖木儿与察罕枯木儿互相攻杀，元顺帝下诏调解，皆不听。
至正二十一年 公元 1361	宋龙凤七年 34 岁	元璋击陈友谅于江州，友谅奔回武昌；遂分兵攻南康、建昌、饶州、蕲州、黄州、广济等处，皆下之，又下抚州。小明王封元璋为吴国公。
至正二十二年 公元 1362	宋龙凤八年 35 岁	元璋受友谅部将胡廷瑞之降，遂得龙兴，改为洪都府。瑞州、吉安、临江相继下。 明玉珍称帝，国号夏，建元天统。 察罕帖木儿死，子扩廓帖木儿代领其事。
至正二十三年 公元 1363	宋龙凤九年 36 岁	元璋因张士诚将吕珍攻安丰，亲率军往救。 陈友谅大举攻洪都，围八十五日不下。元璋急撤援安丰军，与友谅大战于鄱阳湖。友谅中流矢死，其子陈理突围奔回武昌，元璋亲往围之。 刘福通奉小明王自安丰突围，居滁州。 张士诚自立为吴王，停止运粮至元都。

至正二十四年 公元 1364	宋龙凤十年 37 岁	元璋立为吴王，建百官。 受陈理降，汉遂亡。 孛罗帖木儿率军入大都，元顺帝惧，命为中书右丞相，节制天下兵马。
至正二十五年 公元 1365	宋龙凤十一年 38 岁	元璋以徐达为大将军，进攻江北、淮东张士诚之地，先取泰州及高邮。 孛罗帖木儿被杀，扩廓帖木儿代为相，不久复令总制关、陕、晋、冀、山东兵马，便宜从事。
至正二十六年 公元 1366	宋龙凤十二年 39 岁	徐达等下淮安、濠州、宿州、徐州等地、淮东悉入元璋领域。 五月，元璋命徐达、常遇春攻张士诚根据地，连下湖州、杭州，大军进围平江。 十二月，元璋遣廖永忠迎小明王于滁州，中途沉之于江，宋遂亡。 李思齐、张良弼等屯兵关中，不服扩廓帖木儿调度，互相攻杀。 明玉珍死，子明升嗣立，改元开熙。
至正二十七年 公元 1367	40 岁	徐达等执张士诚，吴亡。元璋命汤和等攻方国珍，降之。又以徐达为征虏大将军，北伐中原。命胡廷瑞等取福建，杨璟等取广西。徐达等下山东诸郡。 元顺帝削扩廓帖木儿兵权，置抚军院，以皇太子总制天下兵马。

明太祖洪武元年
元顺帝至正二十八年
公元 1368　　41 岁

正月，元璋称帝，国号大明，建元洪武，是为明太祖，立世子标为皇太子，妃马氏为皇后。
汤和克延平，执陈友定，福建平。
命汤和等以舟师攻取广东，广州守官何真降。
杨璟等下宝庆、全州、靖江等地。
徐达等下汴梁。元璋以应天为南京，开封为北京。
八月，徐达等入大都，改名北平府。保定、真定、怀庆、泽州、潞州相继下。

闰七月，元顺帝弃大都，出奔上都。

洪武二年
公元 1369　　42 岁

奉元、凤翔、临洮相继下，李思齐降。常遇春攻克开平，元顺帝奔和林。常遇春卒于军。
元军攻大同，李文忠败之。
徐达下庆阳。
元璋定内待官制，编《祖训录》，定诸王封建之制。

洪武三年
公元 1370　　43 岁

命徐达、李文忠等分道北征。
李文忠获买的里八剌（顺帝孙）以归，元嗣君北遁。元璋封诸子为王，大封功臣。

元顺帝死，太子爱猷识里达腊嗣立。

洪武四年
公元 1371　　44 岁

命汤和、廖永忠率舟师由东路入川，傅友德率步骑由秦陇取蜀。傅友德军连下阶州、文州、隆州、绵州。廖永忠军克夔州，明升出降，夏亡。
元平章刘益以辽东降。

洪武五年 公元 1372　45 岁	命徐达为征虏大将军，出雁门，趋和林，李文忠趋应昌，冯胜取甘肃，征扩廓帖木儿。 徐达败绩。 命邓愈攻吐蕃。 诏以农桑、学校课有司。
洪武六年 公元 1373　46 岁	颁《昭鉴录》，训诫诸王。 扩廓帖木儿攻大同，徐达遣将击败之。 颁《大明律》。
洪武七年 公元 1374　47 岁	李文忠、蓝玉大败北元军。 遣元皇子买的里八剌北归。
洪武八年 公元 1375　48 岁	诏天下立社学。 刘基被毒死。 元将扩廓帖木儿卒。
洪武十年 公元 1377　50 岁	以羽林等卫军益秦、晋、燕三府护卫。 邓愈、沐英攻吐蕃，大破之。 命政事启皇太子裁决奏闻。
洪武十三年 公元 1380　53 岁	左丞相胡惟庸以擅权诛，坐其党，死者甚众。 废中书省及丞相等官，提高六部官秩。 改大都督府为中、左、右、前、后五军都督府。 燕王棣之国北平。安置宋濂于茂州，死于道。
洪武十四年 公元 1381　54 岁	命傅友德、蓝玉、沐英征云南。 傅友德等大败元兵于白石江，遂下曲靖，元梁王自杀，云南平。

洪武十五年
公元 1382　55 岁

蓝玉、沐英克大理，分兵攻鹤庆、丽江、金齿，俱下。
皇后马氏卒。
置殿阁大学士。
空印案发，死者数万人。

洪武十六年
公元 1383　56 岁

召征南师还，沐英留镇云南。

洪武十七年
公元 1384　57 岁

曹国公李文忠被毒死。
禁内官预外事，敕诸司勿通内官监文移。

洪武十八年
公元 1385　58 岁

把魏国公徐达中毒死。
户部侍郎郭桓坐盗官粮诛，死者数万人。

洪武二十年
公元 1387　60 岁

冯胜、傅友德、蓝玉同征纳哈出。冯胜率师出松亭关，下大宁、宽河、会州、富峪四城，纳哈出降，东北平。

洪武二十三年
公元 1390　63 岁

晋王㭎、燕王棣率师征元，颍国公傅友德等皆听节制。齐王榑率师从燕王棣北征，燕王师次迤都，元丞相咬住等降。韩国公李善长党胡惟庸案发，坐诛，牵连死者甚众。
作《诏示奸党录》，布告天下。

洪武二十四年
公元 1391　64 岁

天下郡县赋役黄册成。
八月，皇太子巡怃陕西。
十一月，还京师。

洪武二十五年 公元 1392　65 岁	皇太子标死，立长孙允炆为皇太孙。 沐英卒，子沐春袭封西平侯，镇云南。
洪武二十六年 公元 1393　66 岁	凉国公蓝玉被杀，功臣死者甚众。 冯胜、傅友德备边北平，其属卫将校悉听晋王、燕王节制。 诏二王军务大者始以闻。
洪武二十七年 公元 1394　67 岁	颍国公傅友德坐诛。
洪武二十八年 公元 1394　68 岁	宋国公冯胜坐诛。谕群臣禁以后法外用刑；嗣君不许置丞相；皇亲唯谋逆不赦，余罪宗亲会议取上裁，法司只许举奏，勿得擅逮，勒诸典章，永为遵守。 八月，秦王樉（shǎng）死。 颁《皇明祖训》条章，后世有言更祖制者以奸臣论。
洪武三十一年 公元 1398　71 岁	二月，晋王㭎死。 闰五月，元璋卒，年七十一。太孙允炆继位，即惠帝。

原书后记

这本小书初稿写定于民国三十二年（1943 年），从这年七月七日动笔，到九月九日写完，一共才花了六十多天功夫，由胜利出版社印行。而乃未得同意，一书两名，胜利本名《明太祖》，另一本名《从僧钵到皇权》。所不同的是胜利本多一个附录年表，起元天历元年，迄明宣德八年，和本书内容不相适应。其所以然的道理，前年夏曾在上海《文汇报》发表《〈明太祖〉和〈从僧钵到皇权〉》一文，详细说明经过。

我自己对于这个初稿极不满意，加之，一书两名，更感不快，决定回北平后，多读史料，把它作废，重新写过。

谢谢书店的好意，谢谢胡绳先生的督促，使我有勇气重写这本书。

从三十六年（1947 年）暑假，到三十七年（1948 年）暑假，整整花了一年零一个月的时间写作。篇幅从原来的八万字，扩充到十五六万字，差不多增加了一倍。注明材料出处，又增加了五百多条小注。更重要的是有许多看法，竟和初稿完全不同。

增加小注的用意，是为了告诉读者以出处，因为从初稿刊行以后，曾有许多朋友来信询问史料来源，甚至有人怀疑叙述的真实性。为了免除个别答复的困难，索性注明史料所从出，做到无一事无出处的地步。当然，在浩如烟海的故纸堆中，要逐一注明来源，是极其费事的。一年多时间，竟有三分之一用在小注上，往往为一条小注，翻阅几十百本书，浪费一两天时间。

写作的方法，是对每一问题先搜集材料，编为长编，第二步写成专门论文，第三步综合几十篇专门论文，再融会贯通写成本书。以此，这本书可以说是二十年来所写关于明初史事几十篇专论的结集。这几十篇专门论文，在战前发表的主要有下列各篇：

一九三二年	胡惟庸党案考	《燕京学报》十五期
一九三四年	明代的锦衣卫和东西厂	《天津大公报史地周刊》十三期
一九三五年	明成祖生母考	《清华学报》十卷三期
	明代之农民	天津益世报史学第十二 、十三期
	明代靖难之役与国都北迁	《清华学报》十卷四期
一九三六年	明初卫所制度之崩溃	南京《中央日报》史学第三期
	元代之社会	清华大学社会科学一卷三期
	元帝国之崩溃与明之建国	《清华学报》十一卷二期
	十六世纪前之中国与南洋	《清华学报》十一卷一期
一九三七年	明代之军兵	中央研究院社会科学研究所《社会经济史集刊》五卷二期

七七以后，有：

一九三八年	元明两代之匠户	《云南大学学报》第一期
一九三九年	明代之粮长及其他	同上，第二期
	明代汉族之发展	昆明《中央日报》史学第三十三期
一九四〇年	记明实录	未刊（刊中央研究院历史语言研究所集刊，太平洋战起原稿沦失）
一九四一年	明教与大明帝国	《清华学报》十三卷一期
一九四三年	记大明通行宝钞	《人文科学学报》二卷一期
	历史上君权的限制	《云南日报》星期论文
	明太祖传	胜利出版社

回到北平以后，用全力写本书，中间为了路引的问题，写《传、过所、路引的历史》，载《中国建设》五卷四期；关于明初教育，写《明初的学校》，发表于《清华学报》十四卷二期；和《论皇权》《论绅权》等文，发表于《观察》《时与文》等刊物。

严格地说，这本书的写作时间，至少应该从一九三二年算起，以十六七年的长时间，所成就的只此戋戋，写完以后想想，实在感觉惭愧，惶恐。

题名作《朱元璋传》，用意有二：其一是为和作废的初稿《明太祖》《从僧钵到皇权》有所分别。个人感情对前两本书实在太坏了，简直在痛恨，对这一本比较以为对得起这个题目，这个时代。其二，旧时代旧史家对皇帝有太多禁忌，习惯以皇帝庙号作称呼，今天这种禁忌已经不存在，大可不必自找罪受，不如用原来名字称呼，还给他以人的地位。并且，按史法说，朱元璋在做皇帝以前，就称以死后追谥的庙号，岂非不通之至。而且在洪武三十一年中，据事直书，也不应该以洪武三十一年以后的称号来硬栽他！简单合理，全书概用朱元璋来称呼朱元璋，书名因之就题作《朱元璋传》。

最后，还应该感谢上海《文艺复兴》《中国建设》，香港《国讯》，南京《学识》，北平《知识与生活》和《中建》半月刊诸刊物，曾经发表本书一部分的好意。

期待着读者的指责和纠正。

一九四八，八月十二日于清华园西院十二号

编校说明

《朱元璋全传：从乞丐到皇帝》原名《朱元璋传》，以1949年吴晗定本为底本。编辑在此版本上做了如下工作：

一、书中地名与现今地名用法不同者，根据《中国地名沿革对照表》，统一替换为现今通行地名；

二、原书注释出现缺漏之处，有所补充和完善；

三、核实注释内容，更改误引文献的书名、章节；

四、原书中少量字词作了谨慎的调整，便于现代阅读习惯。

五、原书年表为表格形式，以纪年、公元、朱元璋年龄及纪事的顺序，进行了重新排版，便于阅读。

策　　划 | 作家榜
出　　品 |

出 品 人 | 吴怀尧
产品经理 | 廖　珂
版式设计 | 陈　芮
封面设计 | 大星文化
内文插图 | 懒伞菌
特约印制 | 朱　毓